国家社会科学基金重点项目最终成果

权力清单制度的理论与实证研究

王太高 ◎著

A Theoretical and Empirical Study
ON THE POWER LIST
SYSTEM

图书在版编目(CIP)数据

权力清单制度的理论与实证研究/王太高著. —北京:北京大学出版社,2023.1
ISBN 978-7-301-33673-1

Ⅰ.①权… Ⅱ.①王… Ⅲ.①地方政府—行政权力—研究—中国 Ⅳ.①D625

中国版本图书馆 CIP 数据核字(2022)第 252404 号

书　　　名	权力清单制度的理论与实证研究 QUANLI QINGDAN ZHIDU DE LILUN YU SHIZHENG YANJIU
著作责任者	王太高　著
责 任 编 辑	徐　音
标 准 书 号	ISBN 978-7-301-33673-1
出 版 发 行	北京大学出版社
地　　　址	北京市海淀区成府路 205 号　100871
网　　　址	http://www.pup.cn　　新浪微博:@北京大学出版社
电 子 信 箱	sdyy_2005@126.com
电　　　话	邮购部 010-62752015　发行部 010-62750672 编辑部 021-62071998
印 　刷 　者	天津中印联印务有限公司
经 　销 　者	新华书店
	720 毫米×1020 毫米　16 开本　16.5 印张　272 千字 2023 年 1 月第 1 版　2023 年 1 月第 1 次印刷
定　　　价	78.00 元

未经许可,不得以任何方式复制或抄袭本书之部分或全部内容。
版权所有,侵权必究
举报电话: 010-62752024　电子信箱: fd@pup.pku.edu.cn
图书如有印装质量问题,请与出版部联系,电话: 010-62756370

目 录

导 言 // 001
    一、选题依据 // 003
    二、研究思路 // 004
    三、研究内容 // 005
        （一）权力清单制度的理论基础 // 006
        （二）权力清单制度的回应性 // 008
        （三）权力清单制度中的地方立法 // 011
        （四）权力清单制度的实践展开 // 014
    四、研究成果的不足与创新 // 015

第一章 权力清单制度概述 // 019
    一、权力清单制度的缘起 // 021
        （一）以控权为目的的自发探索 // 022
        （二）以减权为内容的全面发动 // 023
        （三）以职能科学为核心的政府再造 // 026
    二、权力清单制度的含义 // 029
        （一）权力清单与权力清单制度 // 029
        （二）权力清单与责任清单 // 034
        （三）权力清单与负面清单 // 037
    三、权力清单的性质 // 040
        （一）规范性文件说 // 040
        （二）信息公开说 // 042
        （三）行政自制说 // 043
        （四）办事指南说 // 044

四、权力清单的编制 // 048
　　（一）权力清单的编制依据 // 049
　　（二）权力清单中的职权类别 // 053
　　（三）责任清单的设置模式 // 055
五、权力清单的动态调整及适用 // 058

第二章　权力清单制度的理论基础 // 063
一、权力清单制度的法治基础 // 066
　　（一）法治的双重含义 // 066
　　（二）权力清单制度对法治原则的坚守 // 072
　　（三）权力清单制度对实质法治的推动 // 076
二、权力清单制度的功能主义面向 // 082
　　（一）从规范主义到功能主义 // 082
　　（二）功能主义之于我国社会主义法治建设的价值 // 085
　　（三）权力清单制度的功能主义意蕴 // 089
三、权力清单制度对整体政府的追求 // 094
　　（一）整体政府理念的兴起 // 094
　　（二）权力清单制度的整体政府面向 // 095
　　（三）权力清单制度与整体政府间的张力及其缓解 // 101

第三章　权力清单制度的回应性 // 109
一、回应型法与中国法治发展 // 111
　　（一）回应型法的意涵 // 112
　　（二）中国法治实践的回应性 // 114
　　（三）作为回应型法的权力清单制度 // 116
二、权力清单制度补充合法性审查的功能 // 121
　　（一）合法性审查补充机制确立的依据 // 122
　　（二）权力清单制度补充合法性审查的原理 // 128
　　（三）权力清单制度补充合法性审查的时机 // 130
　　（四）权力清单制度补充合法性审查的方式 // 133
三、权力清单制度对"政府法治论"的实践 // 135

（一）政府依法律产生（民主政府）与权力清单 // 136
　　（二）政府由法律控制（有限政府）与权力清单 // 139
　　（三）政府依法律善治并为人民服务（高效政府）
　　　　与权力清单 // 142
　　（四）政府对法律负责（责任政府）与权力清单 // 144
　　（五）政府与公民法律地位平等（平权政府）与权力清单 // 147

第四章　权力清单制度中的地方立法 // 151
　一、我国立法体制中的地方立法权 // 153
　　（一）地方立法权的确立 // 154
　　（二）地方立法设定权条款的地位 // 156
　　（三）地方性法规设定权条款的构成 // 160
　　（四）地方性法规设定权的展开 // 164
　二、"尚未制定法律、行政法规"与地方立法权的行使 // 170
　　（一）"尚未制定法律、行政法规"的文义分析 // 170
　　（二）"尚未制定法律、行政法规"的文本表达及适用 // 178
　　（三）"尚未制定"的判断：以食品药品监管为例 // 185
　三、权力清单中的地方政府规章 // 189
　　（一）地方政府规章的法源地位 // 189
　　（二）执行性还是创制性：基于职权法定原则的分析 // 191
　　（三）创制性地方政府规章：基于地方事务的分析 // 195
　　（四）江苏样本的实证分析 // 199

第五章　权力清单制度的实践展开 // 205
　一、相对集中行政许可权改革探索与挑战 // 208
　　（一）相对集中行政许可权可能的解释 // 209
　　（二）相对集中行政许可权的实践探索 // 212
　　（三）推进相对集中行政许可权改革需要解决的问题 // 216
　　（四）相对集中行政许可权改革的启示 // 221

二、简政放权的地方样本和经验 // 222
    （一）浙江省"最多跑一次"改革 // 223
    （二）江苏省"不见面审批"改革 // 229
    （三）"最多跑一次""不见面审批"改革面临的挑战 // 235

三、"两赋两强"街道集成式改革 // 245
    （一）"两赋两强"街道集成式改革的探索 // 246
    （二）"两赋两强"街道集成式改革的价值 // 248
    （三）"两赋两强"街道集成式改革的挑战 // 252

后　记 // 258

导　言

推行权力清单制度是党的十八大以来简政放权、深化行政体制改革的一项重大举措,是将行政权力关进制度笼子的一个探索。从历史上看,权力清单制度是中华人民共和国成立以来历次国家机构改革的延续;从现实来看,推行权力清单制度是进一步转变政府职能、实现政府职能科学的新举措。推行权力清单制度在现代法治发展史上是一项前无古人的重大创新,如何回应这一改革引发的种种挑战,进而为这一极具中国特色的改革举措提供强大理论支撑,是本课题研究的直接动因和根本使命。

一、选题依据

权力清单是我国社会主义法治建设实践中的一个创造,通俗地说就是在对政府及其部门的职权进行全面梳理的基础上,通过类型化的方式将这些职责权限列举出来,不属于清单列举范围内的职能和权限,行政机关不得为之。权力清单是一种形象的说法,从学界的研究来看,多数学者并不区分权力清单与权力清单制度。尽管权力清单制度的核心和基础是权力清单,但在严格意义上,权力清单制度与权力清单是存在明显差异的:权力清单是行政职权及其构成要素的一个列表,是静态的;权力清单制度则是在前者基础上的一个动态运作过程,既包括依照一定的标准编制静态的权力清单列表,也蕴含着通过编制权力清单落实职能科学的要求,实现对行政权力运行的监督和制约,还包括及时、动态调整权力清单的内在要求。

权力清单制度的实质是在准确定位行政权的基础上,规范行政权的范围和行使,推进和落实依法行政原则。依法行政作为现代行政法的一项基本原则,德国行政法之父奥托·迈耶早在1895年出版的《德国行政法》中就对其进行了系统阐释,自此以后依法行政原则不仅为西方各国政制实践所遵循,而且在学理上也形成了成熟、稳定、完整的理论体系。我国自20世纪80年代恢复行政法学理论研究以来,依法行政原则就一直被奉为圭臬,并且在理论研究方面,毫不逊色于西方国家。但在现实的行政实践中,依法行政原则的落实还难尽如人意。由于法律语言的模糊性、立法的相对滞后性,加之历史形成的行政权"独大"的强势局面,行政权在现实生活中的运行难免失去制约,依法行政原则时不时地被突破。更需关注的是,由于改革开放40多年来我国经济基础处于持续变革中,而作为上层建筑的法律制度,特别是与社会经济生活密切相关的法律制度必然带有颁行时期的烙印,因此如何在坚持形式法治与实质法治有机统一的基础上,将依法行政原则从理论变成现实,建立起理论成果转化为现实行政实践的桥梁,就成了我国法学理论研究与实践共同关注的话题。近年来,随着我国改革步入深水区,一方面错综复杂的社会矛盾和社会问题呼唤权力的理性介入;另一方面不当的权力干预又可能激化矛盾,加剧冲突。因此,将权力关进制度的笼子就成了社会的普遍诉求和执政党的庄严承诺。在此背景下,2005年河北率先进行了权力清单的尝试,并在全国范围内的行政审批制度改革中被广泛使用。在此基础上,党的十八届三中、四中全会明确提出了推行政府及其工作部门权力清单制度,强调通过主动公开权力"家底"、权力运行的流程,自觉接受全社会的监督。自此以后,中央及部分地方政府陆续晒出了本级政府的权力清单。2015年3月,中共中央办公厅、国务院办公厅印发《关于推行地方各级政府工作部门权力清单制度的指导意见》(以下简称《推行权力清单制度的指导意见》),对权力清单制度的基本要求和主要任务作出了规定,这在很大程度上统一和规范了全国各地权力清单制度的实践。

然而,由于权力清单制度是中国法治建设的一项伟大创新,各地的实践在很大程度上仍然处于"摸着石头过河"的状态,特别是从行政法学理的角度如何对权力清单制度进行阐释和全面研究,这方面明显滞后,因此各地权力清单在形式及内容等方面存在较大差异。这种状况不仅背离了职权法定原则,与依法行政原则的要求相去甚远,而且极有可能制约权力清单制度的改革实践,进而对政府的公信力造成损害。因此,面向法治政府建设和行政法治实践需要,开展权力清单制度的理论与实证研究,不仅有助于该项制度行稳致远,落地生根,而且对于丰富行政法学理论研究,推动中国特色法学理论体系建设,具有重要的理论意义和实践价值。

二、研究思路

本课题研究将围绕权力清单的编制和实施而展开。具体说,推行权力清单制度在理论上和实践中可能面临哪些问题,如何在学理上对这些问题予以回应并在法治的框架内予以解决,这是本课题研究的主要内容。基于这一思路,我们以现实中相关政府已经发布的权力清单为素材,通过对各地权力清单样本的分析与归纳,试图对权力清单制作的依据、标准、内容等予以明确,力争形成一个权力清单的"模板",以指导今后的权力清单编制和实施,推动我国法治政府建设。

依据上述研究思路,本课题研究主要从理论与实证两个维度展开。一是理论研究。权力清单制度是我国法治政府建设中的一项重大创新。作为一项全新的制度,它赖以建立的法理依据是什么,该制度的推行对传统行政法学理论将产生何种挑战,行政法学理论研究如何回应这种挑战等,对这些问题课题组将开展专题研究。二是实证研究。在我国法治政府建设实践中,权力清单制度已经不同程度地在各级政府中被广泛推行和实施。从已经公布的权力清单情况来看,既有一级政府组成部门的权力清单,又有单独的行政事务清单(如行政审批权清单),既有中央政府的权力清单,也有省、市(地级)、县地方政府及其部门的权力清单等。以这些权力清单为素材,分析和归纳权力清单制作的依据、标准、方式,研究和解决权力清单实施过程中面临的问题,既是本课题研究的内容,也是目的所在。

实际上,党的十八大以来,在简政放权、深化行政体制改革的进程中,在推行权力清单制度的同时,还推出了相对集中行政许可权、综合行政执法体制改革等一系列具有组合性质的重大改革举措,这些改革举措不仅在目的层面上都是为推进以职能科学为核心的法治政府建设,与推行权力清单制度具有"异曲同工"之功用,而且从其展开的具体内容来看,也必然涉及相关行政主体职责权限的调整、转移等影响权力清单制度方面的内容。为此,在本课题研究过程中,我们分别选取了国家层面统一开展的相对集中行政许可权改革、浙江省和江苏省推行的"最多跑一次"和"不见面审批"改革,以及南京市秦淮区实施的"两赋两强"街道集成式改革为典型样本,对推行权力清单制度改革进行了拓展式、接续性的研究。

三、研究内容

权力清单制度作为我国社会主义法治国家、法治政府和法治社会建设中的一项重大理论和制度创新,作为法治建设史上一项全新的制度探索,它赖以建立的法理依据是什么,该制度的推行对传统法学理论,尤其是公法学理论将产生何种挑战,法学研究特别是行政法学理论研究如何回应这种挑战等,是本课题研究首要解决的理论问题。为此,我们以厘清权力清单制度的内涵、外延为起点,通过对权力清单的概念进行分析和界定、对权力清单的性质进行辨析和讨论,并从我国权力清单制度的实践出发对权力清单的基本构成要素进行甄别,为后续的理论分析和实证研究奠定坚实基础。作为简政放权、深化行政体制改革的一项重大举措,权力清单制度不可能脱逸法治主义约束。通过对现代法治主义思潮的纵向梳理,我们认为,实质主义法治观、功能主义控权模式和整体政府理论等,在很大程度上能够解释推行权力清单制度的正当性。从法治主义角度看,权力清单制度体现了形式主义法治观与实质主义法治观的高度统一、从规范主义到功能主义控权模式的转变、从碎片政府迈向整体政府的飞跃。

(一)权力清单制度的理论基础

在人类政治文明发展史上,实行人治还是奉行法治是一个基本问题,是任何国家推进现代化进程中必须回答的一个突出问题,也是我国进行社会主义现代化建设、实现"两个一百年"奋斗目标必须要解决好的一个重大理论和实践问题。[①] 中华人民共和国成立以来的社会主义法治建设历程,也经历了从人治到法治的转变,特别是党的十一届三中全会确立的"有法可依、有法必依、执法必严、违法必究"的社会主义法制建设"十六字方针",从根本上矫正了过去一个时期以来的人治主义观念,奠定了当代中国社会主义法治建设的坚实基础。然而,无论是在法律思想史上还是在我国现实法治建设实践中,总有一种将形式主义法治观与实质主义法治观相对立的倾向,认为实质法治是对形式法治的否定,实质法治强调以实体价值为依据,否定形式合法的要求,从而丧失了人们对法治主义所具有的稳定性、一致性和可预测性的价值期待。我们认为,形式主义法治观对于根除人治观念具有重要意义,但是将形式法治不适当地绝对化也是片面的,这一点在奉行成文法的国家尤其如此。因此,现代法治应当是形式法治和实质法治的高度统一。实际上,早在

---

① 参见陈一新:《推动法治迈向良法善治新境界》,载《学习时报》2018年10月17日。

亚里士多德提出的"良法之治"的论断里，就已经包含着形式法治与实质法治的统一。党的十八大以来，党围绕着社会主义法治建设进行了一系列理论创新。党的十九大报告明确提出了"以良法促进发展、保障善治"的目标，习近平总书记强调，"使社会主义法治成为良法善治"。而"良法"就是法律形式合理性与实质合理性的高度统一。① 权力清单制度作为我国在推进法治国家、法治政府和法治社会一体建设过程中一项独创的法律制度，深受实质主义法治观的影响，反映了我国社会主义法治建设从严格拘泥于形式主义法治立场向实质主义法治观的重大转变，是形式主义法治观和实质主义法治观的高度统一。

自 20 世纪以来，在实用主义法观念支配下，学术界对于如何规范和控制国家的行政权力，经历了从规范主义控权模式向功能主义控权模式的转变。两种控权模式虽然在思路上存在明显差异，但在规范和控制公权力的目标方面高度一致，所谓规范主义控权模式侧重于形式合法性，强调制定法对公权力的严格规范作用，而功能主义控权模式则更多考虑实质合法的需要。就此而言，纯粹的功能主义或规范主义控权模式是不存在的，因为脱离客观现实的形式法治是没有生命力的，而不以法治化为目标的功能主义最终将会落入人治主义的窠臼。权力清单制度作为我国法治政府建设的一项重大改革举措，一方面从我国现行法律体系出发，坚守依法行政原则底线，通过对作为行政职权依据的法律规范的梳理，摒弃与上位法相抵触的下位法作为职权依据，坚决杜绝法外授权；另一方面，着眼于我国社会主义现代化建设的丰富实践，特别是改革开放 40 多年来，我国在不同的经济社会发展阶段逐步累积起来的社会主义法律体系的复杂性，以功能主义为导向，以政府职能科学为指针，以必要性为限度，谋求国家与社会、政府与市场的合理界限，推动法治政府建设。可以说，权力清单制度是植根在中国特色社会主义伟大实践的一项制度创新，它不仅能够在一定程度上弥合我国从计划经济向市场经济体制转变过程中所面临的法律体系"间隙"，而且在很大程度上能够实现形式法治与实质法治、功能主义和规范主义控权理念的有机统一。

随着全球化和现代信息技术的发展，传统科层制的行政管理模式及西方新公共管理改革方案的局限性日益显现，政府公共服务的碎片化困境逐步凸

---

① 戴建华：《法治应当是良法与善治的结合》，载《学习时报》2019 年 9 月 18 日。

显。20 世纪 90 年代末,一种全新的治理理念与图式即整体性治理逐步兴起。① 不同于层级分明、分工细密的传统官僚体制,整体性治理着眼于推进中央政府和地方政府、政府组织与社会组织及其他组织、公民等多元主体之间的合作,主张整合行政手段、市场力量和社会动员等各种手段,建立起上下畅达、左右衔接、内外联动的权力结构,使得政府管理"从分散走向集中,从部分走向整体,从破碎走向整合",以从根本上解决"政府管理碎片化和服务空心化问题"②,提高现代政府服务公众的水平和社会治理能力。中华人民共和国成立以来,特别是改革开放以来的八次规模较大的机构改革,无论是冗员裁撤、机构精简,还是转变职能、简政放权,难免陷入机构和人员的"精简—膨胀—再精简—再膨胀"、职能调整的"膨胀失调—紧缩调整—再膨胀失调—再紧缩调整"以及权力调整的"下放—上收—再下放—再上收"的恶性循环,都没有能够实现改革的预期目标,其原因"就在于任务型的内容设计、对量化工具过度偏好和计划性的驱动机制"③。因此,随着我国各项改革步入深水区、临近新拐点,我国改革大业需要在指导思想上告别"工具合理性",在内容上进行"由表及里、从量变到质变的突围"④。从一定意义上看,推行权力清单制度就是我国上下一盘棋,走向整体政府建设的一个探索。特别是随着权力清单制度建设进程的深入,一些地方在完成国务院要求的权责清单制定工作的基础上,立足于职能科学和整体性政府理念,推动政府纵向职责异构、横向协调合作、问责和责任承担机制建立,不断丰富权力清单制度的内涵,推动机构和行政体制改革的深化。

(二) 权力清单制度的回应性

从我国社会主义法治建设的实践来看,权力清单制度很好地回应了我国法治发展的特殊背景、特有道路和未来发展目标。美国当代著名学者诺内特和塞尔兹尼依据法律发展范式的不同,将其区分为压制型法、自治型法和回应型法三种类型,并强调这三种范式间呈现出阶段性和连续性,即"压制型法

---

① 参见张璇:《国内外整体性治理比较研究》,载《湖北社会科学》2016 年第 12 期。
② 汪玉凯:《中国行政管理体制改革 30 年:思考与展望》,载《党政干部学刊》2008 年第 1 期。
③ 沈荣华、宋煜萍:《我国地方政府体制改革路径的反思》,载《理论探讨》2009 年第 4 期;竺乾威:《行政审批制度改革:回顾与展望》,载《理论探讨》2015 年第 6 期。
④ 包宪国、张蕊:《基于整体政府的中国行政审批制度改革研究》,载《中国行政管理》2018 年第 5 期。

是对业已成为历史的法的追述,自治型法是对现行法制的描述,而回应型法则是代表未来法制改革方向的规范模式"①。作为一种典型的"中国创造",权力清单制度在西方法学话语和制度实践中均不存在与之相对应的概念、理论和制度,而从权力清单制度缘起背景和实践展开来看,一定程度上可以说是我国在经历百年未有之大变局,面对错综复杂的国际环境带来的新矛盾新挑战而展开的一种回应性法律变革,是对 2035 年建成法治国家、法治政府、法治社会的积极回应。为此,本课题研究将着重对权力清单制度的回应性进行专题讨论。

实际上,自党的十一届三中全会以来,我国的法治建设就是立足于"更多地回应社会需要"而逐步深入和发展起来的。到了 1997 年召开的党的十五大,明确提出"依法治国,建设社会主义法治国家"的基本方略。之所以历经 20 年改动一个字,正是基于社会主义法治建设实践所推动的法治理念的深刻变化。② 依法行政的实践也是如此,随着对行政权在经济社会实践中作用及其实践逻辑的认知,1999 年年底国务院组织的全面推进依法行政工作会议顺利召开,这次会议通过了《国务院关于全面推进依法行政的决定》,将依法行政作为依法治国的难点、焦点和重点。2004 年 3 月,国务院再次公开发布《全面推进依法行政实施纲要》,将依法行政、建设法治政府明确为我国法治建设的一个基本目标,但仍然从依法行政的角度定义法治政府的内涵和要求,即"合法行政、合理行政、程序正当、高效便民、诚实守信、权责统一"。到了党的第十八次全国代表大会,特别是党的十八届四中全会,不仅再次明确提出建设法治政府的时间表,而且修正了法治政府建设的基本内涵,即突出"职能科学"这个前提性要求,同时强调"权责法定、执法严明、公开公正、廉洁高效、守法诚信",不仅充分体现了"让市场在资源配置中发挥决定性作用的前提下,更好地发挥政府作用"的现代治理理念,而且认识到了职能科学在依法行政中的源头作用和决定性意义。

从推行权力清单制度的实践来看,权力清单制度的回应性首先表现在其内涵的反思性和对该项改革实践的回应。作为一项制度创新,权力清单制度并无现成的经验、固有的模式,因此权力清单制度应然样态如何,需要在实践

---

① 李瑜青、杨超:《在回应社会中推进法律的发展》,载《甘肃政法学院学报》2006 年第 2 期。
② 参见李步云、黎青:《从"法制"到"法治"二十年改一字》,载《法学》1999 年第 7 期。

中不断探索和逐步完善。事实上,权力清单制度的改革创新能够从基层的探索转变为自上而下的广泛发动,本身就是国家决策层对鲜活实践回应的结果。而从权力清单制度的顶层设计来看,从《推行权力清单制度的指导意见》到《关于深入推进和完善地方各级政府工作部门权责清单制度的指导意见》(以下简称《完善权责清单制度的指导意见》),本身也是对权力清单制度实践经验总结和回应的一项成果。权力清单制度的实践回应性,还表现在对社会公众主体地位的高度认同和尊重,强调对编制权力清单制度依据的审查,"要广泛听取基层、专家学者和社会公众的意见",通过公众参与广集民意和民智,推动权力清单制度实践行稳致远。

权力清单制度的实践功能还在于,它能一定程度上担负起补充我国合法性审查机制缺失、失灵的功能,这可以看作权力清单制度回应性的又一个表现。无论是中国特色社会主义法律制度的体系化,还是作为善治之前提的良法,都意味着要提升立法质量,保障法律规范上下协调、左右衔接。这就不仅要建立起科学严格规范的立法制度,严把立法出口关,以输出高质量的立法产品,还要建立起有效的合法性审查机制,通过必要的事后纠偏,保障社会主义法律体系和谐与健康。从制度层面来看,我国合法性审查制度主要有两个方面:一是批准生效,包括民族区域自治地方的自治条例和单行条例,报全国人大常委会或省级地方人大常委会批准后生效,设区的市的地方性法规,报省或自治区的人大常委会批准后生效;二是备案审查,即行政法规、地方性法规、自治条例、单行条例和规章等,都要依法提请全国人大常委会或者国务院存档、备查,其适用范围极其广泛。不可否认,我国现行合法性审查机制在保障国家法制统一方面发挥了积极作用,与此同时,作为合法性审查机制的事前批准或者事后备案,在进行合法性"过滤"的同时,难免也有"失灵"现象发生。这种状况尽管在很大程度上是操作层面的因素造成的,与制度设计本身无涉,但是它的存在客观上亦有损我国社会主义法制统一原则的落实,表明我国合法性审查制度存在空转的情况。因此,如何尽可能地减少乃至避免这种情况的发生,尤其通过建立补充性审查机制来消解合法性审查机制空转失灵所带来的立法方面的问题,就成了推进我国社会主义法治建设必须要面对的一个重要的实践课题。从权力清单制度运作的机理来看,特别是中办、国办发布的《推行权力清单制度的指导意见》明确清权、减权、制权、晒权等编制权力清单的程序,使得权力清单实质上发挥合法性审查补充机制的功能。具体而言,这种补充审查机制的空间存在于合法性审查机制"不及"、合法性审查机制"虚置"、立法出现"时差"以及成文法"怠惰"等四种情形之时。

自20世纪80年代中期开始,我国行政法学界围绕着行政法理论基础展开了持续而热烈的讨论,形成了诸如"管理论""控权论""平衡论""公共利益本位论""政府法治论"等十余种学说。在一定意义上可以认为,权力清单制度既是对行政法理论基础上述诸多学说的一个检验,也是对行政法理论基础的实践展开。就此而言,推行权力清单制度很好地落实了政府依法律产生(民主政府)、政府由法律控制(有限政府)、政府依法律善治并为人民服务(高效政府)、政府对法律负责(责任政府)、政府与公民法律地位平等(平民政府)等"政府法治论"的诸种主张,①在一定意义上可以看作"政府法治论"的一个全面生动的实践。由于权力清单制度具有极强的目标性指引,因而通过权力清单制度与"政府法治论"的"嫁接",能够引导我们的理论研究更多地关注现实法治建设实践,"以免人们沉溺于抽象的精工细作而忽视实用性的考虑"②。

(三) 权力清单制度中的地方立法

权力清单的权源依据是本课题研究的一个难点。课题组最初设计时提出了三个方面的问题:一是规章能否成为权源条款。根据《中华人民共和国立法法》(以下简称《立法法》)第80、82条的规定,部门规章只能作执行性规定,而地方政府规章可以作创制性和执行性规定。严格意义上讲,执行性规定不可能是权源条款。这样一来,不仅要对部门规章中的创制性规定予以清理,更重要的是要对地方政府规章作区分,这是一项非常复杂、细致的工作。同时,党的十八届四中全会通过的《中共中央关于全面推进依法治国若干重大问题的决定》(以下简称《全面推进依法治国的决定》)明确提出,"没有法律法规依据不得作出减损公民、法人和其他组织合法权益或者增加其义务的决定",这样的精神在2015年修改后的《立法法》中也得到了充分的体现。而修改前后的《中华人民共和国行政处罚法》(以下简称《行政处罚法》)均规定,规章可以创设警告和一定数量罚款的行政处罚,《中华人民共和国行政许可法》(以下简称《行政许可法》)第15条规定,省级人民政府规章可以设定临时行政

---

① 参见杨海坤:《"四个全面"战略布局下如何推进法治政府建设》,载《法学评论》2015年第5期;杨海坤、章志远:《中国特色政府法治论研究》,法律出版社2009年版,第137—140页。
② 劳东燕:《能动司法与功能主义的刑法解释论》,载《法学家》2016年第6期。

许可。因此,权力清单权源依据梳理过程中如何协调政策与法律规范的冲突,本课题研究无法回避。二是组织法的概括授权能否成为权源条款。与行为法的明确规定不同,组织法(包括"三定"方案)的概括授权虽不能作为实施侵益行政的依据,但能否免除行政机关授益行政的义务?缺失行为法上的规定是否就可以成为行政机关拒绝服务的借口?对上述问题的回答又牵涉到权力清单与责任清单的关系,具有一定的挑战性。三是受制于程序限制,法律法规的修改、废止往往具有滞后性,这样对于那些有明确的法律法规依据但又不符合经济社会发展要求或者政策的行政职权,权力清单是取还是舍?若舍,尺度、标准如何把控?尤其是面对多元、分散的权力清单制作主体,明确操控标准虽然困难但却非常必要。围绕着这些问题,本课题研究成果在第一章对权力清单的编制依据及动态调整机制进行一般性分析,对组织法授权能否成为权力清单的权源条款进行探讨,对如何建立有效制度,推动权力清单及时动态调整提出建议和意见。在此基础上,在第四章重点对权力清单中的地方立法进行了专题研究。

对权力清单制度中的地方立法进行专题研讨,体现了本课题研究突出的问题导向。从权力清单制度的实践来看,各地区、各部门行政权力的数量和名称的差异,主要就是因为地方立法造成的,因为对于国家层面的立法,特别是法律、行政法规,各地在权力清单编制过程中往往直接实行"拿来主义",差别不大。而地方性法规和地方政府规章本身就是在我国宪政体制下,基于"充分发挥地方的主动性、积极性的原则"赋予地方的权力,因而各地区的地方立法不仅存在立法领域、事项方面的差异,甚至对于相同领域、事项的立法表达也存在很大差别,这是地方部分分享国家立法权的题中之义,是地方立法的常态。与此同时我们也应该认识到,这种差异应当以不侵蚀我国社会主义法制统一原则为前提。实际上,权力清单编制过程中的"清权""减权"都隐含着要对地方立法是否符合法制统一原则进行"再检讨"。因此,相较于国家层面的立法而言,对地方立法作为权力清单的权源进行专题探讨具有重要的理论价值和实践意义。

就地方性法规对行政处罚、行政许可、行政强制的设定权来看,不仅要关注单行的《行政处罚法》《行政许可法》《中华人民共和国行政强制法》(以下简称《行政强制法》)中的设定权条款,同时还要结合《立法法》对地方性法规设定权限的配置。《立法法》的相关规定同具体的行政行为法中设定权条款是一般法与特别法的关系。因此,在判断地方性法规设定行政职权的合法性时,不能仅仅局限于《行政处罚法》《行政许可法》《行政强制法》等行政行为法中的设定条款,同时还要结合《立法法》甚至宪法中的相关条款作整体性、系统性分析。例如,对于法律、行政法规规定为违法行为但是未设定行政处罚的,地方性法规能否创设行政处罚一直是困扰我国地方立法的一个争议性问题,2021年修改后的《行政处罚法》第12条第3款给予了肯定性规定。事实上,如果综合《立法法》《行政处罚法》的相关规定看,即使《行政处罚法》不增加上述规定,地方性法规也可以创设新的行政处罚,因为从《立法法》来看,地方性法规的"底线"是"不抵触"而不是"有依据",这一点与规章创设警告或者一定数额罚款须以"尚未制定法律、行政法规"或者"尚未制定法律、法规"为前提是不一样的。而对于地方政府规章在创新的行政处罚时,除了要受《行政处罚法》规章设定权条款的约束外,还需要考虑《立法法》第82条第6款的规定,即"没有法律、行政法规、地方性法规的依据,地方政府规章不得设定减损公民、法人和其他组织权利或者增加其义务的规范"①。显然,在立法实践中,如何认识和把握"减损权利"或者"增加义务"的外延还存在明显分歧,也就是说,规章创设的行政处罚究竟是不是"减损权利"或者"增加义务"?如果回答肯定,那么根据《立法法》的规定,规章设定的警告、通报批评或者一定数额的罚款等行政处罚就必须有"法律、法规的依据",②而这似乎就与《行政处罚法》规定的规章创设行政处罚须以"尚未制定法律、法规"为前提的规定相冲突;如果回答否定,同样的问题仍然存在。如果我们将对行政权设定的关注扩大到行政许可、行政强制等事项就会发现,何为"尚未制定"不仅影响地方政府规章设定权的行使规则,而且对地方性法规也有着重要的影响。从地方立法实践来看,"尚未制定"法律、行政法规的内涵就有以某领域为限的"领域说"和以某具体事项为限的"事项说"两种不同的解释,并且还有"形式未制

---

① 《立法法》的这一规定实际上是体现和贯彻党的十八届四中全会精神的一个具体体现,全会通过的《全面推进依法治国的决定》第3条第1项强调,"行政机关不得法外设定权力,没有法律法规依据不得作出减损公民、法人和其他组织合法权益或者增加其义务的决定"。因此,《立法法》第80条对国务院部门规章也作出了类似的规定。
② 修改后的《行政处罚法》第2条明确规定,"减损权益"或者"增加义务"是行政处罚的内容。事实上,无论是警告、罚款还是通报批评,都在事实上减损相对人权益或者增加其义务。值得注意的是,《行政处罚法》使用的是"权益"而非《立法法》中的"权利",由于"权益"的外延明显大于"权利",这样也就预留了规章创设行政处罚的空间。

定"和"实质未制定"之差别。因此,"尚未制定"法律、行政法规的外延、内容及客体存在多种解读的可能,并且由于法律语言的模糊性及概念的相对性,所谓"制定"与"未制定","领域"与"事项"都不能很好地解决立法所面临的难题。因此,在地方立法实践中正确理解和把握"尚未制定"法律、行政法规的内涵时必须回归法制统一原则,即作为低位阶的地方立法,或者说地方立法机关在行使地方立法权时必须坚守法制统一原则和底线。"法制统一"是我国《立法法》确立的社会主义法制建设基本原则的实质所在。

(四)权力清单制度的实践展开

在本课题研究过程中,不是将权力清单制度仅仅看作文字堆砌的静态制度体系,而是关注到权力清单制度的动态实践,做到动静结合;也不是孤立地对权力清单制度实践进行观察和分析,而是把权力清单制度改革放在我国社会主义法治建设的历史长河中进行考察,这是本课题研究的一个特色,也是一个初步结论。从一定的角度来看,推行权力清单制度是我国社会主义建设进入新时代以来开展简政放权、深化行政审批制度改革的一个重大举措,也是近些年来我国众多行政体制改革中的一个典型。就改革的出发点和追求的最终目标而言,国家层面推动的相对集中行政许可权改革,以及地方在行政审批改革过程中开展的种种探索,都与权力清单制度改革精神和目标高度一致,即都是以政府"瘦身"和明确公权力边界为外观,其实质是要打破部门行政职权的界限,通过功能整合和结构重构,在释放市场和社会活力,推动市场在资源配置中发挥决定性作用的同时,推动整体性政府变革,实现国家治理和社会治理整合的整体性治理转型。因此,本课题研究还以权力清单制度的实践展开为统领,在对实践中的相对集中行政许可权进行调查研究、系统探索的同时,选择简政放权改革实践最有代表性的两个地方改革,即浙江省的"最多跑一次"和江苏省的"不见面审批"改革为样本,分析研究这两场改革的经验得失,进而为深化行政体制机制改革积累典型素材。与此同时,我们还将关注的目光投向城市基层社会治理改革实践,通过典型样本的分析,为权力清单制度改革实践提供最基层的养分和经验。

就相对集中行政许可权改革实践来看,各地普遍通过成立专门的部门或机构来统一行使行政许可权,明显缺乏大胆尝试、积极探索改革的气息,形成了对相对集中行政处罚权改革的路径依赖。实际上,同行政处罚这种行政权力"点式"作用不同,行政许可的效力表现为"线性"的特点,在行政许可这种线性发力的过程中,完全有可能因被许可人自身条件的变化而影响到行政许可的效力。相对于行政处罚权这种"一锤定音式"的集中,行政许可权的集中更加复杂,如果不恰当地因循相对集中行政处罚权的改革思路,甚至直接"拷贝"相对集中行政处罚权改革的具体做法,改革的实效将难以达到预期效果。在相对集中行政许可权实践中,存在是许可权集中还是审批权(这里将其视为许可权行使的一个环节)集中、是相对集中还是绝对集中,以及许可权集中至何处等争议。只有化解这些分歧和争议,相对集中行政许可权改革才能真正激发市场和社会的活力和创造力。在相对集中行政许可权改革实践中,浙江省"最多跑一次"和江苏省"不见面审批"是极具影响力的两面旗帜,其核心是简政放权,即通过简化政府提供的、面向社会公众的公共服务的程序,重构公共服务的供给体系,最大限度地提高公共服务的效率和效能,从而深刻体现和践行了"以人民为中心"的执政理念。

值得注意的是,新时代的这场行政改革也在极大地激发基层政府的创造力和想象力。面对社会治理和化解社会纠纷矛盾的现实压力,基层政府也在积极探索,主动作为,例如北京市的"街乡吹哨、部门报到"改革,引发了全国各地开展行政执法力量和管理队伍向基层一线倾斜改革。2019年9月以来,江苏省南京市秦淮区开展的赋权、赋能、强基层、强队伍的"两赋两强"改革极具特色,不仅取得了实实在在的法律效果和社会效果,而且引起了江苏省委省政府的高度重视,并在全省进行推广。本课题研究也将利用我们近距离接触这场改革实践的独特"区位优势",对这一实践样本进行观察和分析,以归纳这项改革的经验特色,放大"两赋两强"改革的影响力,推动基层综合执法体制改革往纵深推进。

四、研究成果的不足与创新

总体而言,本课题研究是按照国家社科基金申请书设计的思路、框架及难点而展开的,当然在研究过程中,随着对权力清单制度认识的深化以及权力清单制度实践的充分展开,研究的侧重点有所调整,如对于权力清单编制依据,除着重讨论地方政府规章进入权力清单的相关问题外,结合《行政处罚法》的修改,对地方性法规的"设定权"进行了专门讨论,尤其是对"尚未制定法律、行政法规"这个在某种程度上构成地方立法的前提性问题进行了深入探讨,并在综合《中华人民共和国宪法》(以下简称《宪法》)《立法法》的基本精神和有关具体规定的基础上,回答并论证了地方性法规在法律、行政法规未设定违法行为的行政处罚前提下,创设行政处罚的合法性和必要性。然而,对于权力清单的动态调整机制、权力清单编制过程中的公众参与等,虽在第一章及其他相关章节进行了一定的讨论,但整体上深度不够。按照最初的研究计划,这两个议题均应作专题研究,但考虑到行政法学界对于公众参与的研究成果较多,特别是对权力清单中的公众参与已有学者进行了专门讨论,[①]课题组亦未能形成新的认识,故未展开。而对于如何构建权力清单的动态调整机制、权责清单一体化推进等,在研究的深度和广度方面还有较大的提升空间。

  到目前为止,学界对于权力清单制度的研究关注度并不高,相对于其他议题而言,有分量的研究成果数量不多。[②]就课题研究成果来看,可能的创新首先是对权力清单制度赖以生成的法理基础进行探讨。在此,不仅从形式主义法治观和实质主义法治观的高度统一、功能主义控权模式等方面,对权力清单制度进行了深层次解读,而且基于权力清单制度在推进政府职能转变、深化党和国家机构改革等方面发挥的作用,突出整体政府理论对权力清单制度实践的指导和提升作用。其次,权力清单制度的回应性也是本课题研究成果的一个归纳和总结。整体上,推行权力清单制度是对我国法治国家、法治政府、法治社会建设实践的积极回应。细言之,权力清单制度具有补充我国合法性审查机制缺失的功能,有助于推进我国社会主义法律体系的和谐统一;具有将行政法理论基础相关学说付诸实践,进而在实践中予以检验,并推

[①] 参见喻少如:《权力清单制度中的公众参与研究——兼论权力清单之制度定位》,载《南京社会科学》2016年第1期。

[②] 笔者在中国知网查询显示,截至2021年2月底,篇名中含有"权力清单"的论文总数为753篇,其中学位论文174篇、会议论文26篇,报纸刊发的文章221篇。而在北大法宝查询显示,篇名中含有"权力清单"的论文总数为46篇,相应期刊包括《中国社会科学》《中国法学》《中外法学》《政治与法律》《法学》等,其中《政治与法律》曾于2019年设专栏进行讨论。研究权力清单制度的专著有两部,即赵勇的《大城市政府权力清单制度研究》(人民出版社2018年版)和方柏华、李黄骏等的《政治学视域中的权力清单——基于浙江案例的研究》(中国社会科学出版社2017年版)。

动其不断走向完善的作用。实际上,在推行权力清单制度的实践中,围绕着简政放权、深化行政体制改革,全国及各个地方还积极主动地进行一些创新的探索和尝试,这些探索和尝试不仅在出发点方面与推行权力清单制度高度一致,而且在具体内容方面也与权力清单制度存在一定程度的交叉融合。例如,相对集中行政许可权改革就涉及政府各部门行政许可权的转移和调整,而在行政许可权集中以后,事中事后监管,尤其是批后监管主体如何确定、程序如何展开等,必然影响着权力清单的编制和调整;浙江省和江苏省通过推行"最多跑一次"改革、"不见面审批"改革等,努力打造高水平的服务型政府,这不仅广泛涉及行政许可流程再造,同时也对政府及其部门审批权限产生深刻影响;面对市域社会治理的新挑战,南京市秦淮区实施"两赋两强"街道集成式改革和"双做双增"社区集成式改革,通过赋权基层、赋能一线,做强社区、做实网格,实现了行政权向基层和社会管理末梢的"转移",对这其中的法理问题和实践挑战,本课题研究也给予了充分关注。表面上看,这些研究似乎超出了本课题的研究范围,但是这些改革要么涉及行政职权横向转移或者纵向下放,要么涉及行政权运行的流程再造,并且会产生较为广泛的社会影响,因此对其实践经验进行总结,对面临的问题进行理论上的分析和回应,不仅有助于推动行政体制改革深入,而且对于丰富行政法学理论研究都具有重要意义。

第一章

权力清单制度概述

任何权力都具有自我膨胀和扩张的内在冲动,在运行过程中都存在异化的可能。因而,如何规范和控制政府权力,使其能够服务于国家经济社会发展和人民群众对美好生活的追求,同时又不致成为脱缰的野马,这是古今中外各国面临的共同课题。推行权力清单制度是一项极具中国特色的行政法律制度,是在推动我国法治政府建设过程中,为进一步深化行政体制改革,实现政府治理高效能,推进简政放权,发挥市场核心作用和激发社会创造力而创设的新思路、新路径。权力清单制度不只是一份清单、一张流程图,而是一整套制度体系。从地方的权力清单试点,到写进中央全会文件的权力清单制度;从部分地方的试验探索,到全国范围内的普遍明确要求,中央对权力清单制度寄予厚望。[①] 因此,作为植根于中国法治建设实践的一项制度创新,特别是作为我国近些年来持续深化行政体制改革、推动简政放权、加快转变政府职能、建设法治政府的一项重要制度创新,权力清单制度是什么?它是如何产生的?它生成的时代背景和内在逻辑为何?对这些问题的探讨将有助于我们准确把握权力清单制度的本质和功能定位,推动该项制度行稳致远,进而达成全面规范和有效控制政府权力的目标。

一、权力清单制度的缘起

就权力清单的生成逻辑来看,它经历了自下而上的地方自发探索到自上而下的全面推动,再到通过顶层设计全面推行的发展过程。在这个过程中,随着实践经验的积累和认识的深化,权力清单制度改革目标也从最初定位为控制公权力这个单一目的,发展成为以追求职能科学为核心的政府自我"瘦身"、自我克制的一项重要制度实践。归纳和分析权力清单制度发展历程,对于全面理解和界定权力清单制度的内涵和外延,准确把握权力清单制度蕴含的内在功能,推动我国法治政府、法治国家和法治社会一体建设,具有重要的

---

① 参见孙柏瑛、杨新沐:《地方政府权力清单制度:权力监督制约的新探索》,载《行政科学论坛》2014年第6期。

理论和实践意义。

（一）以控权为目的的自发探索

现有资料表明，国内最早涉及权力清单制度的是河北省。在21世纪初，河北省委省政府就开始了有关权力公开透明运行机制的探索，推动这个探索的直接动因是2004年发生的河北省外经贸厅原副厅长李友灿受贿案，可以说具有一定的偶然性。作为分管审批事务的副厅长，李友灿手中握有汽车配额这项权力，而这项权力的行使并没有明确具体的条件限制，既不需要向上级汇报，也不需要经过班子研究。这为其滥用权力、以权谋私提供了便利。最终，李友灿因高达4744万元的受贿金额被绳之以法。正是这一起受贿案件，促使河北省委省政府反思权力运行漏洞，意识到应当通过权力的公开运行防止权力寻租和滥用。2005年2月，河北省委省政府转发了省纪委监察厅制定的《关于开展推进行政权力公开透明运行试点工作的意见》，决定在省级政府职能部门和地方政府进行该项工作的试点。① 作为试点的地方政府，邯郸市大胆尝试政府行政权力的公开运行，强调"除涉及国家机密和法律规定必须保密的之外"，政府职能部门的行政权力必须全部公开。为此，邯郸市向社会公开发布了市长权力清单，共有93项权力，同时还将政府所属的57个行政部门的各项行政权力，以及每项行政权力的运行流程图向社会公众公开，接受全社会的监督。到了2006年，河北在全省范围内推广了邯郸市的这一做法。

邯郸市权力清单的探索引起了全国各地的广泛关注，并引发其他地区的学习、效仿。郑州市、洛阳市、石家庄市、成都市以及部分县级市政府及其相关职能部门纷纷晒出权力清单内容，主动接受社会公众监督。② 例如，成都市就提出，要通过行政权力清单，建立职责权限清晰、运行过程公开透明、程序流程规范严密、制约监督明确有效的行政权力运行机制，推进政府与公众在线互动交流，推行部分公共事务网上办理，推动行政权力网上公开透明运行。③ 浙江省富阳市早在2008年便开展以"清权、减权、制权"为核心内容的

---

① 试点单位有：省商务厅、省国土资源厅、邯郸市政府。参见陈斯彬：《权力清单的两个面向及其效力》，载《求索》2018年第5期。

② 参见王春业：《论权力清单制度对行政权的控制与规范》，载《福建行政学院学报》2014年第6期。

③ 参见《成都市人民政府办公厅关于推进行政权力网上公开透明运行工作的实施意见》（成办发〔2009〕23号）。

权力革命;2012年宁夏盐池县通过公开行政权力运行流程图,梳理政府部门职权,公布权力清单;北京市西城区也在网上公开发布了包括19项区长职权,以及68个区政府部门和街道办事处等行政部门的2128项行政权力的事项和运行流程图。

地方范围内的权力清单制度的自发实践很快引起了中央层面的关注与重视。2009年3月,中央纪委、中央组织部决定在河北省成安县、江苏省睢宁县和四川省成都市武侯区相继开展以祛除权力的神秘感、封闭性为目的的"县委权力公开透明运行"试点工作,要求相关地方以公布"权力清单"的方式厘清权力事项和范围,将权力真相归还于广大党员群众。[①] 次年11月,中央纪委、中央组织部公开发布了《关于开展县委权力公开透明运行试点工作的意见》,对开展县委权力公开透明运行试点工作作出具体规定,强调对县委各职能部门的职责和权限要从权力行使的主体、权力行使的具体条件、权力运行的程序、完成时限、对权力的监督措施等方面进行明确区分,并将相关职权编制成目录、逐项编制运行流程图后向社会公开,发挥社会公众的监督作用,以提高权力运行的规范化、正当化水平。由此,权力清单的实践探索从最初的三个试点县推广至全国范围。

(二) 以减权为内容的全面发动

2013年8月,中共中央政治局会议讨论通过了《关于地方政府职能转变和机构改革的意见》,提出了"梳理各级政府部门的行政职权,公布权责清单"的任务要求。2013年11月召开的党的第十八届中央委员会第三次全体会议审议通过的《中共中央关于全面深化改革若干重大问题的决定》(以下简称《全面深化改革的决定》),首次在党中央文件中正式出现了"权力清单制度"这个概念,明确"推行地方各级政府及其工作部门权力清单制度,依法公开权力运行流程"的原则要求,这标志着权力清单制度已经从基层探索、地方试点转化和上升为党对政府及其工作部门的普遍性要求,并成为全面深化改革的一项重大改革举措,[②] 完成了从地方自发实践转变为自上而下的全面发动。在党的十八届三中全会精神推动下,国务院也在稳妥积极地开展这项工作,

---

① 参见周庆智:《控制权力:一个功利主义视角——县政"权力清单"辨析》,载《哈尔滨工业大学学报(社会科学版)》2014年第3期。
② 参见杨伟东:《行政权力清单制度的意义和落实》,载《中国法律》2014年第1期。

以单项行政权力清单方式公开发布中央层面的权力清单,其目的就是要将行政审批权这个对市场主体影响最大,同时也是最容易滋生寻租现象的行政权力置于阳光下公开规范运行。① 在中央政府的强力推动下,权力清单制度逐渐从国务院有关部门到省、市、县等三级地方人民政府部门全面铺开,甚至部分地方在乡镇、居民自治和村民自治等基层自治组织,也开展权力清单制度的尝试。

缘起于上海自贸区、针对市场主体准入的负面清单制度的探索在党的十八届三中全会决定中也得到了肯定。党的十八届三中全会通过的《全面深化改革的决定》在明确推行权力清单制度的同时,还要求"实行统一的市场准入制度,在制定负面清单基础上,各类市场主体可依法平等进入清单之外领域"。同权力清单对行政职权正面列举和区分不同,负面清单奉行"法无禁止即自由"的理念,它所带来的最大变化是对法无禁止的"空白地带"(或称为"法律的沉默空间")的清晰界定。② 李克强总理在 2014 年政府工作报告中也指出,"清单之外的,一律不得实施审批"。负面清单不仅有助于进一步落实有限政府的理念,而且为建设统一开放、竞争有序的市场体系指明了努力的方向。

2013 年 8 月,中共中央、国务院发布了《关于地方政府职能转变和机构改革的意见》,提出了"梳理各级政府部门的行政职权,公布权责清单"的任务要求。这就是说,今后要在推行权力清单的基础上,进一步编制政府部门的责任清单,使得权力清单制度的内涵得以丰富和发展。2014 年 10 月,党的十八届四中全会审议通过的《全面推进依法治国的决定》指出,要"推行政府权力清单制度,坚决消除权力设租寻租空间","各级政府及其工作部门依据权力清单,向社会全面公开政府职能、法律依据、实施主体、职责权限、管理流程、监督方式等事项"。该决定强调,中央人民政府要按照深化行政审批制度改革、进一步简政放权的工作部署以及政府工作报告提出的"确需设置的行政审批事项,要建立权力清单制度,一律向社会公开。清单之外的,一律不得实

---

① 2014 年 3 月 5 日,李克强总理在政府工作报告中再次强调,"确需设置的行政审批事项,要建立权力清单制度,一律向社会公开。"随后,国务院行政审批改革办公室在中国机构编制网上公开发布了《国务院审改办公开各部门行政审批事项汇总清单》,"涵盖了 60 个有行政审批事项的国务院部门,各部门目前正在实施的行政审批事项共 1235 项",http://www.gov.cn/xinwen/2014-03/17/content_2639996.htm,2018 年 10 月 10 日访问。

② 参见王利明:《负面清单管理模式与私法自治》,载《中国法学》2014 年第 5 期。

施审批"的要求,在推进行政审批事项清单、实施权力清单制度上作出表率。随后,在国务院党组会议上,李克强总理明确提出,各级政府要积极落实与贯彻党的十八届四中全会的决策部署和习近平总书记系列重要讲话精神,"依法推进政府职能转变。继续大力推进简政放权、放管结合,加快建立权力清单、责任清单和负面清单……提高行政效能和服务水平"。在2015年政府工作报告中,李克强总理再一次强调指出,"制定市场准入负面清单,公布省级政府权力清单、责任清单,切实做到法无授权不可为、法定职责必须为"。可见,自党的十八届四中全会决定以来,中央不仅将权力清单制度构成要素明确为机构、职能、权限、程序、责任等方面的内容,为推行权力清单制度明确了目标、指明方向,而且要求责任清单、负面清单与权力清单同步推进,进一步强调了权力清单制度所承载的明确政府职责权限和职权边界、规范和约束行政权力的改革目的。即"以权力清单明确政府能做什么,'法无授权不可为';以责任清单明确政府该怎么管市场,'法定职责必须为';以负面清单明确对企业的约束有哪些,'法无禁止即可为'。通过建立'三个清单',依法管好'看得见的手',用好'看不见的手',挡住'寻租的黑手'。"①

在实践层面,为贯彻落实党的十八届三中全会的精神和政策要求,广州市率先全面梳理出3705项市级行政职权事项,并予以公布,接受社会监督。2013年11月召开的中共浙江省委第十三届四次会议,强调推行权力清单制度是党中央对各级政府提出的明确的改革要求,是处理好政府与市场关系的第一步,对于营造更加公平的市场环境和社会环境以及良好的政务环境,打造有限、有为、有效的服务型政府具有重要意义。为此,浙江省明确行政改革重点和突破项目就是推行权力清单制度,及时启动了以权力清单为核心的"四张清单一张网"建设,省政府常务会议随后决定在省级政府部门率先开展职权清理、推行权力清单、规范行政权力运行工作,并制作了"浙江省推行权力清单五步走示意图"。②2013年12月,湖北省公布了《湖北省级行政权力和政务服务事项目录》,这是全国范围内第一个省级政府部门的行政权力清单,

---

① 李克强:《简政放权 放管结合 优化服务》,载《中国行政管理》2015年第6期。
② "四张清单一张网"即权力清单、责任清单、企业投资项目管理负面清单、财政专项资金管理清单、浙江政务服务网。参见方柏华、李黄骏等:《政治学视域中的权力清单——基于浙江案例的研究》,中国社会科学出版社2017年版,第30页。

涉及省级政府58个部门和机构，原先多达8021项权力事项减少到了4313项。① 2014年6月，根据浙江省机构编制网公布的权力清单，省级政府57个部门减少到42个部门，行政权力事项从12 300项减少到了4236项，被精简的行政权力超过六成。同其他省份按照政府层级编制和公布权力清单的做法不同，广东省在2014年11月公布了《广东省行政审批事项通用目录》，这是全国范围内首张涵盖省、市、县三级全部行政审批事项的一单式"纵向权力清单"，"通过纵、横两个维度，将各级各部门保留的行政审批事项编制成'一单式''网格状''立体化'目录"，使得相关行政审批事项在全省各地、各部门无差别办理成为可能。②

（三）以职能科学为核心的政府再造

2004年4月，国务院发布的《全面推进依法行政实施纲要》首次全面界定了法治政府建设的基本标准和要求，即"合法行政、合理行政、程序正当、高效便民、诚实守信、权责统一"。经过近十年依法行政实践的发展，不仅"法无授权不可为""法定职责必须为"等现代法治理念深入人心，而且法治政府建设实践也取得了世人瞩目的成就。在总结近十年法治政府建设成功经验的基础上，党的十八届四中全会根据我国法治建设面临的新情况、新要求，重新定义了法治政府建设的基本内涵，即"职能科学、权责法定、执法严明、公开公正、廉洁高效、守法诚信"。前后对照，一个最显著的变化就是法治政府建设的起点发生了质的变化，即将行政职权"有没有"（是否依法产生）调整为"好不好"（科学与否）。这一调整不仅意味法治政府建设的流程进一步往前追溯，更包含着对政府角色地位的重新认识，以及政府与市场、社会关系的重新定位。对此，在2017年政府工作报告中李克强总理明确提出，"全面实行清单管理制度……减少政府的自由裁量权，增加市场的自主选择权"。这意味着，推行权力清单制度已经成为推进政府职能科学的重要载体，已经深刻地渗入我国的行政管理体系之中，并发挥着重要作用。

---

① 参见万静：《多省市陆续晒出行政权力清单》，载《法制日报》2014年4月21日。
② 具体为：横向上，通用目录通过市与市、县与县的比较，将各地共有、部分地区特有的行政审批事项全部纳入编制范围；纵向上，按照事项性质、设立依据等，尽可能明确各级事项之间的对应关系，清晰划分各级的权力边界。参见《广东发布行政审批通用目录》，http://politics.people.com.cn/n/2014/1205/c70731-26152215.html，2018年2月8日访问。

在这样的背景下,有关权力清单制度的首个顶层设计的文件《推行权力清单制度的指导意见》公布施行。该意见将"大力清理调整行政职权"明确为推行权力清单制度的一项主要任务,并要求通过权力清单编制过程中的"清权""减权"等予以落实。2015年12月,中共中央、国务院印发的《法治政府建设实施纲要(2015—2020年)》中明确提出了权力清单制度的具体架构,即"在全面梳理、清理调整、审核确认、优化流程的基础上,将政府职能、法律依据、实施主体、职责权限、管理流程、监督方式等事项以权力清单的形式向社会公开,逐一厘清与行政权力相对应的责任事项、责任主体、责任方式"。同月,国务院办公厅印发了《国务院部门权力和责任清单编制试点方案》,将权力清单试点工作向国务院部门推进,并选择发展改革委、民政部、司法部、文化部、海关总署、税务总局、证监会等七个部门作为开展国务院部门的权力清单试点单位;对于未列入试点范围的部门,要求参照试点方案梳理本部门权责事项并向社会公布,为今后开展权力清单和责任清单编制工作做好准备。方案同时强调,推行权力清单制度的一个目标,就是要通过界分行政机关职责权限,形成"边界清晰、分工合理、权责一致、运转高效、依法保障的政府职能体系";并具体化为全面梳理部门现有权责事项、清理规范权责事项、审核权责清单和优化权力运行流程等主要任务。在国务院的强力推动下,地方各级人民政府权力清单制度全面展开,截至2017年年初,全国各省级人民政府部门均已按照《推行权力清单制度的指导意见》列明的"9+X"①行政权力种类,制定并公布了省级人民政府各组成部门的权力清单。

需要注意的是,在权力清单呈"井喷"之势的同时,②权力清单制度庸俗化的隐忧也"悄然"而至,正如有学者指出的,不少地方更多是将公布权力作为一项硬性任务来完成,忽略了推行权力清单制度限权的"初心",忘记了权力清单制度"再造"政府职能的"使命",甚至在推行权力清单制度过程中存在"数字游戏"现象。例如,有的地方出现了为简权而减权、过度削减职权、注重

---

① 根据中办、国办《推行权力清单制度的指导意见》,"9+X"是指行政权力类型,其中"9"是指行政许可、行政处罚、行政强制、行政征收、行政给付、行政确认、行政奖励、行政裁决、行政检查,"X"是指其他未类型化的行政职权。

② 如有学者就指出,2015年各地权力清单梳理工作开展得如火如荼,权力清单公布量急剧上升,集中呈现出"井喷"现象,权力清单制度进入快速扩散阶段。参见邹东升、陈思诗:《党的十八大后中国省级政府权力清单制度创新的扩散——基于政策扩散理论的解释》,载《西部论坛》2018年第2期。

"减"而忽视"精"、忽视了权力精简之后流程再造等现象。① 显然,权力清单制度实践中普遍存在的对责任清单的忽略,或者对责任主体及职责边界的模糊、权责清单不对接不协调等,都在一定程度上侵蚀和削弱了权力清单制度的政策威力。基于此,中央编办、法制办于2018年1月又发布了《中央编办、法制办关于深入推进和完善地方各级政府工作部门权责清单制度的指导意见》(以下简称《完善权责清单制度的指导意见》),在肯定全国各地省市县政府工作部门权责清单"改革取得了阶段性成效"的同时,强调要在思想上提高认识和站位,要充分认识"推行地方各级政府工作部门权力清单制度,是党中央、国务院部署的重要改革任务,是巩固和拓展'放管服'改革成果的有效手段,也是推进国家治理体系和治理能力现代化的重要基础性制度,必须全面落实、逐步完善、不断深化",同时也要注意解决推行权力清单制度过程中存在的问题,"如各地清单标准规范不统一、内容差异较大,权责事项不对等,监督问责不具体,清单实用性不强等","需要通过持续探索创新、完善制度机制、推动综合应用加以解决",并提出了通过"权责清单标准化""权责清单两单融合""动态管理机制"等措施予以强化。2018年2月底,党的十九届三中全会通过的《中共中央关于深化党和国家机构改革的决定》明确提出,要把权责清单改革和机构编制法治化相结合,强调"全面推行政府部门权责清单制度,实现权责清单同'三定'规定有机衔接,规范和约束履职行为,让权力在阳光下运行",不仅赋予了权责清单制度改革的新使命,也给权责清单制度改革注入了新的活力。正如有学者分析指出的,党的十九届三中全会明确的通过权责清单推进机构编制法定化的战略部署,不仅可以有效化解"一些地方和部门仍然存在的擅自增设机构、在机关使用事业编制、超编制配备人员、超职数配备领导干部等问题",而且也可以消解"三定"规定效力有限性的问题,②实现政府再造。

自此以后,很多省份开始按照《完善权责清单制度的指导意见》的要求以及党的十九届三中全会的精神,在地方范围内不断强化和完善权力清单和责任清单工作,推动权力清单制度实践向纵深推进。例如,福建省人民政府办公厅2018年9月发布了《福建省政府工作部门权责清单管理办法》,强调其目

---

① 参见郑俊田、邹媛莹、顾清:《地方政府权力清单制度体系建设的实践与完善》,载《中国行政管理》2016年第2期。

② 参见刘启川:《权责清单推进机构编制法定化的制度建构》,载《政治与法律》2019年第6期。

的之一就是"健全完善权责清单管理制度",明确"权责清单内容要素包括事项编码、事项名称、子项名称、设定依据、事项类型、实施主体或责任单位、追责情形等",并对权责清单调整的时机、标准等作出明确规定。2018年10月,山西省人民政府办公厅发布了《关于公布省市县政府部门行政职权事项标准清单的通知》,并据此分别发布了权责清单的分级标准清单,即《山西省省级政府部门行政职权事项标准清单(2018年版)》《山西省市级政府部门行政职权事项标准清单(2018年版)》《山西省县级政府部门行政职权事项标准清单(2018年版)》,对全省各地、各级、各部门权责事项作出统一规定,以此对全省权责清单的编制和实施给予指导,进而提升全省权责清单的规范化、法治化水平。

二、权力清单制度的含义

通过前文的分析可以发现,权力清单制度是我国社会主义现代化建设进入新时代以后,以规范和控制行政权力为目的的一项制度创新,其直接的动因就是要通过公开政府及其部门各项行政职权,实现全社会对行政权力的监督。权力清单在实现职能科学、权力公开透明与制约监督方面已经取得了令人瞩目的成就,但从理论和实践来看,对于何为权力清单制度,特别是权力清单制度的内涵和外延的认识还不完全统一,如何定位权力清单的性质还存在争议,权力清单制度无论是形式上、还是实践中都存在若干需要完善的方面。对于权力清单制度的理论定位以及在实践中的应用,尤其是对权力清单如何实现动态调整,还缺乏有效和针对性的做法。而要解决这些问题,首先要对权力清单制度的内涵与外延作出清晰界定。

(一)权力清单与权力清单制度

作为权力清单制度第一个顶层设计的文件,也是迄今为止有关权力清单制度层级最高的法律文件,《推行权力清单制度的指导意见》并未对权力清单或权力清单制度给出明确的定义,只是在"工作目标"部分强调,"将地方各级政府工作部门行使的各项行政职权及其依据、行使主体、运行流程、对应的责任等,以清单形式明确列示出来,向社会公布,接受社会监督"。该文件对权力清单的这种表述客观上为全国各地开展权力清单制度实践预留了足够大的探索空间,有助于鼓励地方在推行权力清单制度过程中充分发挥积极性、主动性,但同时也造成了学界对权力清单或权力清单制度认识上的分歧。我们认为,要清晰界分权力清单制度,首先要在外延上弄清楚相关概念的差异,如权力清单制度与权力清单、权力清单与责任清单、权力清单与负面清单等的区别。

以概念界定为例,多数学者并不区分权力清单与权力清单制度,并根据《推行权力清单制度的指导意见》的表述进行界定。例如,有学者指出,权力清单是"指政府及其部门或其他主体在对其所行使的公共权力进行全面梳理的基础上,将职权目录、实施主体、相关法律依据、具体办理流程等以清单方式进行列举,并公之于众"①。有学者认为,"权力清单制度,是指政府部门或其他主体以简政放权,便于权力受监督为目的,在对法律法规所规定的各项权力进行全面梳理基础上,将职权目录、权责主体、法律依据、办理流程等以清单方式进行规范的列举并将其公开的制度"②。除去表述上的差异外,上述讨论并未区分权力清单与权力清单制度的不同,在对权力清单的要素作出描述的同时,都强调通过公开权力清单实现对权力监督的目的。实际上,全面梳理学界相关研究成果会发现,对于权力清单或者权力清单制度认识上的差异还表现在以下几个方面:

第一,权力清单适用的主体范围存在差异,即权力清单仅适用于政府部门还是政府及其部门均为推行权力清单的主体,存在认识上差异。例如,与《推行权力清单制度的指导意见》将权力清单适用主体明确为政府部门不同,③不少学者认为,权力清单除适用于政府部门外,还包括政府本身,④甚至扩展至其他主体如党组织、政协组织等。⑤ 对于权力清单主体认识上的分歧,客观上与我们开展这项改革的政策规范密切相关。例如,《全面深化改革的决定》指出,"推行地方各级政府及其工作部门权力清单制度,依法公开权力

---

① 任进:《推行政府及部门权力清单制度》,载《行政管理改革》2014年第12期。
② 黄宇宸:《权力清单监督作用的实现路径》,载《行政管理改革》2016年第10期。
③ 《推行权力清单制度的指导意见》在"实施范围"部分指出,"地方各级政府工作部门作为地方行政职权的主要实施机关,是这次推行权力清单制度的重点。依法承担行政职能的事业单位、垂直管理部门设在地方的具有行政职权的机构等,也应推行权力清单制度"。
④ 如有学者指出,"权力清单是将各级政府及其工作部门所行使的各项公共权力进行梳理和统计,在此基础上,将每项行政职权的行使主体、权力依据、权力范围、运行程序、对应责任等内容,以清单的形式向社会公布,主动接受社会公众的监督"。刘同君、李晶晶:《法治政府视野下的权力清单制度分析》,载《法学杂志》2015年第10期。
⑤ 如有学者认为,权力清单是指"各级政府及其工作部门或其他主体(如党委、政协组织等)在对其所实际行使的公共权力进行全面梳理基础上,按照一定的类别和流程以清单和图表等形式公开,承诺依照清单内容行使权力,遵循'法无授权即禁止'的规范"。张茂月:《权力清单制度认识的几个误区与纠正——兼谈制度完善的几点思路》,载《云南行政学院学报》2015年第3期。

运行流程。完善党务、政务和各领域办事公开制度,推进决策公开、管理公开、服务公开、结果公开。"这里就没有将推行权力清单制度局限于"政府部门",而是强调不论是政府还是其工作部门,都要实行权力清单制度。次年通过的《全面推进依法治国的决定》仍然坚持这一立场,指出"各级政府及其工作部门依据权力清单,向社会全面公开政府职能、法律依据、实施主体、职责权限、管理流程、监督方式等事项","全面推进政务公开"。从这里可以看出,权力清单制度适用的主体范围"泛化"具有政策上的充分依据,也真实映现了权力清单制度生成发展的实践逻辑。正是实践中各地做法的这种不统一,使得研究和观察者面对不同的样本和经验产生了认知上的差异。这也从一个侧面说明,作为一项改革探索,权力清单制度实践在初始阶段寄希望于各地方进行积极主动的探索,以便为全面推行这一制度积累经验。就此而言,各地方的探索难免带有一定的"试错性"。但是,随着改革实践的稳步推进和认识的深化,权力清单实践中的这种各自为政的局面应当逐步走向统一。实际上,无论是中办、国办发布的《推行权力清单制度的指导意见》,还是三年后中央编办、国务院法制办发布的《完善权责清单制度的指导意见》,其目的都是要在各地积极探索的基础上,通过总结各地的经验和探索,完成权力清单制度改革的顶层设计,进而规范和引导对权力清单制度的实践。①

第一,构成权力清单的要素存在明显差异,尤其是行政职权对应的责任是否列入清单做法极不统一。顾名思义,权力清单就是将"行政职权列表"②,"按照行政权力基本要素","以列表清单形式公之于众,主动接受社会监督,自觉促进依法行政的制度形式"③。从实践来看,对于这个表单的基本构成要素的共识是存在的,如"行政职权名称、依据、行使主体、运行流程"等,但也有学者强调应当将该项职权行使的条件、对应的责任等要素一并纳入清单要素中来。④ 正是认识上的这种不同,造成了权力清单制度实践中各地的做法存

---

① 参见中央编办、国务院法制办 2018 年发布的《完善权责清单制度的指导意见》"引言"部分。
② 黄海华:《权力清单制度的法治价值及其实施》,载《中国法律评论》2015 年第 2 期。
③ 程文浩:《国家治理过程的"可视化"如何实现——权力清单制度的内涵、意义和推进策略》,载《人民论坛·学术前沿》2014 年第 9 期。
④ 如有学者认为,权力清单应当记载"各项行政职权及其依据、行使主体、运行流程、对应的责任等。"黄海华:《权力清单制度的法治价值及其实施》,载《中国法律评论》2015 年第 2 期。还有学者强调,权力清单是"对于各级政府及其各个部门权力的数量、种类、运行程序、适用条件、行使边界等予以详细统计,形成目录清单,为权力划定清晰界限。"胡税根、徐靖芮:《我国政府权力清单制度的建设与完善》,载《中共天津市委党校学报》2015 年第 1 期。

在一定差异。例如,2014年11月,江苏省行政审批改革办公室通过江苏机构编制网向全社会公开发布的省政府组成部门的权力清单中,其构成要素有项目编码、权力名称、权力类别、所属部门、行使层级、设定依据等六个方面。而同时期公布的安徽省级政府权力清单除了上述要素外,还包括行政职权对应的责任。从实务操作来看,借助于权力清单制度将行政职权的名称、主体、类别、法律依据等要素予以明确,具有较强的可操作性,而要将特定的行政职权所对应责任予以明确往往会面临一定挑战。从理论上看,按照权责统一原则要求,特定的行政职权对应的责任应当是明确的,但由于行政职权运行的社会环境差异,行政主体行权动因的不同,客观上可能会造成行政权力所承载的具体责任差异,这给权力清单列表时勾勒其中的责任要素造成了一定困难。因而,类似于江苏省这种回避权力清单中责任要素的做法具有一定的普遍性,这也符合权力清单制度推行初期各地开展多样化探索的现实逻辑。但是,随着权力清单制度的实践展开,在中央有关权力清单制度的顶层设计中,已经明确将行政职权对应的责任作为权力清单的法定要素。例如,《推行权力清单制度的指导意见》有关"工作目标"的描述中,明确将"对应的责任"同"地方各级政府工作部门行使的各项行政职权及其依据、行使主体、运行流程"等并列,作为权力清单的法定要素。而后来的《完善权责清单制度的指导意见》不仅在文件名称上实现了"权责"统一,而且将"全面实现权责清单两单融合"确定为深入推进权责清单制度的一项重要任务。

第三,权力清单的功能定位把握存在差异,表现在除监督权力行使这个权力运行的"末端"问题外,还强调"简政放权"这个更具源头意义的价值。毫无疑问,推行权力清单制度的直接动因是规范行政权力的行使,以行政行为类型化为基础实现对行政权力的分割排序和明晰化,[①]进而"给政府职能画出条条框框,把权力关进制度的笼子里"[②]。因此,学界在界定权力清单这个概念时,往往突出权力清单对行政职权边界的限定作用,强调"清单之外无权力"。例如,有论者指出,"权力清单的核心内涵就是'法无授权即禁止'。换言之,清单所涵盖的范围就是行政权力的合法行使范围,清单以外就是行政权力不能随意进入的范围";"权力清单制度通过合法确权划定行政权力的合

---

① 参见周海源:《行政权力清单制度深化改革的方法论指引》,载《政治与法律》2019年第6期。
② 石亚军:《排除市场壁垒须推倒"五门"建构五位一体制度体系》,载《中国行政管理》2014年第10期。

法行使范围。对于法律未授权的领域,行政行为不得擅自进入;对于未能依据清单行使行政权力的行为,可追究其法定责任;对于负面清单未禁止的活动,公众享有充分的自由空间。"①也有学者指出,"权力清单所涵盖的范围就是行政权力的合法行使范围,权力清单之外就是行政权力不能随意进入的范围,体现'法无授权不可为';同时对没有按权力清单行使权力的行为追究相应责任,体现'法定职责必须为'。"②应该说,上述认识无疑体现了《全面推进依法治国的决定》强调的权力清单所具有的规范和控制行政权行使的目的。但是,《全面推进依法治国的决定》还为权力清单设定了更高层次的价值目标,即"依法全面履行政府职能"。而要实现这样的目标,首先必须要清晰界定政府与市场的界限,科学设定政府的职能。显然,对于权力清单制度这一更高的价值目标,有学者已经有了初步的认识,但是如果仅仅停留在审批权这个单项权力层面,不免过于片面。例如,有论者从如何充分发挥政府与市场的积极作用出发探讨权力清单制度的功能,认为"通过权力清单明确政府部门审批事项及其权限范围,在清单之外不得设置对市场经营主体的可否事项,明确政府权力清单,列明负面清单,限定政府有形之手,其用意在于规制政府市场服务职能真正'到位'"③。实际上,权力清单制度作为中国特色社会主义建设进入新时代,为转变政府职能、科学定位政府角色而实施的一项重要改革举措,其功能面向是全方位的,即不仅要规范和控制行政审批权的设定和行使,而且要面向整个政府权力体系,借助于权力清单这个制度,科学界分国家与社会、政府与市场的边界,在发挥市场机制决定性作用的基础上,更好地发挥政府作用。

基于以上分析,我们认为,在进行基础概念界分时,首先要区分权力清单与权力清单制度的差异:前者是行政权力及其构成要素的一个列表,是静态的;后者是在前者基础上的一个动态运作过程,既包括依照一定的标准编制静态的权力清单列表,也蕴含着通过权力清单的编制实现对行政权力运行的监督和制约,还包括及时、动态调整权力清单的内在要求。而权力清单制度要达成这样的目的,必然要在权力清单编制过程中,始终秉持有限政府的理

---

① 麻宝斌、贾茹:《权力清单制度的理论分析与现实检视》,载《探索》2016年第3期。
② 赵勇、马佳铮:《大城市推行权力清单制度的路径选择——以上海市Y区为例》,载《上海行政学院学报》2015年第2期。
③ 刘云亮:《权力清单视野下规制政府有形之手的导向研究》,载《政法论丛》2015年第1期。

念,遵循职能科学的原则要求,在全面梳理现行法律规范的基础上,通过"清权""减权"厘清政府行政职权事项,并在权力清单构成要素上明确权力运行流程,突出与行政职权对应的责任要素,通过构建极具操作性的动态调整机制,保证权力清单及时更新和动态调整。据此,我们认为,权力清单就是行政主体的职权列表,即在对行政主体所行使的各项行政职权进行梳理和统计的基础上,按照不同类别的行政职权分别排序,并以列表的方式将每项行政职权的名称、行使主体、规范依据、权力范围、运行流程、对应责任等内容进行集中编排并向社会公布。而权力清单制度是指通过编制和公布权力清单,实现行政职权设定的科学化和行政权力运行的规范化、公开化和节约化等机制的总称。实际上,从我国推行权力清单制度的实践来看,包括责任清单、负面清单等一系列改革举措,都是围绕厘清政府与市场界限这个核心展开的,其目的都是要让市场在资源配置中发挥决定性作用,更好地发挥政府作用。正是由于责任清单、负面清单同权力清单目标的这种一致性,我们认为,权力清单制度实质上是权力清单、责任清单、负面清单等的上位概念,"三张清单"均包含在权力清单制度范畴之中。[①]

(二)权力清单与责任清单

与权力清单相对应,责任清单的主体也存在究竟是政府部门还是政府及其工作部门的认识差异,但对责任清单内涵的认识较为一致,即是指通过对政府部门或者地方政府及其工作部门法定职责的梳理,"按照责任主体、责任范围、规范依据、追责情形、追责程序等要素予以列表,并向社会公开"[②]。从制度渊源来看,责任清单要明显早于权力清单。例如,2005年国务院办公厅发布的《国务院办公厅关于推行行政执法责任制的若干意见》就明确提出,"要根据有权必有责的要求,在分解执法职权的基础上,确定不同部门及机构、岗位执法人员的具体执法责任。要根据行政执法部门和执法人员违反法定义务的不同情形,依法确定其应当承担责任的种类和内容。地方各级人民

[①] 对于权力清单制度与权力清单的这种差异,也有学者指出,"权力清单制度作为我国政治文明发展过程中探索制约行政权的新尝试,其内涵较于单纯的权力清单要更为丰富"。喻如如、张运昊:《权力清单的制度定位——一种行政自制规则》,载《湖北民族学院学报(哲学社会科学版)》2016年第3期。

[②] 林蔚文、林明华:《地方政府部门责任清单制度的理论与实践》,载《福建论坛(人文社会科学版)》2016年第5期。

政府可以采取适当形式明确所属行政执法部门的具体执法责任,行政执法部门应当采取适当形式明确各执法机构和执法岗位的具体执法责任。"显然,该文件一方面强调要明确执法责任,这与今天的责任清单的目标和做法基本一致,但对于何为"适当形式"并无具体指引。直到《推行权力清单制度的指导意见》的发布,因其并未将行政职权对应的责任作为清单要素予以明确,同时又将"积极推进责任清单工作"作为权力清单工作的主要任务之一,强调"在建立权力清单的同时,要按照权责一致的原则,逐一厘清与行政职权相对应的责任事项,建立责任清单,明确责任主体,健全问责机制。已经建立权力清单的,要加快建立责任清单;尚未建立权力清单的,要把建立责任清单作为一项重要改革内容,与权力清单一并推进"。这就是说,责任清单虽然是权力清单制度的一项工作任务,但要求"同时"编制责任清单实际上表明两者是平行并列关系而非从属关系,责任清单需要在权力清单之外单独编制。只是由于该意见同样缺乏对责任清单构成要素的明晰指引,从而造成了实践中责任清单构成要素上的差异。可见,正是《推行权力清单制度的指导意见》对权力清单与责任清单的关系未给予明确的规定,造成了在实践中"责任清单在权力清单中的构成形式和独立程度"的不同和差异,并形成了独立型责任清单、一体型责任清单和依附型责任清单等形式。①

严格来说,责任清单赖以建立的理论基础与权力清单并不相同,权力清单以"法无授权不可为"为基础,责任清单则衍生于"法定职责必须为",②两者的出发点并不相同,但是却统一于"权责法定"这一行政法基本原则之中。可见,作为我国深化行政体制改革的一项重要制度创新,权力清单制度通过列表的方式编制行政机关的职权要素和责任要素便是题中之义,对此,中共中央政治局最初的设想也是要推进权责清单一体建设。③ 在随后开展的权力清

---

① 参见刘启川:《独立型责任清单的构造与实践——基于31个省级政府部门责任清单实践的观察》,载《中外法学》2018年第2期。按照该学者的归纳和分析,江苏、浙江、河北、山东、湖南、海南、吉林、福建、四川、江西、山西、青海、黑龙江、河南14个省为独立型;湖北、广西、辽宁、甘肃、云南、广东、天津、西藏、陕西、上海、贵州、宁夏、北京、内蒙古14个省、自治区、直辖市为一体型,而新疆、重庆、安徽3个省、自治区、直辖市为依附型。

② 2014年9月,李克强总理在第八届达沃斯论坛开幕式致辞中强调"法定职责必须为",提出在"权力清单"和"负面清单"之后还要理出"责任清单",以维护公平竞争的市场环境。

③ 在2013年8月审议通过的《关于地方政府职能转变和机构改革的意见》中率先使用了"权责清单"这个概念,强调"梳理各级政府部门的行政职权,公布权责清单,规范行政裁量权,明确责任主体和权力运行流程"。

单制度实践探索中,相关地方几乎是在推进权力清单的同时,也开始编制并公布责任清单。例如,浙江省早在 2013 年启动权力清单的同时,就进行责任清单、企业投资负面清单和政务服务网的"三张清单一张网"建设,并于次年 7 月率先在浙江政务服务网上公开发布了 43 个省级部门的责任清单,各市县也紧随其后陆续公布本级政府职能部门的责任清单。[①] 同浙江省稍稍不同,江苏省在 2015 年年初单独公布审批清单,即将行政机关的行政审批权单列,进而形成了包括权力清单、审批清单、负面清单、行政事业性收费目录、专项资金管理清单在内的五张清单,并建立政务服务体系,确立七项配套改革措施。2015 年 7 月,福建省则推出了权力清单、责任清单和公共服务事项清单等三张清单,同时建立了全省统一的网上办事大厅。也就是说,权力清单制度实践从一开始就是涵盖责任清单的,并且通常都是权、责分单公开的。实际上,《推行权力清单制度的指导意见》在进行顶层设计时也将"推进责任清单"作为推进权力清单制度工作的一项主要任务,这样表述实际上是在一定程度上回避了对权力清单与责任清单关系定位,因而无法解决权力清单制度实践中客观存在的权力清单和责任清单"不融合""两张皮"等问题。直到 2018 年,中央编办和国务院法制办联合发布的《完善权责清单制度的指导意见》才对这一问题予以直接回应,明确要求"要按照权责一致的原则,对权力清单和责任清单进行统筹设计,加快推进两单融合,构建权责匹配、简明实用的清单模式",并将其上升到"推进国家治理体系和治理能力现代化的重要基础性制度"的高度。可见,权力清单制度不仅强调对行政机关职权的列表公示,而且从一开始也包含责任清单方面的内容,权力清单、责任清单统一于权力清单制度中。正如有学者指出的,"责任清单的公布,明确了哪些责任是哪些部门必须承担的,使隐形的责任彰显,初步构建起一整套与权力清单相配套的清晰、分工合理、权责一致、运转高效的部门职责体系,有效防止行政主体乱作为、不作为和低效作为。"[②]

基于上述分析,我们认为,权力清单与责任清单犹如一个硬币的正反两面,两者相辅相成,共同构成权责法定原则的具体内容和实践展开。权力清单从技术层面体现和落实法无授权不可为,而责任清单支撑起法定职责必

---

① 参见方柏华、李黄骏等:《政治学视域中的权力清单》,中国社会科学出版社 2017 年版,第 63 页。
② 同上。

为,两者均为公权力运作的基本逻辑,共同推动和形成良好的社会秩序。亦如有学者所说的那样,权力清单描述了行政职权运行的常态化的前半程,责任清单描述了行政职权运行的非常态化的后半程,二者在构成行政职权的运行逻辑方面具有紧密的相关性和依赖性,并在我国权力清单制度中实现了良好的统一。这种统一在很大程度还能矫正我国过去历次行政改革中过多强调公权力"恶"而较少关注作为目的的公权力"善"的价值缺陷,有助于扭转公权力负面形象,实现对人民与政府关系的"重新审视和回归"。①

(三) 权力清单与负面清单

负面清单简单地说就是指清单列举事项皆为禁止的,而对于清单没有涉及事项则是允许的。负面清单最初来源于 20 世纪末国际贸易中的有关协定,是管理外商投资的一种最有效的也是国际上通行的办法,表现为通过否定性列表的方式公开明示外资禁入的领域和范围,而在清单之外,各类市场主体均可平等进入,即"非禁即入",因此负面清单一般以法律明确禁止为前提。② 在我国,负面清单管理模式缘起于自由贸易区改革实践,国务院最初在自由贸易区用"备案制"代替"审批制",从而废除了"三资企业法"在自由贸易区域的实施,为负面清单制度的实施奠定了基础。2013 年,随着上海自贸区的建立,上海市人民政府发布了《中国(上海)自由贸易试验区外商投资准入特别管理措施(负面清单)》,在外商投资准入领域实行负面清单制度,标志着"非禁即入"的负面清单管理模式在我国正式确立,并在全国范围内逐步推广。③ 负面清单制度的确立,意味着在我国社会主义市场经济体系中,市场主体的有关投资行为不再以获得政府部门的许可为前提,也就是说,只要国家的法律法规没有明确禁止的,市场主体就可以直接从事相关行为,从而在市场活

---

① 参见崔浩、桑建良:《责任清单制度的建构理念与责任关系》,载《行政管理改革》2015 年第 6 期;林蔚文、林明华:《地方政府部门责任清单制度的理论与实践》,载《福建论坛(人文社会科学版)》2016 年第 5 期。

② 参见张红显:《负面清单管理模式的法治之维》,载《法学评论》2015 年第 2 期。

③ 著名行政法学教授杨海坤就指出,上海自贸区的改革中,负面清单规定内容的公布权限集中在市政府,亦即上海市政府以外的其他行政主体是无权制定并发布负面清单的,这一规定使自贸区市场的运行有了确定且唯一的市场监管主体,更多地受到法律规范的约束,而非行政行为的治理。参见杨海坤:《中国(上海)自由贸易区试验区负面清单的解读及其推广》,载《江淮论坛》2014 年第 3 期。

动中获得了较大的自由权。① 从社会效果来看,负面清单管理模式不仅收缩了政府管理的范围,减少了政府对资源的直接配置,使得被排除的行业或者行为一目了然,从而提高了市场的透明度和市场行为的可预期性,而且简化了行政管理环节,优化了行政审批流程,减少了对行政资源的占用,有助于提高生产要素进入市场效率,促进了社会经济的发展。②

负面清单的法理基础为"法不禁止即自由"。在成文法国家,由于认知的局限,法律的滞后性、局限性客观上在所难免。因此,随着社会经济的发展,新业态、新模式的不断出现,法律滞后性会愈发明显,从而带来法律"空白地带"不断增加。相对于正面清单,负面清单实际上赋予了市场主体自由进入这些"空白地带"的充分权利。因此,"其所带来的最大变化,是对法无禁止的'空白地带'(或称为法律的沉默空间)的清晰界定",它"不仅保障了市场主体的市场准入自由,而且还扩大了市场主体的行为自由"③。可见,推行负面清单制度是我国社会主义市场化改革的内在要求和逻辑必然,并构成全面深化改革一项极其重要的内容。对此,《全面深化改革的决定》明确指出,"实行统一的市场准入制度,在制定负面清单基础上,各类市场主体可依法平等进入清单之外领域。"在此基础上,2014年6月国务院发布的《国务院关于促进市场公平竞争维护市场正常秩序的若干意见》强调,要"制定市场准入负面清单,国务院以清单方式明确列出禁止和限制投资经营的行业、领域、业务等,清单以外的,各类市场主体皆可依法平等进入"。为贯彻党的十八届三中全会和国务院意见精神,各省级政府开始探索负面清单的管理模式。例如,浙江省在2014年年初就在省市两级开展核准目录外企业投资项目不再审批改革试点。广东省在2014年政府工作报告中首提负面清单,明确"支持非公有制经济平等参与竞争,废除各种形式的不合理规定,落实'非禁即入'投资政策,制定各类企业平等进入特许经营领域的具体办法,开展负面清单管理方式试点","清理和废除妨碍公平竞争的行政和区域壁垒"。湖北省在2014年的政府工作报告中也提出,"探索推行外资准入前国民待遇加负面清单管理

---

① 参见张淑芳:《负面清单管理模式的法治精神解读》,载《政治与法律》2014年第2期。
② 有学者指出,负面清单制度的推行,"在限制了政府权力和职能范围的同时,也保护了市场的权利,激发了市场主体的活力和创造力"。方柏华、李黄骏等:《政治学视域中的权力清单》,中国社会科学出版社2017年版,第63页。
③ 王利明:《负面清单管理模式与私法自治》,载《中国法学》2014年第5期。

模式","放宽外商投资市场准入"。

从另一方面来看,负面清单实际上是给行政权力划定了一条不可逾越的清晰界限,即负面清单之外的领域都是"空白地带",由于法律未作限制,因此"行政权力也不得设置额外的审批程序,变相规避行政许可法定的原则"[①]。在此意义上,负面清单实质上在进一步补强权力清单对行政权力的限制作用,即"不仅要做事前监管的减法,更要将重点放在事中事后监管的加法"[②],因而是推行权力清单制度的一项重要内容。对于负面清单与权力清单功能的这种一致性,中央层面的文件给予明确具体的阐述。例如,2014年1月,李克强总理在国务院常务会议上强调,"要继续把简政放权作为'当头炮',审批事项逐步向'负面清单'管理迈进,做到审批清单之外的事项,均由社会主体依法自行决定。"2015年10月国务院发布的《国务院关于实行市场准入负面清单制度的意见》指出,"市场准入负面清单制度,是指国务院以清单方式明确列出在中华人民共和国境内禁止和限制投资经营的行业、领域、业务等,各级政府依法采取相应管理措施的一系列制度安排。市场准入负面清单以外的行业、领域、业务等,各类市场主体皆可依法平等进入",并强调"实行市场准入负面清单制度是发挥市场在资源配置中的决定性作用的重要基础",也是"更好发挥政府作用的内在要求"。同年12月,中共中央、国务院发布的《法治政府建设实施纲要(2015—2020年)》就提出,"大力推行权力清单、责任清单、负面清单制度并实行动态管理"。

综合上述分析,权力清单制度是一个统摄权力清单、责任清单和负面清单的上位概念,以优化政府职能为核心,以规范和控制行政权为抓手,以行政合法性和最佳性为目标的制度总称。对此,李克强总理在2014年夏季达沃斯论坛开幕式致辞中就指出:政府拿出"权力清单",明确政府做什么,做到"法无授权不可为";给出"负面清单",明确企业不该干什么,做到"法无禁止皆可为";理出"责任清单",明确政府怎么管市场,做到"法定责任必须为"。[③] 正如有学者指出的,权力清单、责任清单和负面清单"的逻辑起点为限制行政权力,权力清单突出正向列举、侧重打造阳光政府;责任清单注重中间兜底、彰显建设责任政府;负面清单进行反向限制,凸显私法自治,共同划定国家、社

---

① 魏琼:《简政放权背景下的行政审批改革》,载《政治与法律》2013年第9期。
② 张红显:《负面清单管理模式的法治之维》,载《法学评论》2015年第2期。
③ 参见尹少成:《权力清单制度的行政法解构》,载《行政论坛》2016年第1期。

会和私人的治理领域"①。

三、权力清单的性质

如前所述,在权力清单制度中,权力清单是其基础和核心,是"元"概念。权力清单制度的实施,特别是其中所包含的"清单之外无权力"难免引发如下担忧:依法行政是否会被依清单行政所替代?而对这个问题的分析和回答,与权力清单的性质密切相关。因为权力清单性质的定位直接决定着权力清单的效力,决定着权力清单在法治实践中发挥作用的空间。② 只有给权力清单以准确的法律定位,才能确保权力清单的合法性和有效性。正是在此意义上,有学者强调,"解决权力清单制度问题,首先要确定权力清单的性质"③。这就是说,对权力清单性质的讨论也就成了权力清单制度研究中不容回避的一个重要的理论和实践问题。作为中国法治建设中的一项制度创新,权力清单制度自其实施以来,学界围绕权力清单的性质展开了广泛的讨论,概括起来,代表性观点主要有"规范性文件说""信息公开说""行政自制说"和"办事指南说"等四种。

(一)规范性文件说

"规范性文件说"也有人称为"准立法说",即认为权力清单本质上是行政机关制发的一种规范性文件,是立法活动或准立法活动的表现。持这种观点的论者通常从权力清单的"功能、内容、目标",特别是"清单的编制过程"来分析论证,指出权力清单的编制主体是地方政府机关,因而其本质就是以围绕着规范和控制行政权力而创设的一项具体的法律制度。从编制权力清单的过程来看,并非简单地对法律规范进行简单"拷贝"或者"映射",而是涉及对

---

① 罗亚苍:《权力清单制度的理论与实践——张力、本质、局限及其克服》,载《中国行政管理》2015年第6期。

② 例如,有学者通过对我国30个省级行政区权力清单和部分省出台的规范权力清单制度的文件样本进行分析后认为,对权力清单性质等问题缺乏必要的界定是造成实践中权力清单制度实施进程不统一,甚至违法执行的重要原因。参见蔡小慎、牟春雪:《我国地方政府权力清单制度实施现状与改进对策——基于30个省级行政区权力清单分析》,载《学习与实践》2017年第1期。

③ 黄学贤、刘益浒:《权力清单法律属性探究——基于437份裁判文书的实证分析》,载《法治研究》2019年第1期。

法律规范具体条文的释、废,产生行政职权增减及层级配置的法律效果,在内容上涉及行政权力的重新配置,影响到有关法律中的权利与义务的分配,并且具有普遍性、能够被反复适用,因而具有立法或准立法的性质。[①] 特别是2015年中办、国办发布的《推行权力清单制度的指导意见》明确将"清单之外无权力"作为权力清单制度的一项基本原则予以规定,实际上导致了权力清单在一定程度上实现了对法律的"驱逐",从而肯认了权力清单具有类似于法律法规的地位并成为行政权力来源或依据的属性。在法治实践中,权力清单也必须具有这种法规范的强制力,其实施效果才能得到充分的保障。正因为如此,有关权力清单的"规范性文件说"具有较为广泛的接受度,并且在司法实践中也得到了一定程度的认可。例如,最高人民法院在某个驳回再审申请的裁定书中,针对再审申请人要求行政机关履行法定职责申请,认定被申请人不直接负有拆除违法建筑的法定职责,并通过援引法律、规章和行政机关的权力清单进行说理。[②] 显然,该案的裁判逻辑表明,权力清单和责任清单的法律效力不仅得到国家最高司法机关的认同,而且将权力清单视为被申请人行政机关职权的一个来源,因而实际上赋予了权力清单以行政规范性文件的法律地位。

不可否认,权力清单在编制过程、外观形态等方面的确与规范性文件无异,问题是作为"低阶"的规范文件,权力清单编制过程的"清权""减权"难免要对高阶的法律法规规章进行甄别、取舍,这就引发权力清单何以能够"驱逐"高阶的法律法规规章的疑问。[③] 实际上,在最高人民法院于2014—2018年间审结的案件中,只有九份裁判文书涉及权力清单,除了前述的裁判文书外,其余八份裁判文书在说理部分并没有引用权力清单,也没有对权力清单的法律属性和法律效力进行评析,而是从是否属于人民法院受案范围、对再审申请人合法权益是否产生实际影响,或者直接定性为信访处理行为、内部

---

① 参见林孝文:《论地方政府权力清单的法律属性》,载《求索》2015年第8期。有学者还以行政审批权力清单建构为例,强调"清单建构涉及对每一项进入清单的审批权力合法性的判断,因此,清单的建构不仅仅是一项行政活动,更是一项法律活动"。王克稳:《行政审批(许可)权力清单建构中的法律问题》,载《中国法学》2017年第1期。

② 参见最高人民法院(2017)最高法行申8354号行政裁定书。

③ 实际上,所谓"驱逐"并非权力清单制度"应然"之义,至于在权力清单制度实践中存在的这种驱逐法律规范现象虽与权力清单制度所追求的实质法治、功能主义、整体政府等理念契合,但在字面上与权力清单制度的顶层设计是不相符合的。

批准行为等理由,直接驳回再审申请人的再审请求。①

(二)信息公开说

"信息公开说"从质疑"规范性文件说"着手,认为如果将权力清单定性为规范性文件,可能会出现诱发权力清单僭越法律的情况,并且在发布方式方面,两者也有着明显的差异:规范性文件通常不仅有具体明确的文号,而且要以公告的方式发布,而权力清单则是通过网站的形式发布,权力清单的这种发布方式与信息公开高度一致。在该论者看来,"权力清单是地方各级政府及其工作部门对法律所规定的权力进行梳理并公示的结果,并不能替代法律,更不能凌驾于法律之上",其所包含的行政权力的基本信息和权力运行程序与《中华人民共和国政府信息公开条例》(以下简称《政府信息公开条例》)第20条第2项规定是一致的,因而应当看作行政机关主动公开政府信息的行为,"对行政机关及其工作人员并不具有拘束力"②。从形式上看,将权力清单解读成"信息公开"似乎有具体而明确的实定法依据。例如,《政府信息公开条例》第20条就规定,"行政机关应当依照本条例第十九条的规定,主动公开本行政机关的下列政府信息:……(二)机关职能、机构设置、办公地址、办公时间、联系方式、负责人姓名"。在该条中,作为信息公开内容的"机关职能"要素外延虽然并不十分明确,但是应该能够为权力清单中的相关要素,如行使行政职权的主体、行政职权的具体名称、行政职权的规范依据等提供支撑,换句话说,权力清单构成要素中的权力名称、依据、实施机关、运行流程等与《政府信息公开条例》中的公开项目要求"不谋而合"。不仅如此,党的十八届三中、四中全会通过的《全面深化改革的决定》和《全面推进依法治国的决定》,以及中办、国办发布的《推行权力清单制度的指导意见》也都强调,推行权力清单制度的目的之一就是通过向社会公开行政职权及其运行程序等,实现社会公众对行政权力监督。正因为如此,有学者直截了当地指出,"权力清单的直接法律依据是《政府信息公开条例》第9条","在实践中其基本上是以政务公开的重要方式公之于众",因而"权力清单在法律性质上是职权公开行

---

① 参见黄学贤、刘益浒:《权力清单法律属性探究——基于437份裁判文书的实证分析》,载《法治研究》2019年第1期。
② 申海平:《权力清单的定位不能僭越法律》,载《学术界》2015年第1期。

为"①。

权力清单构成要素以及其所包含的公示行政职权,进而实现对行政权行使的监督,的确与政府信息公开制度的功能具有相通之处,但是若因权力清单的形式特征,以及客观效果的相似性就认定权力清单与政府信息公开是一回事,逻辑上难以自洽。因为从现代行政法基本理念来看,规范和监督行政权的行使是其核心要义,任何具体的行政法律制度均是围绕着监督行政权依法行使这个目的而展开的。权力清单构成要素及其制度目的与政府信息公开的相通性,并不意味着这两个行政法律制度存在完全重叠。实际上,无论权力清单的编制过程,还是权力清单制度在实践中的运作机理和逻辑,都不是也不可能是对行政机关法定的行政职权进行简单的归整和公布,而是还具有明显的实体和程序创制的特征,即要以职能科学为目标导向对行政职权进行一定程度的"再造"。从制度创新的角度看,如果权力清单只是简单地为推进政府行政职能的信息公开,只需通过采取有效措施,加强信息公开法律法规的实施就可以实现,而在现行制度之外再开展新的制度创新,即所谓"制度叠加"既无必要,也不符合制度创新的基本原则。正如有学者指出的那样,"主动公开的政府信息是一种指向不特定公众的事实行为,特定相对人只是享受信息公开后搭便车的利益,是一种反射性利益"②,因此,将权力清单定性为主动公开的政府信息实际上还背离了《推行权力清单制度的指导意见》确立的为"深化行政体制改革,建设法治政府、创新政府、廉洁政府"而创制权力清单制度的目的。

(三)行政自制说

"行政自制说"在借鉴外国行政法理论基础上,认为"将权力清单定性为行政自制规范更为准确",因为权力清单是"从行政的内部视角切入",是行政系统的"自我革命和主动作为,而非被动向善",其控权机理与裁量基准相似,是"现代行政法自制风格"的控权。③ 由于权力清单本身并不创设任何新的行政职权,列表载明的各项行政权力都是来自法律法规规章等"行政权的当然权能"。在这种情况下,权力清单制度之所以必要,一方面是通过"清单"形式

---

① 刘启川:《权责清单推进机构编制法定化的制度建构》,载《政治与法律》2019年第6期。
② 江必新、李广宇:《政府信息公开行政诉讼若干问题探讨》,载《政治与法律》2009年第3期。
③ 参见朱新力、余军:《行政法视域下权力清单制度的重构》,载《中国社会科学》2018年第4期。

固化行政权力清理的结果,另一方面是通过向社会公开行政权力的种类和行使流程,实现对行政权力的控制,因而其本质上是行政机关自我控权。① 实际上,确立权力清单制度这种行政自制还与我国法治建设特殊进程密切相关:构成中国特色社会主义法律体系的单个法律规范形成于我国改革开放 40 多年来不同的经济社会发展阶段,在法治理念、制度体系、规则构造等方面必然受制于单个法律规范形成时期的经济基础,因此随着我国社会主义市场化改革日臻完善和我国社会主义法治理念日益成熟,需要对不合时宜的法律制度、具体的法律规范进行全面梳理和清理,以真正实现"让市场在资源配置中发挥决定性作用和更好发挥政府作用"这个目标。而权力清单制度恰好可以发挥行政机关在这方面的辅助作用。因此,权力清单虽然在外在形式上表现为行政规范性文件,然其本质是为了实现对行政权的自我控制,这种自我控制不仅表现为对具体行政权力予以规范运行这种最基本的形式,更重要的是它还以职能科学为依归,通过把控行政职权的"出口"实现对行政权的源头控制。

其实,将权力清单定性为行政自制规范,与所谓的"他制"并不矛盾。因为权力清单同裁量基准等"行政自制"规范一样,它通常是对下级行政机关或者工作人员具有约束力,局限于行政系统内部,对外一般不具有直接的约束力。但是,权力清单又是对法律、法规、规章等上位法律规范的"映射"或者"转述",其内容来源于上位法律规范,因而权力清单在实践中可能表现出来的"他制",实质上是上位法律规范"他制"的表现,只是在外观上与权力清单形成了"竞合"。至于权力清单在公示方式方面与行政规范性文件的差异,一定程度上反映了现代信息技术发展给行政活动带来的影响,以及便民和集约行政的特点,因此这种差异并不足以否定权力清单在外观上作为行政规范性文件的性质。

(四) 办事指南说

"办事指南说"认为,权力清单仅仅是行政机关编制的业务手册和办事指南,是对法律规范所设定的行政权力进行"再现",即将分散的各个层级、不同类型的法律文本所设定行政机关的职责权限、行使条件、运作流程等进行统

---

① 参见喻少如、张运昊:《权力清单宜定性为行政自制规范》,载《法学》2016 年第 7 期。

一梳理、系统整合、集中公示,并以清单列表的方式集中统一地呈现出来,通过这种集中呈现的方式,一方面可以为行政机关履行法定职责提供精确的指引,另一方面也能够为老百姓办理行政事务、监督行政权的规范行使提供便利。正如有学者所指出,不管是哪个层级的权力清单,都是对其法定职权基础信息的集合,权力清单本身并不增设行政权力,只发挥一种工具性作用,清单本身并没有实际约束力,"目的在于厘清公共管理与私权利的边界,方便社会公众,也方便于行政管理和行政执法",从而化解"由于行政管理和行政执法的广泛性、负责性,而带来的权力范围模糊和多变性"①。

不可否认,权力清单以列表的方式直观呈现了有关行政机关的职权目录、法律依据、办理流程等要素,因而能够为行政机关及其工作人员在履行法定职责过程中提供具体指引和操作指南,同时也方便相对人全面、准确、便捷地知晓政府及其部门的权力。但是权力清单并非只是简单机械地再现行政机关法定的职权,权力清单制度所蕴含的"清权""减权"及流程再造等内容,还包含对现实法治实践需求的及时回应和对实质法治的孜孜追求。在一定程度上,权力清单作为行政自制的一种方式,还具有一定的"元"作用,对行政机关具有约束力。如果看不到权力清单制度的这一特点,将会极大地减损权力清单制度的创新价值:既然权力清单只是一个工作指引或者操作指南,那就没有硬性要求人们遵守的属性,充其量是鼓励行政机关和相对人遵守,违反这种指南亦无须承担相应法律后果。显然,这与推行权力清单制度作为全面深化改革和全面推进依法治国的重大举措的初衷相悖,也与从中央到地方强力推进权力清单制度的实践不符。

基于上述分析,我们认为,权力清单制度缘起的直接动因是要将行政权力置于阳光下运行,接受社会的监督,深层次的目的则是通过制度创新,转变政府职能,把行政机关的行政权力关进制度的笼子,推动行政权规范有效地运行。对此,党的十八届三中全会通过的《全面深化改革的决定》作了很好的说明:"坚持用制度管权管事管人,让人民监督权力,让权力在阳光下运行,是把权力关进制度笼子的根本之策。"显然,权力清单制度就是在这样的理念指导下创设这种管权的具体制度形式。正因为如此,党中央和国务院先后多次通过党的文件或者发布规范性文件,大力推广权力清单制度,并对推进权力

---

① 任进:《推行政府及部门权力清单制度》,载《行政管理改革》2014年第12期。

清单制度的基本要求、主要任务以及权责清单的融合和标准化、规范化建设作出规定。可见,权力清单制度作为新时代一项重大制度创新,其外观呈现为行政机关职责权限的一种列表,即通过类型化的处理为其框定严格的形式和程序,[①]而究其本质还是一种"刀刃向内"的行政机关的自我控权。这种自我控权不仅表现在对行政权力运行流程的控制,而且还要向行政权力的上游追溯,将控制行政权的端口向前推移,"不仅关注行政权力影响相对人的环节,而且关注行政权力运行的整体过程,包括行政权力的配置"[②],即着眼于职能科学的内在要求,通过"清权""减权"等厘清政府与市场的界限,让政府有所为有所不为,真正实现让市场在资源配置中发挥决定性作用,更好地发挥政府的作用。正因为如此,有学者指出,"权力清单在组织法上存在着规则创制现象"[③]。可见,权力清单制度不仅要确立行政组织法的"基础性地位",并以实现"行政法架构下的行政组织法、行政程序法和信息公开法"为基础,[④]而且权力清单制度改革成果也会反过来促进行政组织法的完善,尤其是在对权力清单所列行政职权进行组织法审查的基础上,将那些契合该行政机关的性质与职责但是尚未被立法所认可或明确的行政职权,提炼出来并统一补充到有关组织法规范中,使行政组织法规范在实践中不断完善,并为行政管理实践所需要的权力提供组织法依据。[⑤]

实际上,权力清单在性质上所具有的这种自我控权的自制性质同"规范性文件说"并不冲突,因为行政规范性文件与行政自制规范并非不相容的对立范畴,不向相对人公开的具有行政自制属性的行政规则与具有行政自制属性的行政规范性文件均可归入行政自制规范之范畴,而权力清单具有明显的外部性,是具有行政自制属性的行政规范性文件。如有学者指出,判断一个文本是否为法规范可以从形式和实质两个维度展开,前者着重考察该文本是否具备法规范制定的形式要素,后者需要对该文本是否具备法规范的一般内容或该文本是否创设、影响了行政法上的权利义务关系等进行分析。[⑥] 从形

---

① 参见〔德〕汉斯·J.沃尔夫、奥托·巴霍夫、罗尔夫·施托贝尔:《行政法》(第2卷),高家伟译,商务印书馆2002年版,第11页。
② 周海源:《行政权力清单制度深化改革的方法论指引》,载《政治与法律》2019年第6期。
③ 喻少如、张运昊:《权力清单宜定性为行政自制规范》,载《法学》2016年第7期。
④ 解志勇:《政府权力清单的理论与实现路径研究》,载《人大法律评论》2016年第1期。
⑤ 参见周海源:《行政权力清单制度深化改革的方法论指引》,载《政治与法律》2019年第6期。
⑥ 参见王留一:《论行政立法与行政规范性文件的区分标准》,载《政治与法律》2018年第6期。

式维度来看,只要是"由行政机关或者经法律、法规授权的具有管理公共事务职能的组织依照法定权限、程序制定并公开发布,涉及公民、法人和其他组织权利义务,具有普遍约束力,在一定期限内反复适用的公文"都只能归入行政规范性文件之范畴。①而权力清单大多是以"通知""公告"等文件形式发布,甚至是通过网站发布。但是,如果不是拘泥于公开的形式而着眼于对外公开的事实,便无法否认这些以"通知""公告"形式发布的权力清单的确具备行政规范性文件的形式要素。②

从实质维度来看,权力清单虽然是以表格形式出现,直观上并不具有规范性文件通常应具有的假定条件、行为模式和法律后果等三部分的条文结构,③但是权力清单明确了行政主体享有的行政权力,其逻辑结构在于:在某一行政主体为某特定行政主体之前提下,它应当行使某项行政职权。前者系假定条件中重要的一类——主体条件,④后者为行为模式,作为具有法定职权的行政主体应正确行使法定职权,而作为法律规则之一部分的法律后果——即不行使或不正确行使法定职权应承担的行政法律责任和其他责任——则通常在权力清单中被省略,但却可以结合相应的法律规范确认,因为权力清单不过是对既有行政法律规范的"再现"和"确认"。或许正是看到了这一问题,2018年中央编办、国务院法制办发布的《完善权责清单制度的指导意见》直陈前期权力清单制度实践存在的权力与责任"两张皮"的缺陷,强调要建立权责一体的清单制度。需要注意的是,权力清单对既有法律规则的"提示或强调",并非简单、单纯地"照本宣科",而是有范围、有选择性地提示或强调,权力清单制度的理想目标是"清单之外无权力",同时权力清单还被寄予"清权""减权"的希望。"清单之外无权力"的要求意味着权力清单应当对某一主

---

① 参见《国务院办公厅关于加强行政规范性文件制定和监督管理工作的通知》(国办发〔2018〕37号)。

② 实践中,不少地方在发布权力清单时都将其纳入相应的文号管理,这在一定程度上也符合规范性文件的形式要件。例如,《省政府关于印发江苏省政府各部门行政权力事项清单的通知》(苏政发〔2014〕134号)、《北京市人民政府关于建立市政府部门权力清单责任清单制度的通知》(京政发〔2015〕62号)、《山东省人民政府关于公布山东省省级行政权力清单的通知》(鲁政字〔2014〕230号)、《国家税务总局关于发布第一批税务行政处罚权力清单的公告》(国家税务总局公告2015年第10号)、《关于公布省市县三级行政权力清单的通知》(川府政管〔2015〕13号)。

③ 参见赵树坤、张晗:《法律规则逻辑结构理论的变迁及反思》,载《法制与社会发展》2020年第1期。

④ 参见谢晖:《论法律规则》,载《广东社会科学》2005年第2期。

体的全部职权予以确认,不应存在清单之外的行政职权,而在"清权""减权"过程中,权力清单制定者事实上也在进行行政职权的挑拣和比对。已经开展的实践表明,权力清单也并非是对法律规范确立行政职权进行机械地摘录,其在形成过程中还存在着对既有法律规则的再加工,比如行政法律规范一般并不明确行政行为的类型和性质,但是权力清单却对某一类行政职权进行着类型确认和性质判断,这种再加工的过程既可能对相对人的权利义务产生影响,也体现出权力清单具体化既有法律规则的特点,正是这些特点使得权力清单的制定与信息公开被显著区别开来。综合上述分析,权力清单实际上具有具体化行政机关权力依据来源、影响行政相对人权利义务的特征,这与行政规范性文件具有一致性。从实质维度方面考察,还应当讨论的一个问题是权力清单是否具有普遍约束力。"普遍约束力"之"约束力"即指影响相对人的权利义务,而行政规范性文件中讨论的"普遍约束力"之"普遍"则是指"调整对象并非针对某一个或者某一群特定的行政相对人,和管辖范围内不特定的对象"[①]。权力清单针对制定主体管理范围内的不特定对象适用,当然具有普遍约束力并能够被反复适用。

综上,权力清单本身虽不直接创设法律规则,但是影响相对人的权利义务,具有普遍约束力并能够被反复适用,具有行政规范性文件的实质特征。

四、权力清单的编制

如前所述,由于中办、国办发布的《推行权力清单制度的指导意见》对编制权力清单工作仅仅作出了一些原则性要求,使得实践中各部门、各地方各自为战,权力清单呈现严重碎片化现象,同一级别的部门被赋予了不同种类和数量的行政权力,存在"有工作任务,但缺乏顶层设计"的缺陷,这种状况极大地削减了权力清单制度的刚性和应有的公信力。考虑到我国除国家层面的立法外,地方还拥有一定的立法权限,因而不同地方的相同职能部门拥有不同数量、不同种类的行政职权有一定合理性,但是如果通过权力清单展现出来的行政机关的职权数量或者内容方面差异过大的话,亦会对权力清单制度造成一定程度的消极影响。因此,为了提升权力清单制度的严肃性,有必

---

① 杨立云:《行政规范性文件研究》,厦门大学 2014 年博士论文,第 17 页。

要统一权力清单的构成要素和相应标准。从各地公布的权力清单样本来看，权力清单的编制依据、行政职权的分类、责任清单的设置等，是权力清单编制过程中最需关注的问题。

（一）权力清单的编制依据

"职权法定"是"公共权力法定"这一"公法基本原则在行政法领域的具体化，其基本含义是强调，任何行政职权的来源与作用都必须具有明确的法定依据，否则越权无效，要受到法律追究、承担法律责任"①。权力清单的编制是一项繁杂的系统工程，而推行权力清单制度的主要任务之一就是要对行政职权"分门别类进行全面彻底梳理，逐项列明设定依据"。因此，根据职权法定原则要求，权力清单的编制首先就是要明确行政机关职责权限的依据和来源，也就是作为权力清单编制基准的法源问题。确权"作为权力清单编制的步骤之一，要求权力清单中的权力需要具备一定层级的规范依据"②，从而保证清单中的行政职权符合"职权法定"原则。然而这里的"法"究竟包括什么层级的规范，由于《推行权力清单制度的指导意见》并无统一规定，各地在实践中存在较大差别。

第一，法律规范的外延，规范性文件是否为权力清单的权源依据？根据《立法法》规定，法律、法规、规章都是"法"的表现形式，"行政三法"即《行政处罚法》《行政许可法》《行政强制法》等行政行为法对法律、法规和规章在设定和规定行政处罚、行政许可、行政强制方面的权限作出了明确的规定，《中华人民共和国行政诉讼法》（以下简称《行政诉讼法》）第2条同样确立了法律、法规和规章的法源地位。因此，作为权力清单权源依据的法律规范只能是法律、法规和规章，规章以下的规范性文件不能成为权力清单的法源依据。由于规范性文件设定行政处罚不仅与法的外延相悖，而且也直接与《行政处罚法》有关行政处罚设定权规则相冲突，③因而在编制权力清单过程中易于识别和排除。尽管如此，权力清单制度实践中仍有"例外"情况存在。例如，在江苏省人民政府部门权力清单中，名称为"对设计单位未根据勘察成果文件进

---

① 周佑勇：《行政法基本原则研究》（第2版），法律出版社2019年版，第142—143页。
② 周海源：《行政权力清单制度深化改革的方法论指引》，载《政治与法律》2019年第6期。
③ 《行政处罚法》第16条规定，"除法律、法规、规章外，其他规范性文件不得设定行政处罚。"

行工程设计,指定建筑材料、建筑构配件、设备、防护设备的生产厂、供应商,或者未按照工程建设标准强制性条文进行设计的处罚"①的行政处罚权,其职权依据就是"规范性文件",具体为《人民防空工程设计管理规定》(国人防〔2009〕280号)第34条。② 相对于侵益行政来说,授益性行政职权因缺乏相对人的"抵抗",关注度往往不高,在权力清单编制中规范性文件成为权源依据的情形更为普遍。例如,名称为"江苏省优质工程奖'扬子杯'评选"(业务办理项编码"11320000014000052E232081701600001")的行政奖励,其职权依据为规范性文件,具体为《省委办公厅 省政府办公厅印发〈关于进一步改进调查研究 广泛听取群众意见的办法〉等制度的通知》(苏办发〔2013〕23号)。③ 除了该项行政职权外,省住建厅以规范性文件为依据的行政奖励职权还有"江苏省设计大师(城乡规划、建筑、风景园林)评选"④"江苏人居环境奖"⑤"江苏

---

① 业务办理项编码为"11320000014000124723202800340000 1"。

② 该条款内容为:"违反本规定,有下列行为之一的,取消人防工程设计资质,并处5万元以下罚款,造成建设单位经济损失的赔偿相应损失:(一)设计单位未根据勘察成果文件进行工程设计;(二)设计单位指定建筑材料、建筑构配件、设备、防护设备的生产厂、供应商;(三)设计单位未按照工程建设标准强制性条文进行设计。"

③ 具体内容为:一、省住房和城乡建设厅经省委、省政府批准保留的表彰项目(3项)1. 省优质工程"扬子杯"。

④ 《省政府办公厅关于印发江苏省设计大师(城乡规划、建筑、风景园林)评选办法的通知》(苏政办发〔2011〕121号)第3条"评选条件"规定:"(一)具有高尚职业道德和强烈社会责任感,具备坚实的专业理论知识和丰富的实践经验,在相关领域取得卓著成绩,在省内外享有较高声誉。(二)具有本专业正高级职称,具备国家注册执业资格(规划、建筑)。(三)自取得大学本科学历后,累计从事相关工作(含研究生就读时间)20年以上(有特殊贡献者除外)。(四)为相关专业领域的学术、专业技术带头人,主持过3项以上大型或国家、省重点项目(含境外项目)的规划或设计工作,有在江苏建成或投入使用的项目且业内和社会认可度高、具有典型示范作用,项目技术水平达到同期、同类型项目国内先进水平或省内领先水平,效益良好,个人贡献突出。(五)在技术创新、新技术推广应用以及解决重大工程建设技术难题方面成效显著,获得过国家科技进步奖、国家级优秀工程勘察设计奖、全国优秀城乡规划设计奖二等奖以上奖项,或2项以上省(部)级优秀工程勘察设计奖一等奖、省(部)级科技进步奖二等奖以上奖项。(六)在工程设计领域有较高的理论造诣,出版过著作;或在有正式刊号的国家级或省级期刊上发表过高水平的学术论文,并在国内外产生了较大影响;或作为主要起草人参加过不少于2部省(部)级以上技术标准、规范、规程(已正式发布)的制订工作。受记过以上处分者及重大工程质量、安全事故的主要负责人不得推荐。"

⑤ 江苏省创建评比表彰工作协调小组办公室《关于申报评比达标表彰项目的复函》规定:"根据全国评比达标表彰工作协调小组《关于江苏省委、省政府项目申报的复函》(国评比函〔2017〕24号),经中央批准,同意设立江苏人居环境奖,主办单位为省政府,周期为2年,表彰名额为不超过3个。"

省特色田园乡村建设范例村庄命名"①"对全省住房城乡建设系统先进集体、先进工作者和劳动模范在线办理网上咨询的表彰"②等四项。如果说,对于排除以规范性文件为依据的侵益行政职权较少有争议的话,那么如何处理这些以规范性文件为依据的授益性的行政职权,这应该引起高度关注。从法理及立法层面来看,列入清单中的行政权力必须通过国家的法律、法规、规章予以明确设定或者具体"规定",但实践中仍有不少行政职权的权源依据是"红头文件"或者行政规范性文件,甚至还有程度更低的规范,如部门工作通知等。如果这些低位阶规范所设定的行政职权也能进入权力清单,不仅与推行权力清单制度的"清权""减权"目的背道而驰,反而借助于权力清单制度将这些"灰色"的行政权力"合法化"了。各地方权力清单制度实践中权源依据的多样性和差异性,一方面真实反映了行政法治实践中行政机关权源依据的混乱局面,另一方面也在一定程度上说明通过推行权力清单制度规范和统一行政职权权源依据的必要性和迫切性。

第二,法律规范的性质,组织法还是行为法,或是全部？从规范性质及内容来看,法律、法规、规章有组织法和行为法之分,而在同一部法律规范中,也有组织法规范和行为法规范之别。对于具有行为法性质的法律、法规或规章(或者法律规范)作为行政职权的依据不存在争议,实践中的做法也比较统一。但是,对于组织法能否进入权力清单的编制依据存在较大争议,且做法不同。例如,有学者主张,"行政权力的最根本来源为宪法和行政组织法,行政组织法自然应当在行政权力清单改革中占据基础性地位",而实际情况却是,行政组织法在权力清单制度改革实践中"几乎没有起到应有的作用"。实际上,行政组织法如何进入权力清单制度不无疑问。从操作层面看,表现为"三定"方案的行政组织法本质上是对有关行政部门职责权限的概括性描述,并不具备行政职权这种具有明确内涵的特征,与权力清单按照职权事项"逐项列明设定依据"的要求不符。如该论者在对以"三定"方案为核心的行政组

---

① 《中共江苏省委 江苏省人民政府关于印发〈江苏省特色田园乡村建设行动计划〉的通知》(苏发〔2017〕13号)"四、目标步骤(一)总体目标"规定:"十三五"期间,省级规划建设和重点培育100个特色田园乡村试点。"六、创建程序和运作模式(一)创建程序 4. 命名奖励"规定:对通过验收的予以命名并给予资金奖励,具体办法另行订订。

② 《关于省住房和城乡建设厅申报项目的复函》(苏创组办函〔2015〕4号)规定:经省委、省政府批准,同意将"省城建档案工作先进集体、先进个人、城建档案论文评选"调整变更为"全省住房城乡建设系统先进集体、先进工作者和劳动模范"表彰项目,表彰周期由2年调整为4年。

织法应当在"权力清单制度中占据基础性地位"论述时强调,首先"借助'三定'方案对已经罗列的各项权力进行审查,与职能部门之功能定位和职责设定不相符合的权力需要及时清理";同时"权力清单改革也需要反馈到行政组织法的完善中,助力于'三定'方案的细化和行政组织法的完善"①。而这种"基础性地位"与直接作为权力清单的规范依据是不同的,即在编制权力清单过程中,对于行政职权的甄别、筛选完全可以也应当从"三定"方案等行政组织法入手,否则极有可能出现"张冠李戴"的现象。但是"三定"方案等组织法对权力清单编制的这种原则性约束与作为权力清单的权源依据是有区别的,因为组织法上的授权不同于行为法上的授权是现代行政法一项基本原则,组织法规范并不能成为权力清单的权源依据。最高人民法院在近期的一个裁判中也强调,地方组织法规定的地方人民政府职权是宏观意义上的管理职权,该职权并"不针对具体的行政领域,由哪一级政府履行、如何履行相应职责,亦需要法律法规或规章的具体规定。而属于行政诉讼受案范围的不履行法定职责行为,是指行政主体在行政管理活动中,基于特定的事实和条件应为一定行为的具体法律义务,行政主体不履行相应义务的,将直接导致特定相对人合法权益受到损害。针对此类具体职责,法律、法规或规章一般均明确规定了具体履行职责的内容及方式,在没有相关具体规定的情况下,笼统地根据"地方组织法的规定"要求人民政府履行特定职责,不符合行政诉讼起诉条件"②。

第三,法律规范的选择判断。一般来说,只要是法律、法规或规章,都应当成为权力清单的权源依据,但由于颁布施行这些法律规范的主体存在差异,即使是同一主体颁行的法律规范,因颁布的时机、调整的对象等不同,也可能造成此法与彼法对同一问题的规定存在差异,这时对规范的辨别、选择就成了权力清单编制中一个无法回避的根本性问题。③ 对此,《立法法》虽然

---

① 周海源:《行政权力清单制度深化改革的方法论指引》,载《政治与法律》2019年第6期。
② 参见(2020)最高法行申9586号。该案申诉所依据的是《中华人民共和国地方各级人民代表大会和地方各级人民政府组织法》第59条,即"县级以上的地方各级人民政府行使下列职权:……(六)保护社会主义的全民所有的财产和劳动群众集体所有的财产,保护公民私人所有的合法财产,维护社会秩序,保障公民的人身权利、民主权利和其他权利……"
③ 例如,2003年10月1日国务院颁布的《婚姻登记条例》根据《中华人民共和国婚姻法》的最新规定,将强制婚前检查改为自愿婚检,但《中华人民共和国母婴保健法》仍规定婚前必须进行医学检查。《中华人民共和国婚姻法》与《中华人民共和国母婴保健法》的这种冲突直接导致了黑龙江省在修订《黑龙江省母婴保健条例》时的争议。参见《黑龙江强制婚检争议再现法律冲突》,载《中国青年报》2005年7月26日。

确立了上位法优于下位法、新法优于旧法、特别法优于一般法的规则,但在法治实践中哪怕是面对清晰可辨的上下位法,规范依据的选择也非一个无可争辩的问题。①这种状况在行政执法实践中更为普遍,也更加棘手。正因为如此,2004年最高人民法院在《关于审理行政案件适用法律规范问题的座谈会纪要》中,从下位法不符合上位法的判断和适用、特别规定与一般规定的适用关系、地方性法规与部门规章冲突的选择适用、规章冲突的选择适用等四个方面对法律规范冲突的适用规则进行了规定。不仅如此,2015年修改后的《立法法》还对规章设定减损权利、增设义务的规范作出了禁止性规定。② 那么,在权力清单的规范依据选择上,除了面临前述法律规范冲突的一般性问题外,还面临着新的问题,即要对规章的内容进行甄别和判断,否则也违反职权法定原则的要求。由于对规章的该项要求是在修改后的《立法法》中才予以确立的,因而对该要求落实需要全面梳理《立法法》修改前颁布施行的规章,这是一项极为庞大的工作,而且涉及《立法法》其他条款及《行政处罚法》《行政强制法》等设定权配置条款的适用,需要引起高度重视。③

（二）权力清单中的职权类别

行政职权要做到"边界清晰、分工合理、权责一致",就必须要有科学的分类标准和类型化的体系。推行权力清单制度的出发点就是要借助清单列表的方式对行政权的来源、类型、行使等进行严格规范,一方面杜绝行政机关"法外用权",另一方面也要防止行政机关"法内无权"。中办、国办发布的《推行权力清单制度的指导意见》明确,各地权力清单可以参照行政处罚、行政许可、行政强制、行政给付、行政征收、行政检查、行政奖励、行政确认、行政裁决和其他行政权力进行分类,但由于指导意见对行政机关职权的分类并未确立一个权威科学的标准,这就造成了其在实践中规范性不足的缺陷,使得不同地方在编制权力清单时对行政权力细分的程度产生差异。从全国各地方公

---

① 极端的例子如河南省"洛阳种子案"。面对买卖双方违约赔偿标准选择,是适用国家的法律还是河南省的地方性法规,双方当事人争执不下,而作为该案的主审法官似乎仍然需要面对选择及说理的难题。

② 《立法法》第80条第2款规定:"……没有法律或者国务院的行政法规、决定、命令的依据,部门规章不得设定减损公民、法人和其他组织权利或者增加其义务的规范,不得增加本部门的权力或者减少本部门的法定职责。"第82条对地方政府规章也作出了类似规定。

③ 对此方面的问题,将在"权力清单制度中的地方立法"一章中详细讨论。

布的权力清单来看,以"型式化"的行政行为为序编排是较为通行的做法,但存在明显差异。例如,江苏省人民政府办公厅 2015 年 12 月印发的《江苏省行政权力事项清单管理办法》第 2 条第 3 款就规定,"本办法所称行政权力,是指由法律、法规、规章或规范性文件设定的具体行政行为,包括行政许可、行政处罚、行政强制、行政征收、行政给付、行政奖励、行政确认、行政裁决、行政征用、其他行政权力等 10 类。"虽然行政权力的各类数量没有变化,但是用"行政征用"代替了《推行权力清单制度的指导意见》中的"行政检查"。而河北、湖南等地的权力清单中,"行政检查"又被替换为"行政监督"。在上海市的权力清单中,行政权力的种类有 17 种,如行政决策、行政规划、行政指导、行政合同、行政调解、行政复议等也成了"型式化"的行政权力。福建省的权力清单则包含公共服务、内部审批等权力类型。至于"其他行政权力"这一兜底性的表述,在各地的权力清单中差异就更大了。例如,浙江省权力清单还将"中央预算内投资补助和贴息项目实施情况监督检查"纳入其中。毫无疑问,各地权力清单制度实践中对行政职权类型划分的这种差异对权力清单的权威是一种减损,对政府的权威性和公信力也会造成负面影响。

  与行政职权类别密切相关的是对有关行政职权的定性,即权力清单编制过程中的"制权",它直接关系到有关行政职权的性质及程序规范的适用。例如,2021 年修订前的《行政处罚法》第 37 条第 2 款规定的证据先行登记保存,究竟是纯粹的证据保全措施还是行政强制措施,这在《行政强制法》生效后必须要给予明确回答。因为答案不同,决定着行政机关在进行证据先行登记保存时的程序选择;如果仅仅是证据保全措施,那就仍然适用原《行政处罚法》第 37 条第 2 款规定的程序;如果定性为行政强制措施,则应当按照《行政强制法》第 18 条的规定,在进行证据先行登记保存时履行告知当事人陈述申辩权、听取当事人陈述申辩,以及交代当事人复议、诉讼等救济权。遗憾的是,不同地方的权力清单对证据先行登记保存的定性是存在差异的。例如,浙江省权力清单将证据先行登记保存明确为行政强制措施,并在"备注"栏标注"通用"字样,这意味任何行政机关,只要是行政处罚程序中的调查取证,就都可以采取证据先行登记保存这种行政强制措施,也都要按照《行政强制法》第 18 条规定的程序开展证据先行登记保存。而江苏省虽然没有在权力清单中对证据先行登记保存的性质进行直接定性或归类,但在 2012 年 5 月,即《行政强制法》实施后,由省高级人民法院和省人民政府法制办公室联席会议形成的会议纪要明确,"证据先行登记保存、查封扣押分别适用行政处罚法、行政强制法的规定,不得通过证据先行登记保存变相实施查封扣押"。这一规定实际上是否认了证据先行登记保存的行政强制措施的可能。

类似的例子还有《中华人民共和国税收征收管理法》第 32 条规定的税收滞纳金。① 问题是,在《行政强制法》生效后,税法上的滞纳金是否需要适用《行政强制法》对执行罚上限的限制性规定？对此,国家税务总局在 2012 年年初答复中明确予以否定,理由是税收滞纳金不具有惩罚性,只是对国家损失的税收利息给予的补偿。② 但是,《税收征管法修订稿(征求意见稿)》却给出了不同表达,③即通过区分滞纳税款利息和滞纳金并分别作出具体规定,既保证我国立法上有关滞纳金的法律属性的一致性,同时也堵塞了国家利益被侵害的漏洞。也就是说,随着《行政强制法》的实施,其对滞纳金上限有明确规定而可能带来国家税收利益损失,隐含着税收征收中的滞纳金本质上就是一种间接行政强制执行,要受《行政强制法》约束的意思。而对于因纳税义务人或扣缴义务人迟延缴纳税款造成的国家税收利息损失,则需要据实计算,不存在所谓上限的限制,以避免国家利益遭受损害。④

(三)责任清单的设置模式

责任清单设置模式与权力清单的构成要素密切相关。如前所述,作为一项制度创新,权力清单制度的外延极其丰富,除了编制权力清单外,责任清单的编制以及负面清单的推行,都是权力清单制度改革的要求。由于行政职权具有"权责"一体的"两面性",因此对于权力清单与责任清单是一体设置还是

---

① 该条款内容为:"纳税人未按照规定期限缴纳税款的,扣缴义务人未按照规定期限解缴税款的,税务机关除责令限期缴纳外,从滞纳税款之日起,按日加收滞纳税款万分之五的滞纳金。"

② 答复称,"税收滞纳金的加收,按照征管法执行,不适用行政强制法,不存在是否能超出税款本金的问题",征收税款过程中产生的"滞纳金不是处罚,而是纳税人或者扣缴义务人因占用国家税金而应缴纳的一种补偿"。

③ 其第 61 条规定:"纳税人未按照规定期限缴纳税款的,扣缴义务人未按照规定期限解缴税款的,按日加计万分之五的税收利息。纳税人补缴税款时,应当连同税收利息一并缴纳(相当于每年 18.25%)。"第 71 条规定,"税务机关依法作出的征收税款的税务处理决定,当事人逾期不履行,自期限届满之日起,按照税款的千分之五依法按日加收滞纳金。"

④ 对此,国家税务总局税收征管司副司长赵福增早在 2014 年 1 月 28 日在线交流时也肯定了这一点:"……比银行利率略高的利率,是为了促使纳税人尽快缴纳税款、滞纳金也不宜实行浮动利率,如比照执行,势必导致滞纳金结果的确认处于不确定状态,纳税人难以准确测算和科学筹划预期的经营管理成本,税务机关实务上也难以操作。"

分单设置,实践中各地的做法不一,理论上也存在不同观点。从中办、国办发布的《推行权力清单制度的指导意见》来看,权力清单与责任清单分立的意涵虽不明确,但总体上是清晰的。例如,在"工作目标"部分,明确"通过建立权力清单和相应责任清单制度,进一步明确地方各级政府工作部门职责权限",将权力清单和责任清单分立;但是在"公布权力清单"部分则又强调,在政府网站等载体上以清单形式公布"每项职权的名称、编码、类型、依据、行使主体、流程图和监督方式等",并未涉及责任内容;尤其是在推进权力清单制度的"主要任务"这个部分,还将"积极推进责任清单工作"与"公布权力清单"并列,强调"在建立权力清单的同时,要按照权责一致的原则,逐一厘清与行政职权相对应的责任事项,建立责任清单,明确责任主体,健全问责机制。已经建立权力清单的,要加快建立责任清单;尚未建立权力清单的,要把建立责任清单作为一项重要改革内容,与权力清单一并推进"。由此可见,尽管权力清单制度的最初设计中,对于权责清单是分立还是并立并未有明确规定,但是由于行政职权和行政职责是"一体两面"的关系,因此以权力清单的形式对行政职权进行梳理的重构过程也是责任清单的产生过程。[①] 在权力清单制度逐渐完整、成熟的进程中,责任清单作为行政机关清单式治理的重要方式应该一体推进。但由于《推行权力清单制度的指导意见》法律位阶较低,这种权责清单分立的精神在实践中并没有得到很好的贯彻。特别是《推行权力清单制度的指导意见》对权力清单的形态、内容作了具体规定,而对责任清单并没有作出具体规定,这也是导致各地对于责任清单的形态设置不一致的一个原因。实际上,不少地方在《推行权力清单制度的指导意见》公布并对权力清单的制定作出统一要求之前,就已经自行开展了权力清单的制定和适用活动,这也是《推行权力清单制度的指导意见》有关权力清单与责任清单关系没有能够得到很好执行的又一个原因。

鉴于上述原因,在全国 31 个省级政府部门进行的权力清单制度实践中,权力清单与责任清单的样态极不统一,有学者以责任清单在权力清单中的构成形式和独立程度为标准区分为三种形态,即依附型责任清单、一体型权责清单、独立型责任清单。[②] 根据该学者的描述,所谓依附型责任清单是指责任

---

① 参见朱新力、余军:《行政法视域下权力清单制度的重构》,载《中国社会科学》2018 年第 4 期。
② 参见刘启川:《通过责任清单实现政务公开法治化》,载《中国行政管理》2018 年第 7 期。

清单并不在权力清单之外单独设立,而是在权力清单"名下"再设立责任清单,一般是通过在权力清单要素中设立的"追责情形""追责依据"来实现,以新疆、重庆、安徽为代表;一体型权责清单是指责任清单与权力清单"一体两面",共存于一个表单之中,即"一表两单",如北京、湖北等地,独立型责任清单是在权力清单之外,再单独编制和公布一张以责任清单命名的表单,其构成要素一般有各部门的主要职责、与相关其他部门职责边界、事中事后监管制度、与其职权相对应的责任事项以及问责依据、公共服务事项等,如江苏、吉林等地。①

从学界目前的讨论来看,多数学者从权力清单制度文本设计出发,主张将责任清单与权力清单分设。例如,有学者从推行权力清单制度改革的初衷出发,认为责任清单与权力清单绝不能合二为一,因为只有将责任清单单独列出,才使得其具备与权力清单一并推进的前提;只有将责任清单与权力清单并列,并相应地梳理出责任清单的基本构成要素,才能实现责任与权力的匹配。因此,通过两单分立,并将责任清单有机融合于权力清单制度当中,将有助于明确政府不履行职责需要负担的责任以及适用追究责任的问责机制;相反,如果将权力清单与责任清单合二为一,必将造成"重权力轻责任,导致权力清单吸收责任清单而非责任清单规约权力清单"。② 也有学者从权力清单与责任清单构成要素上的差异出发,认为如果按照一体性权责清单的构建思路,将无法调和权力清单和责任清单的设置初衷、型构逻辑和建构形态的差异等内在缺陷,因此设置独立型责任清单应当成为权力清单制度实践的首要选择。③

我们认为,上述学者的主张都有一定道理,但在推行权力清单制度实践过程中,对于责任清单是单独设立还是与权力清单一并设置,无疑要考虑推行该项改革的实效和行政法治实践状况,而且更为重要的是不能背离行政法学基本原理,也不能罔顾推行权力清单制度的本意和初衷。显然,权责一致是行政法基本原理之一,它与职权法定这一行政法基本原则的内容具有一致性,职权法定原则要求行政主体必须在法律确定的职权范围内按照法定的方

---

① 参见刘启川:《独立型责任清单的构造与实践——基于31个省级政府部门责任清单实践的观察》,载《中外法学》2018年第2期。
② 参见严新龙:《论地方政府权力清单制度的行政法治化》,载《理论探讨》2016年第6期。
③ 参见刘启川:《独立型责任清单的构造与实践——基于31个省级政府部门责任清单实践的观察》,载《中外法学》2018年第2期。

式、程序行使行政权力,职权法定原则的这种要求构成了行政主体的不利负担,当行政主体不能完成这种不利负担时,就应当承担责任。权责一致的行政法基本原理决定了承载权力事项的权力清单和承载责任事项的责任清单不仅不是割裂的,反而具有高度一致性。事实上,即便是前述权、责清单分置的提倡者也不得不承认,"权力(职权)与义务(职责)相伴而生,犹如一枚硬币的两面,权力涉及的内容,职责同样有所涉及"[①]。此外,从《推行权力清单制度的指导意见》的内容来看,推行权力清单制度改革的出发点非常清晰,就是"要按照权责一致的原则,逐一厘清与行政职权相对应的责任事项,建立责任清单"。"逐一厘清"表明权力清单制度推行者已经认识到责任事项与权力事项的一致性,其后又表述为"健全问责机制",这在一定程度上也说明一种倾向,即责任清单的建立是为行政职权的更好行使而配套设置的,在权力运行出现不适当时,应当予以问责。并且,权力运行适当是一种常态,而不适当导致责任产生则是一种非常态,将常态与非常态分立并置于等同的地位,是否妥当是有疑问的。因此,权力清单制度实践中出现的"独立型"责任清单的设置模式是对"权责一体"设置模式的偏离,必须予以纠正。也正因为如此,中央编办、国务院法制办发布的《完善权责清单制度的指导意见》直陈权力清单实践中权责清单分立带来的"两张皮""权责事项不对等""实用性不强"等问题,强调要推进权责清单标准化建设,明确要求"分别建立权力清单和责任清单。尚未实现两单融合的地方,要按照权责一致的原则,对权力清单和责任清单进行统筹设计,加快推进两单融合,构建权责匹配、简明实用的清单模式"。这就是说,权责清单分立的做法已经不符合我国权力清单制度未来发展要求,权责清单融合,通过"一表两单",将与行政职权事项相对应的责任事项,以"责任主体、问责依据、追责情形及免责情形"等要素罗列出来,是我国权力清单制度未来发展的明确方向。

五、权力清单的动态调整及适用

如同成文规则一样,权力清单一经公布,就具有相对稳定性,而国家及地方的立法活动不可能因为推行权力清单制度而停滞。因此,权力清单制度的

[①] 刘启川:《独立型责任清单的构造与实践》,载《中外法学》2018年第2期。

实效性如何,不仅取决于最初的编制质量,长远来看更决定于能否及时、全面、准确地反映不断变动发展着的法律规范体系,即权力清单必须是动态的,能够吸纳不断发展和完善中的法律、法规或者规章的新内容。一旦设定行政职权的法律、法规或者规章发生了变化,那么权力清单就必须及时作出相应调整,以保证权力清单对实定法的真实"再现",避免权力清单对职权法定原则的僭越。正因为如此,不仅《推行权力清单制度的指导意见》将"建立健全权力清单动态管理制度"规定为推行权力清单制度的一项重要内容,而且各地在权力清单实践中也将其作为一项重点任务予以落实。① 后来的《完善权责清单制度的指导意见》也将"不断完善权责清单动态管理机制"单列,明确"根据行政职权的新增、取消、下放等情况及时对权责清单进行完善,明确调整权限、时限和程序,确保权责清单的权威性、时效性和准确性",强调"探索实行实时调整和定期集中调整相结合","确保权责清单的权威性、时效性和准确性"。这一系列规定实际上为实现权责清单的及时动态调整确立了基本目标和可操作性的规则,具有重要的理论价值和实践意义。

从我们研究过程中所掌握的资料来看,山东省是最早对权力清单动态调整进行制度建设的省份。2015年5月,省政府办公厅就发布了《山东省行政权力清单动态管理办法》,该办法共13条,核心条款仅5条,分别规定了权力清单动态调整的申请主体(即实施行政权力的行政机关)与受理主体(即本级机构编制部门)、增加行政权力的情形、取消或下放行政权力的情形、变更行政权力要素的情形、机构编制部门审核决定程序等。② 2020年5月,《安徽省权责清单动态调整管理办法》公开发布,确立了根据法律规范的立改废释进行即时动态调整与年度集中调整相结合的原则,由政府部门向编办申请调整

---

① 例如,2014年年底安徽、江苏等省公布省级政府组成部门权力清单时,均明确提出权力清单"实行动态管理",应当随着法律法规的修订和调整,"及时调整"权力清单的内容,山东省、安徽省铜陵市等地还专门制定了《权力清单动态管理办法》,对权力清单应当调整的情形、权限和时限,调整的主体及相关的法律责任等作出了明确的规定,从而保障了权力清单的及时"更新",以实现对行政权力的有效控制。更多的地方是以"省编办"或"审改办"的名义发布权力清单动态调整机制文件。例如,江苏省《关于对江苏省行政权力清单进行动态调整的通知》(苏编办发〔2019〕40号)、廊坊市《关于进一步健全完善权责清单动态调整机制的通知》(廊审改〔2017〕1号)。

② 2016年4月,山东省人民政府发布了《山东省行政权力清单动态管理办法》(鲁政字〔2016〕第76号),对《山东省行政权力清单动态管理办法》(鲁政办字〔2015〕81号)进行修订,将《山东省行政审批事项目录管理办法》(鲁政字〔2014〕187号)整合纳入。

权力清单的程序,并规定市县联动,确保"全省一单"。① 应该说,地方有关权力清单动态调整机制的逐步建立一定程度地缓解了静态的权力清单与动态的法治发展之间的紧张关系,有助于实现权力清单"与时俱进",以保障权力清单制度改革效力。

实践中不少地方政府、部门在首次公布权力清单以后从未对其进行过更新,甚至连更新的计划都未曾有过,推行权力清单制度更多是作为一种政治任务而被动地去完成,这就造成不少地方政府权力清单流于形式,不仅白白浪费改革资源,在一定程度上也对权力清单乃至政府的公信力造成了损害。概括起来,这方面的问题主要有以下几个方面:首先,权力清单动态调整机制不仅明显滞后于权力清单的发布,而且从全国范围来看,这样的机制并未普遍建立。例如,安徽省早在 2006 年就开始全面梳理政府部门的"权力清单",②在 2014 年 10 月就公布了省级政府部门的权力清单,是全国最早公布权力清单的省份,但是权力清单动态调整机制直到 2020 年 5 月才正式确立。山东省虽然最早就开始推动权力清单动态调整机制的建立,但也是在权力清单公布后半年才建立。实际上,到目前为止,绝大多数省份权力清单的动态调整机制仍然没有建立起制度化的载体。其次,法律规范的发展与权力清单的调整之间存在明显的"时差"。从我们调研掌握的材料看,即使部分地方建立起了权力清单的动态调整制度,但由于操作性不强、程序性不足,尤其立法机关立改废释等立法活动频繁,权力清单的更新调整明显滞后于法律发展,这种情况在现实中非常普遍。以江苏省南京市为例,2020 年该市人大常委会新制定了《南京市生活垃圾管理条例》《南京市文明行为促进条例》《南京市社会治理促进条例》,修订了《南京市城市供水和节约用水管理条例》《南京市夫子庙秦淮风光带条例》《南京市商品交易市场管理条例》等,废止了《南京市管线规划管理办法》《南京市城市地下管线管理办法》《南京市科学技术奖励办法》等地方政府规章。这些地方立法的制定、修改和废止必然会对有关政府部门的职责权限带来影响,权力清单若不据此作动态调整就必然会冲击"清单之外无权力"规则的落实,进而影响推行权力清单制度的实效。

---

① 参见《安徽省出台权责清单动态调整管理办法》,http://www.scopsr.gov.cn/shgg/spfw/202005/t20200528_375089.html,2020 年 8 月 10 日访问。

② 参见《安徽省政府全面梳理"权力清单"》,http://www.gov.cn/govweb/fwxx/sh/2006-11/14/content_441641.htm,2020 年 8 月 10 日访问。

相对于权力清单动态调整不彰的情形,权力清单的实际效用如何更值得关注。例如,各地陆续发布权力清单以后,有地方指出,权力清单因其效力等级低,难免走过场。① 也有的地方出现了"不知所措"的尴尬:"权力清单究竟是干什么用的?"它对行政执法实践是否可以以及如何发挥作用?本课题研究过程中,我们曾经在相关座谈会、访谈中就该论题进行过广泛的调研,从相关人员及部门的反映来看,权力清单的落实情况不容乐观。从接受访谈的有关机关及工作人员反映的情况可知,权力清单在执法实践中实际上处于"摆设"状态,无论是在执法程序的启动,还是后续处理意见形成中,权力清单均不会"出场",执法人员和执法机关还是"习惯性"地在法律、法规和规章中,甚至是在规范性文件中"寻找"执法依据。② 而对权力清单在人民法院司法裁判中的际遇研究,也从另一个侧面反映了权力清单实施的这种状况。研究显示,在权力清单进入诉讼过程的 437 份裁判文书中,高达 88.8% 的法院选择对权力清单"视而不见"而不对其进行评析。③ 事实上,对于权力清单作用的认知,实践中大体表现为与行政层级高低呈正相关的态势:行政层级越高,认为制定权力清单的必要性越大;随着行政层级的降低,对其作用的认识越小,到了基层行政实践,尤其是具体的执法人员,几乎不认可权力清单在规范和控制行政权、方便群众办事方面的作用。从实践来看,不少地方围绕着推行权力清单制度,出台了规范性文件,如江苏省人民政府办公厅先后于 2015 年 12 月和 2022 年 4 月印发的《江苏省行政权力事项清单管理办法》、杭州市人民政府办公厅于 2016 年 3 月印发的《杭州市政府部门权力清单管理实施办法》。但从实际效果来看,较多形式主义色彩,在很多地方,尤其是在行政执法实践中,权力清单编制发布之时,可能就是被束之高阁之际。这一方面折射出权力清单动态调整机制缺失或者运行不畅,另一方面也说明有关权力清单制度功能定位模糊或者说认识不统一。

---

① 对权力清单的效力,有的地方指出,实践中各地最终公布的权责清单可能只是个效力等级较低的规范性文件,没有强制执行力,缺乏硬性约束机制,加上目前公众的参与度又不高,很容易成为形式和过场。参见南京市编办:《南京权力清单制度建设的实践与思考》,载《中国机构改革与管理》2015年第7期。

② 参见南京大学课题组:《2020年南京法律实施效果评估报告》,南京市依法治市办公室委托。

③ 参见黄学贤、刘益浒:《权力清单法律属性探究——基于437份裁判文书的实证分析》,载《法治研究》2019年第1期。

第二章

权力清单制度的理论基础

推行权力清单制度以来,学界对其在我国法治建设中的地位和作用从规范主义和功能主义两个角度进行了持续探讨。功能主义视角下的分析认为,尽管权力清单制度存在"权力梳理口径和划分标准不科学""过度任务导向"等不足,但其在"促进政府简政放权与职能转变、提升治理体系和治理能力方面的功效"应该予以充分肯定;而站在规范主义立场上,学者们则更多地担心权力清单制度可能带来的"法外设权",以及对职权法定原则可能的侵蚀等。① 其实,对权力清单制度分析路径的上述差异主要反映了观察者视角的不同,他们所追求的目标本质上是高度一致的,即要将权力清单制度纳入法治化的轨道。事实上,有关权力清单制度的两种分析路径也体现了控权理念的发展变化。自20世纪以来,在实用主义法观念支配下,围绕着控制国家公权力,学界也尝试着超越传统规范主义控权模式,转而进行功能主义的探索。② 然而,无论是规范主义还是功能主义的控权模式,它们追求的规范和控制公权力的目标是高度一致的,只不过规范主义过于看重形式合法的要求,而功能主义则更多考虑满足实质合法的需要。就此而言,纯粹的功能主义或规范主义控权模式是不存在的,因为脱离客观现实的形式法治是没有生命力的,而不以法治化为目标的功能主义最终将会落入人治主义的窠臼。权力清单制度作为我国法治政府建设的一项重大改革举措,一方面从我国现行法律体系出发,坚守依法行政原则底线,通过对作为行政职权依据的法律规范的梳理,摒弃与上位法相抵触的下位法作为职权依据,坚决杜绝法外授权;另一方面,着眼于我国社会主义现代化建设的丰富实践,特别是改革开放40多年来我国在不同的经济社会发展阶段逐步累积起来的社会主义法律体系的复杂性,以功能主义为导向,以政府职能科学为指针,以必要性为限度,谋求国家与社会、政府与市场的合理边界,推动法治国家、法治政府和法治社会建设。可以说,权力清单制度是植根在中国特色社会主义伟大实践的一项制度创新,它不仅能够在一定程度上弥合我国从计划经济向市场经济体制转变过程中所面临

---

① 参见朱新力、余军:《行政法视域下权力清单制度的重构》,载《中国社会科学》2018年第4期。
② 参见〔英〕马丁·洛克林:《公法与政治理论》,郑戈译,商务印书馆2013年版,第85页以下。

的法律体系"间隙",而且在一定程度上能够实现形式法治与实质法治、功能主义和规范主义控权理念的有机统一。

一、权力清单制度的法治基础

从人类社会发展的历史长河来看,无论是作为一种理论学说还是治国理政的基本方略,法治思想源远流长,并被看成是一种普遍善,超越了社会、文化、经济和政治制度的差异和意识形态的裂痕,被各国政府和人民所推崇。另一方面,现代科学技术的发展,全球化潮流的涌动,在带来现代法治全面繁荣的同时,也催生了现代法治的多元发展,形成了不同的法治观。自20世纪70年代末我国启动现代法治建设进程以来,不仅经历了法治与人治的争论,而且围绕着法治主义观念产生了形式法治与实质法治的不同认识,并深刻影响着我国现实法治实践。权力清单制度作为我国在推进法治国家、法治政府和法治社会一体建设过程中一项独创的法律制度,深受实质主义法治观的影响,反映了我国社会主义法治建设从倡导严格坚守形式主义法治观开始逐步转向实质主义的法治立场。

(一) 法治的双重含义

实质法治与形式法治的论争由来已久,不仅在西方法学思想史上形成了不同的法学流派,[①]而且在我国法学界的争论亦在持续。[②] 由于两种法治观涉及对法治基本内涵和社会价值的不同理解,对法治原则、制度与路径的选择

[①] 西方法学思想史上一直有形式法治观和实质法治观,或者薄的法治定义和厚的法治定义的争论。形式法治观或者薄的法治观并不规定法律的实质内容,而只关心法律应具备一定的形式要求;实质法治观或者厚的法治观不仅吸收了形式法治的要素,而且进一步要求法律具备一定的内容和价值内涵。

[②] 在我国,近年的讨论有:黄文艺:《为形式法治理论辩护》,载《政法论坛》2008年第1期;江必新:《论实质法治主义背景下的司法审查》,载《法律科学》2011年第6期;江必新:《严格依法办事:经由形式正义的实质法治观》,载《法学研究》2013年第6期;陈林林:《法治的三度:形式、实质与程序》,载《法学研究》2012年第6期;陈金钊:《对形式法治的辩解与坚守》,载《哈尔滨工业大学学报(社会科学版)》2013年第2期;魏治勋、彭宁:《形式法治及其中国关怀》,载《学习与探索》2014年第7期;雷磊:《法律方法、法的安定性与法治》,载《法学家》2015年第4期;雷磊:《适于法治的法律体系模式》,载《法学研究》2015年第5期;沈宏彬:《反对形式法治》,载《法治与社会发展》2017年第2期;李桂林:《实质法治:法治的必然选择》,载《法学》2018年第7期。

也存在差异,因而对我国法治建设的走向、成效产生着深刻影响。①

形式主义法治观从法律作为社会管理的一种方法和手段出发,强调"合法性权威是法律的本质特征",具有以下两方面基本要求:一是在立法层面,要形成一套从宪法规范到法律法规的"权威性标准系统",确保法律具有规范和指引人们行为的能力。因此法律规则必须具有明确性、一般性、公开颁布、持久稳定性、清晰性、不自相矛盾、不强人所难、连续性、不溯及既往,以及特殊法的创制应该符合一般法的要求;二是在执法和司法层面,"所有适用它的人都承认其权威",尤其是要有保证司法公正所需要的若干制度性规定,如司法独立、自然公正、接近法院、不得滥用自由裁量权等,以确保"执法设施不应通过歪曲执法来剥夺法律本身指引行为的能力",并且"有能力监督服从法治并且当出现违法情况时提供有效的矫正"②。形式主义法治观注重法律的严格实施,从极端的角度看,不论法律的好坏善恶,只要在形式上符合法律明确性、一般性、公开性等形式构成要件,只要是经过严格立法程序制定的,只要其权力来源具有合法性基础,无论该制定法的内容是否体现正义、人之尊严等要求,都必须得到普遍遵守和执行,即所谓的"恶法亦法"。正是在此意义上,古希腊哲学家苏格拉底强调,"守法就是正义"③。

实质主义法治观主张良法之治,即古希腊伟大哲学家亚里士多德所倡导的"良法之治"。也就是说,实质法治观同样强调维护法律的权威,并且同形式主义法治观一样,主张政府受法律控制、形式合法性、法律统治而非人的统治等,但是实质主义法治观强调,必须将人的尊严等实质内容纳入法治,立法机关行使立法权时"要以创设确认和维护人的尊严条件为目的,行政机关和司法机关及其工作人员在依法履职过程中,其对法律的解释、自由裁量权行使要受实质价值的指导和约束;政治权力遵守法律约束,以保护人的尊严与价值为目的。法治是一项有目的的事业:不是仅仅服务于建立和维护法律秩

---

① 参见李桂林:《实质法治:法治的必然选择》,载《法学》2018 年第 7 期。例如,我国司法实践曾经倡导的能动司法、实质化解矛盾纠纷等,一定程度上都反映了实质主义法治观念,强调法官在司法过程中秉承正义的法律价值和理念,遵循法律原则,并充分运用司法经验,正确地适用法律,在理性地对案件的事实问题和法律问题作出判断的基础上行使裁判权,以解决纠纷,维护社会公平正义和秩序。参见张榕:《司法克制下的司法能动》,载《现代法学》2008 年第 2 期。

② 〔英〕约瑟夫·拉兹:《法律的权威:法律与道德论文集》,朱峰译,法律出版社 2005 年版,第 26、28、189—190 页。

③ 〔古希腊〕色诺芬:《回忆苏格拉底》,吴永泉译,商务印书馆 1984 年版,第 164 页。

序,还是为了达成使人的行为服从规则治理的事业;这一事业的达成以确认人的尊严为条件,以维护人的尊严为目的。"①实质主义法治观强调,行政和司法机关在遵守形式合法性各项要求的同时,还要关注法的实质价值方面的追求。这是因为作为成文法的规则体系既不可能是"无缝之网",也存在"语言的空缺结构",②这就决定了法律规则在适用于具体个案的过程中难免存在一定的裁量空间,此时执法者就应当立足于目的正当性考虑,充分运用人权、公正等价值理念来约束和规范自由裁量权的行使。③ 对于背离人的尊严、徒具法之外形的"恶法",任何人都有抵抗的义务,都有拒绝执行的权利。可见,实质法治主义并不否认形式法治的基本要素,而是强调在遵守形式主义法治原则的基础上同时注重法律内容和价值。④

然而,无论是在法律思想史上还是现实法治实践中,总有一种将形式法治与实质法治相对立的倾向,认为实质主义法治观强调以实体价值为依据,是对形式主义法治观的彻底否定,因而丧失了形式主义法治带给人们的明确性、稳定性和可预期性。实际上,即使是在亚里士多德那个"良法之治"的论断里,也包含着形式法治与实质法治的统一。他指出,"邦国虽有良法,要是人们不能全都遵循,仍然不能实现法治。法治应包含两重含义:已成立的法律获得普遍服从,而大家所服从的法律又应该本身是制定得良好的法律。"⑤从这段完整表述中可见,亚里士多德所主张的法治是普遍守法原则与良法原则的结合,⑥是形式和实质的统一,即在形式上强调法律至上、法律权威,在实质上要求法律必须是良好的法律。通过良法实现的法治应当能够反映社会发展规律,体现大多数人的意志,保障个人尊严和基本权利,有效维护社会正常秩序,促进正义的实现。因为片面强调形式法治极易造就"法律国家",而不恰当地追求绝对实质法治不仅容易导致"价值暴政",甚至滑向人治主义的

---

① 李桂林:《实质法治:法治的必然选择》,载《法学》2018年第7期。
② 如哈特所说,"即使我们使用以言辞构成的一般化规则,在特定的具体个案中,该等规则所要求之行为类型仍然可能是不确定的。特定的事实情境并非已经自己区分得好好的,贴上标签表明一般规则的具体事例,在那儿乖乖地等着我们。而且规则本身也不能够站出来,指定它自己包含的事例。"[英]哈特:《法律的概念》,许家馨、李冠宜译,法律出版社2006年版,第121页。
③ 参见刘权:《目的正当性与比例原则的重构》,载《中国法学》2014年第4期。
④ 参见[美]布雷恩·Z.塔玛纳哈:《论法治:历史、政治和理论》,李桂林译,武汉大学出版社2010年版,第131页。
⑤ [古希腊]亚里士多德:《政治学》,吴寿彭译,商务印书馆1965年版,第199页。
⑥ 参见周永坤:《法理学:全球视野》(第4版),法律出版社2016年版,第149页。

窠臼。

在西方国家法治建设的进程中,立法、行政和司法等权力在国家权力体系中的地位一直处于动态的变化过程之中。近代以来,随着行政权地位的上升,特别是面对日益复杂和尖锐的社会矛盾,西方法治国家普遍进入了"行政国家"阶段。随着"行政国家"的概念和理论诞生,行政法治就成了推进法治国家建设最为重要也是最为艰巨的一项任务。诚如学者所言:"近代以来在欧陆形成的'依法行政'原则,实质上就是'法治主义'原理在行政法上的一个平面投影。"①然而,由于西方各国历史文化传统的差异和现实政治制度的不同,尽管它们均奉法治主义为共同的理想目标和价值追求,但是这种法治主义的具体内涵发展演变的过程,尤其是在现实制度层面的表达方式仍然存在着差异。

在德国,法治国家理论与实践是沿着"自由主义法治国家—形式上的法治国家—实质上的法治国家"的路线逐步发展的,置身于这一进程中的德国行政法理论也打上深深的烙印。在19世纪之前,在资本主义发展初期,商品经济刚刚兴起,"最好的政府最少管理"理念盛行,自由竞争备受推崇,自由主义法治观自然占据绝对统治地位。到了19世纪初期,随着商品经济的发达,德国市民阶层逐渐壮大,"国家权力应当受到约束和制约"的愿望愈发强烈,并希望国家对社会经济领域和个人生活领域的权利提供更加有效、更加稳定的保护,强调国家应当"依法"而治,形式化倾向在法治国家建设中日益明显,形式主义法治观得以进一步强化。"一个国家只要制定了法律供行政依循,并设置了行政处分的制度,这个国家就是一个法治国家。"随着法律实证主义的兴起,法治国家中的政治性和道德性的因素逐步剥离,法治国家的概念日渐萎缩,并逐渐演变"成为一个脱离了国家的目标和内容、缓解任何一种政治上的统治权力、非政治的形式因素"。对法治作过度形式主义的解读,使得"法治国家的实质内涵被忽略了",最终"蜕变成为'法律国家'",甚至是与法治主义精神风马牛不相及的"暴力国家",并成为诱发人类历史上第二次世界大战的一个重要因素。一直到战后法西斯政府垮台,法治国家传统在德国才逐步恢复并获得了新的内涵,这集中体现在战后制定的德国《基本

---

① 鲁鹏宇:《法治主义与行政自制——以立法、行政、司法的功能分担为视角》,载《当代法学》2014年第1期。

法》。"基本法对法治国家的理解和规定,已经超越了形式主义范畴,指向实质正义的理想和思想。"①德国法治国家建设理论的演进和法治国家实践的经验教训说明,作为政治的上层建筑,法治国家建设与特定国家经济和社会发展状况高度相关,它不仅是社会经济发展到一定历史阶段的产物,而且还会随着社会经济水平的逐步发展,内涵不断丰富,并逐步走向形式与内容的统一。

在美国,20世纪30年代的经济危机直接推动了"罗斯福新政"。自此以后,在凯恩斯主义指导下,政府介入社会生活的广度和深度日益强化,政府部门的权力随之膨胀,"行政国家"在美国得以出现。但是,随着行政机关介入社会经济生活广度和深度的日益拓展,形式主义法治观念下产生的传统行政法模式遭遇了巨大挑战。美国20世纪著名行政法学者施瓦茨甚至惊呼,"由于当代复杂社会的需要,行政法需要拥有立法职能和司法职能的行政机关。为了有效地管理经济,三权分立的传统必须放弃。"②按照美国传统行政法模式的设想,行政权仅仅是一项执行性的权力,正是因为执行代议机关的立法而获得合法性。因此行政机关不过是一个没有主见的"传送带",其任务是将立法机关的指令落实在一个个具体的个案当中。按照这种传统模式的安排,任何行政机关都没有自作主张、自主行事的权力,在没有获得立法机关授权的情况下,都不得采取措施干预私人财产权或者自由权。为促成这一目的之实现,传统行政法模式不仅明确"司法审查必须是可以获得的",以便将行政裁量控制于法定权限之内,而且要求行政机关遵循严格的行政程序,并说明理由。实际上,这种传统模式在本质上反映了干预行政背景下的行政权力的消极面相,并适用于现代政府"积极行政的一面"。即使在传统干预行政的场景下,囿于制定法的模糊或者模棱两可,特别是行政机关被授予宽泛权力的场合,传统模式也难以实现对形式正义和理性的保障。"十分明显的是,含糊和语无伦次的法律会使合法成为任何人都无法企及的目标,或者至少是任何人在不对法律进行未经授权的修正的情况下都无法企及的目标,而这种修正本身便损害了合法性。"③可见,制定法本身所固有的模糊性、行政机关的系统

---

① 以上内容,参见邵建东:《从形式法治到实质法治——德国"法治国家"的经验教训及启示》,载《南京大学法律评论》2004年秋季号。
② 〔美〕伯纳德·施瓦茨:《行政法》,徐炳译,群众出版社1986年版,第6页。
③ 〔美〕富勒:《法律的道德性》,郑戈译,商务印书馆2005年版,第171页。

性偏见等问题给了传统行政法模式致命一击,从而促成了传统行政法模式的瓦解,并推动行政法发生"一场根本性的变革"。① 而这场变革的核心就是行政机关抛弃这种"亦步亦趋"的旧式的"传送带"观念,转而在法律实质内容与实质价值指引下能动地实施与适用法律。诚如学者所言,"一个满足形式法治原则要求的法律体系仍然难以满足法治的要求;遵从形式法治观的要求,法治所追求的目标仍然难以实现。要真正实现法治,必须采取实质法治观所主张的法治进路。"②

中华人民共和国成立以来,伴随着我国经济基础的革新,法治发展也走过了一条独特的道路。党的十一届三中全会不仅确立了改革开放的基本路线,同时也明确了"有法可依、有法必依、执法必严、违法必究"的社会主义法制建设方针。面对改革开放初期法制荒芜的局面,建章立制显得刻不容缓。正是在这样的背景下,我国在 20 世纪 70 年代末确立了"宜粗不宜细"的立法指导思想③,并推动我国立法工作迅速驶入了快车道,大量的法律规范得以创制出来,"有法可依"的局面初步形成。在这一背景下恢复和发展起来的中国行政法,"特别是经历了长期'人治'历史过程的中国社会,人们很自然将法治看成是绝对的善品",④毫无悬念地走向了形式主义法治观。

形式主义法治理念的确立不仅是拨乱反正的结果,也与法治建设背后的社会经济背景密切相关。我国改革开放的过程本质上就是寻求从计划经济体制向市场经济体制转变的过程,而这一转变的核心和关键就是重新认识行政权在经济社会发展的地位,准确把握国家与社会、政府与市场的关系。相对于计划经济体制下无处不在、无所不能的行政权力,实行市场经济体制改革首要的任务就是给行政权力划立边界、设定规则,其核心就是对行政权力进行有效的控制,这与西方行政法学理论中的控权论不谋而合。另一方面,从基本的社会知识背景看,"'文化大革命'中幸存的政治领导人和行政法学者对于权力的恣意与滥用有着生活化的体验和感受,因而在理念接受和制度

---

① 以上内容,参见〔美〕理查德·B.斯图尔特:《美国行政法的重构》,沈岿译,商务印书馆 2011 年版,第 1 页。
② 李桂林:《实质法治:法治的必然选择》,载《法学》2018 年第 7 期。
③ 邓小平指出,"现在立法的工作量很大,人力很不够,因此法律条文开始可以粗一点,逐步完善。……总之,有比没有好,快搞比慢搞好。"《邓小平文选》(第二卷),人民出版社 1983 年版,第 147 页。
④ 顾培东:《当代中国法治共识的形成及法治再启蒙》,载《法学研究》2017 年第 1 期。

建构偏好上自然地侧重于'控权'"。然而,面对复杂的社会实际,"我们制定出来的法律法规往往存在模糊性和原则性等特点,这在很大程度上给行政主体履职过程中留下了裁量空间甚至是灰色地带"。为了规范控制裁量权,行政机关必然会制定大量的行政规则。而行政规则的广泛存在又会导致"法"的泛化,进而造成"依规则行政"取代"依法行政"之势。[①]

以上的分析表明,实质法治观与形式法治观并非水火不相容的两种观念,实质法治并不反对形式法治的基本要求,而是在坚持形式法治基本原则的前提下,主张国家公权行为尤其是行政活动的实质合法性。行政法治发展的这一过程和特点,无论在西方法治国家还是我国都是如此。与西方法治国家不同的是,从一开始我国政府就拥有强大的权力,并对社会进行全面管控,因而行政法治发展的过程就要通过限制政府"有形之手",改变行政权力对市场事务过度管制的状况,放松政府对社会的干预,为建构市场在资源配置中起决定性作用之机制创造条件。在这一背景下应运而生的权力清单制度,其目的就是要厘清国家与社会、政府与市场的关系,通过明确制定政府及其工作部门的职责权限控制和规范政府的行政权力,实现"使市场在资源配置中起决定性作用和更好发挥政府作用"的"善治"目标。

(二)权力清单制度对法治原则的坚守

党的十九大报告强调,"以良法促进发展、保障善治"。习近平总书记在2018年8月24日中央全面依法治国委员会第一次会议上明确提出,"使社会主义法治成为良法善治"。这一系列新的论断反映了我国法治建设从形式法治到实质法治建设的飞跃。正如有学者指出的那样,自党的十一届三中全会以来,我国法治建设历程"崎岖前行、蓬勃发展",先后经历了"从法制向法治的转变"和"从依法治国向法治中国的迈进"的两次深刻的转变。法治中国建设在理念层面意味着"良法善治";在实践层面,要求从有法可依向提升立法质量、从依法管理向依法治理、从强调政府严格执法向强调共同推进和一体建设、从强调依法办事向既强调依法办事又强调法治环境改善等的转型升级。[②] 显然,权力清单制度的改革实践就是我国社会主义法治建设告别过去,

---

① 参见王锡锌:《行政正当性需求的回归——中国新行政法概念的提出、逻辑与制度框架》,载《清华法学》2009年第2期。

② 参见江必新:《法治中国,通往良法善治之路》,载《人民日报》2013年7月12日。

实现这种"转型升级"的重大举措。

形式法治强调法律权威、依法而治，注重实定的法的实施和执行，突出法的工具价值。在有关权力清单制度的顶层设计中，这样的理念得到了很好的遵守。例如，在推行权力清单制度的顶层设计中，一方面高度重视职权法定原则的落实，非常明确地要求将行政职权的"依据""明确列示出来"，即从正面实现对形式法治的坚守。《推行权力清单制度的指导意见》指出，"将地方各级政府工作部门行使的各项行政职权及其依据……以清单形式明确列示出来，向社会公布，接受社会监督"，"在全面梳理基础上，要按照职权法定原则，对现有行政职权进行清理、调整。对没有法定依据的行政职权，应及时取消"，"权力清单公布后，要根据法律法规立改废释情况、机构和职能调整情况等，及时调整权力清单，并向社会公布"；同时强调，"对虽有法定依据但不符合全面深化改革要求和经济社会发展需要的，法定依据相互冲突矛盾的，调整对象消失、多年不发生管理行为的行政职权，应及时提出取消或调整的建议"。这就是说，对于那些哪怕是背离实质法治理念要求的行政职权，在编制权力清单时也不能"自作主张"地予以舍弃，而是要在职责权限范围内向有权的主体"提出取消或调整的建议"，这是从反面对形式法治的再次强调。在《完善权责清单制度的指导意见》中，许多地方充满着这种形式法治的要素，如"要严格按照现行法律、法规和规章规定"梳理权责清单，要"根据法律法规立改废释情况"等调整权责清单，探索权责清单"实行实时调整和定期集中调整相结合"，等等。

作为一种价值追求，实质法治突出法治的目的性价值和法律内容的正当性，强调良法善治。可以说，权力清单制度的顶层设计中，字里行间都闪耀着实质法治的光辉。例如，《推行权力清单制度的指导意见》指出，推行权力清单制度的首要任务就是要对政府部门的行政职权"分门别类进行全面彻底梳理，逐项列明设定依据，汇总形成部门行政职权目录"，并"按照职权法定原则，对现有行政职权进行清理、调整"，"按照职权法定、转变政府职能和简政放权的要求，对现有权力研究提出取消、转移、下放、整合、严管、加强等调整意见"。这就是说，编制权力清单的过程需要对与行政职权有关的全部法律规范进行甄别和排序，并运用文义解释和逻辑分析的方法对法律规范逐条进行研读和评判。显然，无论是甄别、排序还是研读、评判，均蕴含着以上位法为依据对下位法的规定进行合法性判断的内容，而依据"转变政府职能和简政放权"对政府部门现有行政职权研究提出取消、整合、转移、加强等处理意见,明显就是诉诸抽象价值的直接表达。不仅如此,《推行权力清单制度的指导意见》还指出,"对虽有法定依据但不符合全面深化改革要求和经济社会发展需要的,法定依据相互冲突矛盾的,调整对象消失、多年不发生管理行为的行政职权,应及时提出取消或调整的建议"。这意味着权力清单制度并不拘泥于绝对的"形式法治"原则,权力清单的编制主体可以基于"实质法治"的要求,对滞后于"全面深化改革要求和经济社会发展需要"的法定职权进行反思和修正。① 对于没有法定依据的行政职权,"确有必要保留的,按程序办理"意味着,即使缺乏法定依据,如果现实行政管理实践有需要,也不能直接剔除,而是可以按照一定的程序将之保留。显然,这些规定和要求已经超越了形式法治而上升到实质法治的价值选择和判断层面,显示了权力清单制度的建设功能,突出了权力清单制度对实质法治的终极追求。

良法之治不仅要求单个的法律规范体现法的目的性、价值性,而且要求法律体系内部和谐一致,否则法律无法给人们的行为提供确定的、前后一致的指引。推行权力清单制度有助于促进法律体系内部的一致性、不矛盾性。在我国,"从立法权限划分角度来看,实际形成了中央统一领导和一定程度地方分权,多极并存、多类结合的立法权限划分体制"②。立法权的行使由中央和地方共享、立法主体多元共存的局面决定法律体系内部难免出现矛盾和冲突,而立法时机的差异和调整对象的不同更加剧了这一局面。为了预防和消解法律冲突给法律体系带来的不利影响,我国逐步建立了带有中国特色的合法性审查制度,核心是批准生效制度和备案审查制度。然而合法性审查制度的关注点并未涵盖实践中大量存在的行政规章和行政规范性文件,同时实践中批准生效制度的作用远远没有得到有效发挥,备案审查制度也存在"柔性化"趋势,即审查机关并未撤销违反上位法的地方性法规,仅仅是提出督促纠正意见,因而行政机关面对错综复杂以及内部存在紧张关系的规范性文件执行不一。各级政府工作部门在编制权力清单的过程中势必需要在存在冲突的法律规范之间作出抉择,这必然有助于促进法律体系内部的一致性。事实上,在权力清单编制实践中,无论是取消没有法定依据的行政职权,还是对

---

① 参见朱新力、余军:《行政法视域下权力清单制度的重构》,载《中国社会科学》2018年第4期。
② 张文显主编:《法理学》(第4版),高等教育出版社、北京大学出版社2011年版,第224页。

法定依据存在冲突的职权提出取消或者调整的建议,都有助于推动形成和谐协调的法律规范体系。

实质法治观还意味着社会公众是法治主义的主角而非"观众",更不是"管治的对象"。良好的法律如不能得到社会公众的广泛认可和支持,其执行是难以想象的。而法律获得社会公众认可和支持的最好途径莫过于法律制定过程中的公众参与。借助于公众参与一方面可以集思广益,克服权力清单编制过程、调整过程中的"行政专断"倾向,①为良好的法律提供民意基础和智力支持;另一方面,人们更愿意遵守他们自己制定的规则,对自己制定的规则会有更好的理解,更能以主人翁的身份去遵守它、维护它。② 就此而言,权力清单制度所确立的以人民为中心、公开、参与等原则,更加凸显了其对实质法治的追求。例如,《推行权力清单制度的指导意见》强调,推进权力清单制度,要"坚持问题导向","要把有利于服务人民、有利于群众办事作为推行权力清单制度基本出发点",要"把与群众生活密切相关的职权事项放在优先位置,着力解决行政许可、行政处罚、行政强制等领域社会反映强烈的突出问题,让公众切身感受到改革带来的变化"。这样的精神也体现在权力清单制度实施的过程中。又如,2014年国家税务总局发布的《国家税务总局关于推行税收执法权力清单制度的指导意见》将"科学民主"明确为在税收征收和行政执法领域推进权力清单制度必须坚持的一项原则,指出开展这项工作过程中要"广泛听取社会各界意见建议,坚持集思广益、科学施策,努力把好事办好"。从各地权力清单的编制过程来看,有关地方政府工作部门编制行政职权目录后,普遍实行"三上三下"的审核制度,来落实合法性、合理性和必要性审查。③此外,根据《推行权力清单制度的指导意见》的要求,权力清单编制完成后,除保密事项外,编制主体需要及时在业务办理窗口、政府网站等载体公布,通过这种方式一方面可以进一步落实行政公开,强化政府部门及其工作人员行政公开意识和服务意识,另一方面在便利社会公众办事的同时,也方便社会公众对政府依法行政进行监督。例如,有学者就指出,权力清单的公开打破了

---

① 参见喻少如:《权力清单制度中的公众参与研究——兼论权力清单之制度定位》,载《南京社会科学》2016年第1期。

② 参见马颜昕:《行政引导下的基层合作治理——以实证分析为视角》,载《行政法学研究》2021年第1期。

③ 参见宋国涛:《论政府权力清单制度的三重功能》,载《行政科学论坛》2018年第1期。

行政权力运作的封闭性和神秘化,倡导开放、透明的政务运作模式,强调行政权力在阳光下运行,向公众和社会开放,增进管理者与公众的交流互动,让政府自觉接受人民和社会的监督。① 可见,权力清单制度对行政职权的梳理、定性和编排,本质上也是一次全面的行政信息更新,也是向社会公众发出的有效参与相关行政活动的信号,有助于促进以人民为中心的主体地位落实。

(三)权力清单制度对实质法治的推动

自1997年党的十五大正式提出"依法治国,建设社会主义法治国家"基本方略以来,依法行政作为"依法治国的重要组成部分,在很大程度上对依法治国基本方略的实行具有决定性意义"。② 推进依法行政,建设法治国家的重点是规范行政权力,难点是转变政府职能。③ 正是基于这样的认识,有学者指出,我国法治政府建设呈现出了"'合法性'(形式法治)与'最佳性'(实质法治)双线体系的理论构成及互动结构"④。例如,2004年国务院发布的《全面推进依法行政实施纲要》一方面强调行政机关要依法开展行政管理,突出不利处分要有充分的法律规范依据这一合法行政的底线要求,⑤强调"行政权力与责任紧密挂钩",另一方面又提出,"政企分开""政事分开"、政府的"公共管理职能与履行出资人职能分开"等要求,"通过转变政府职能、深化行政管理体制、加强制度建设质量、改革行政管理方式等,追求行政的'最佳性'"⑥。2008年国务院颁布的《国务院关于加强市县政府依法行政的决定》以市县两级政府依法行政为主线,以规范和控制行政权力为核心,但是仍然关注"行政决策机制",强调建立健全公众参与重大行政决策的规则和程序、重大行政决策集体决定制度、重大行政决策实施情况后评价制度等,体现了对"最佳性"的落实和追求。2010年国务院发布的《国务院关于加强法治政府建设的意见》,在

---

① 参见解志勇:《政府权力清单的理论与实现路径研究》,载《人大法律评论》2016年第1期。
② 参见《国务院关于全面推进依法行政的决定》(国发〔1999〕23号)。
③ 参见王太高:《推进依法行政 建设法治政府》,载《群众》2011年第6期。
④ 朱新力、唐明良等:《行政法基础理论改革的基本图谱:"合法性"与"最佳性"二维结构的展开路径》,法律出版社2013年版,第3页。
⑤ 例如,《全面推进依法行政纲要》指出,"行政机关实施行政管理,应当依照法律、法规、规章的规定进行;没有法律、法规、规章的规定,行政机关不得作出影响公民、法人和其他组织合法权益或者增加公民、法人和其他组织义务的决定。"
⑥ 朱新力、唐明良:《法治行政与政府"善治"的互动与耦合》,载《法治日报》2007年4月29日。

持续强调规范政府权力的同时,特别强调要"以事关依法行政全局的体制机制创新为突破口","重点加强有关完善经济体制、改善民生和发展社会事业以及政府自身建设方面的立法",并把"提高制度建设质量"作为重中之重。如果说严格的立法程序、完善公众参与机制是保障制度建设质量的前提条件的话,那么推行权力清单制度就是一种"事后"补强。从推行权力清单制度的实践来看,无论是"规范性文件说""信息公开说",还是"行政自制说""办事指南说"等学术主张,都强调在编制清单过程中要由有关行政主体对行政职权进行自我梳理,通过选择权源依据、化解规范冲突、对行政职权予以定性等,自觉厘清行政职权的内容。不仅如此,由于在执法实践中行政机关往往以低位阶的部门规章或者自己制定的规范性文件作为依据,因此权力清单制度所包含的对权源依据的梳理,一定程度上也会促使行政机关重新审查自己所制定的法律文件是否符合上位法的规定,所谓"清权""减权"的实质就是在全面梳理的基础上,进一步要求行政机关主动收缩行政权力的势力范围,核销手中不必要的行政权力,为权力划定边界。"不属于清单列举范围内的职权和权限,行政机关不得为之。"正是在此意义上,推行权力清单制度较好地连接起了当代行政法治所追求的"合法性"与"最佳性"两种价值,并成为"深化行政体制改革",推进"国家治理体系和治理能力现代化的重要举措"①。

推行权力清单制度的重要任务之一就是对法律、法规、规章设立的行政权力进行识别和定性,通过对行政职权予以定性并"分门别类",进而"优化权力运行流程",细化程序方面的具体要求,不断提升行政权规范化水平。② 从依法行政的实践来看,随着我国法治建设进程的推进,行政机关实体违法的情形已不多见,而程序规范的准确适用则成了行政实践的主要矛盾。因此,只有对行政职权的类别及性质的准确把握,方能为程序规则的正确适用奠定基础。在此前提下,"优化权力运行流程"才真正具有价值。而"优化权力运行流程"本身就暗含着对"最佳性"的追求。在行政实践中,行政机关从实际出发,不断优化行政权力运行流程已经非常普遍。例如,《行政许可法》第32条规定,行政许可申请人提交的申请材料齐全、符合法定形式的,应当受理;申请材料不齐全或者不符合法定形式的,行政机关应当当场或者五日内一次

---

① 参见《推行权力清单制度的指导意见》(中办发〔2015〕21号)。
② 《推行权力清单制度的指导意见》的要求是:"明确每个环节的承办机构、办理要求、办理时限等,提高行政职权运行的规范化水平。"

告知需要补正的全部材料。然而,实践中基于方便相对人和提高行政审批效率的考虑,普遍确立了"告知承诺制"。该法第 42 条规定,行政机关应当自受理相对人行政许可申请之日起二十日内作出许可决定,而在实践中,绝大多数行政机关均将该期限予以大大缩短。这些做法最初是由行政机关"自发"完成的,并通过推行权力清单制度实现普遍化、经常化,甚至借助于地方立法实现制度化。例如,安徽省自然资源厅于 2019 年 12 月底公布的《行政权力运行流程图》针对勘查和开采矿产资源审批、测绘资质审批、地图审核、选址意见书核发等不同的审批事项,分别规定了差异化内部办理流程;《浙江省保障"最多跑一次"改革规定》第 5 条第 1 款规定,"行政机关应当按照'最多跑一次'改革要求,减少办事环节、整合办事材料、缩短办事时限、减免办事费用,优化办事流程,提高办事效率";第 11 条第 2 款规定,"主要申请材料具备、仅办事指南确定的容缺受理申请材料欠缺的,行政机关、综合行政服务机构可以先予受理"。由此可见,推行权力清单制度顶层设计中实际上已经提出了在坚持"合法性"的前提下追求"最佳性"的双重要求,即实质合法的价值目标:"既要对行政权力本身在合法性层面进行把握,又要在合法的框架之下根据规范所赋予的裁量空间制定最佳的政策并以最佳的方式执行政策"[①],进而实现《完善权责清单制度的指导意见》提出的"程序上简约、管理上精细、时限上明确、问责上有据"。

权力清单制度对实质法治的推动还体现为行政权力的自我约束上。这种行政权力的自我约束一方面表现为通过"制权"对行政职权进行定性,进而明确其依法适用的程序规则,使其以最佳的面目呈现在行政法治实践中;另一方面还体现在上级行政机关对下级行政机关的有效制约上,即上级行政部门或者地方政府对下级行政机关或者所属的部门拟保留的行政职权事项要进行"合法性、合理性和必要性"审核和审查。[②] 因为在权力清单编制过程中,面对纷繁复杂、内容各异,甚至矛盾冲突的法律规范,无论是初始阶段的规范选择,还是"清权"蕴含的甄别判断,或者是"减权"面临的取舍得失,实质上都

[①] 朱新力、唐明良等:《行政法基础理论改革的基本图谱:"合法性"与"最佳性"二维结构的展开路径》,法律出版社 2013 年版,第 17—18 页。

[②] 《推行权力清单制度的指导意见》明确要求:"垂直管理部门设在地方的具有行政职权的机构,其权力清单由其上级部门进行合法性、合理性和必要性审核确认","地方各级政府要对其工作部门清理后拟保留的行政职权,依法逐条逐项进行合法性、合理性和必要性审查"。

存在一定的裁量空间,都需要权力清单编制主体进行合理选择和正确判断。正因为如此,为保证权力清单本身的科学性、正当性和合法性,实践中不仅需要广泛的公众参与,而且也离不开上级有关机关的监督,以避免各种可能的滥权现象。在这个过程中,无论是编制主体初步的判断,还是上级机关监督,都不可能仅仅局限于法律规范本身,而是要从"全面深化改革要求和经济社会发展需要"出发,对法律规范进行选择、评价和监督,即作出实质合法的判断。正如有学者指出,"这些选择权的行使因其在形式合法的外衣下,不可能再简单适用传统意义上的狭义的形式行政合法性原则来审查并作出否定性评价,只能适用具有实质合法性的内核的行政合理性原则来加以诠释和监督,否则,所谓行政法治就将沦为空言。"[①]

从根本上说,权力清单制度包含的市场优先、社会优先的价值目标和实质法治的理念高度一致。改革开放,特别是将社会主义市场经济体制确立为改革目标以来,行政体制改革就一直是我国改革的重点和难点,"一放就乱、一收就死"的恶性循环似乎难以根治,其根本原因就在于我国行政权力的配置无法适应我国经济社会发展的客观需要,其中最突出的问题就是社会性分权严重不足,导致权力过分集中于政府和其他公权力机关,市场机制的调节作用和社会主体的积极性远没有激发。因此,推行权力清单制度的根本目的就是要明确行政机关的"职责权限,大力推动简政放权","清晰"政府与市场和社会的边界。从权力清单制度的实践来看,近些年这方面已经产生了非常可喜的变化。例如,曾经输出"两赋两强"经验的南京市秦淮区,为了充分发挥基层社区组织在社会治理中的核心作用,明确提出了以做强社区、做实网格、增加服务资源、增强治理能力为内容的"双做双增"社区治理集成改革,推动形成政府、社会和公众共建、共治、共享的社会治理新格局。而在市域社会治理现代化试点探索中,武汉市推出了"三委合一"(即社区居委会、物业管理委员会、业主委员会"三委合一"),[②] 以及业已开展的"红色物业"[③]等,这些改革都是以协调多元治理主体合作共治为目的的。对此,权力清单制度亦强调

---

① 吴偕林:《论行政合理性原则的适用》,载《法学》2004年第12期。
② 参见《武汉将探索"三委合一"基层组织新模式》,载《长江日报》2020年4月30日。
③ "红色物业"是指在物业服务领域彰显党的政治色彩,强化党的政治属性,发挥党的政治功能,把牢物业服务的正确方向;在具体工作上,要以街道社区党组织为核心,整合服务资源、集聚服务力量、健全服务机制,着力解决好居民群众反映突出的物业问题,使之既发挥物业服务功能,又发挥政治引领作用。参见《"红色引擎"让党组织一呼百应》,载《人民日报》2018年1月2日。

对那些面向基层老百姓的行政权力,并且也适用基层政府行使的,都应当逐步交给基层政府。① 权力清单制度的这一主张一定程度上可以协调我国行政体制中原有的科层制架构与权力配置的现实需要之间的矛盾,同时有助于缓和政府部门与其他社会治理主体的紧张关系,彰显多元主体共建共治共享的社会治理理念。

从更深层次分析,权力清单制度实质因应了现代法治的一种转型趋势,即以规制中心主义代替立法中心主义的变化。与传统的通过立法活动产生法律规则不同,以规制为中心的现代社会治理,突出行政机关的作用,即行政机关不仅担负实施规则的传统职责,还获得了在行政活动中创设规则的能力。② 也就是说,传统的立法机关主导的国家权力配置开始转向由规制机构主导,立法不再是法治的中心,也不会当然地成为行政执法的前端,行政机关不再停留在执行立法机关指令的"传送带"角色,而是要更多地担负起治理规则提供者的使命。③ 不仅如此,规制中心主义还是一种问题导向的、具有强烈实用主义色彩的方法论,为着彻底解决问题而综合运用各种可能的法律手段、法律机制和法律思想。很明显,要真正实现这种规制中心主义,就需要立法机构给予执法机关充分的授权,而这与权力清单制度所致力实现的简政放权之目标是一致的。在权力清单制度顶层设计中,行政机关甚至具体的执法机关实际是编制权力清单的主体,在编制清单的过程中,行政机关享有的"清权""减权""制权"等职权,很大程度上就是在立法机关输出的法律规则基础上进行执法规则的创设,一定程度地体现了世界范围内规制中心主义的发展态势。而通过推行权力清单制度来"推动和深化"简政放权改革、明晰行政机关职责边界和"转变政府职能","推动政府全面正确履职尽责"等,又具有鲜明的问题导向和强烈的时代特色,体现了我国社会主义市场经济体制建设和

---

① 《推行权力清单制度的指导意见》提出,权力清单的编制过程当中应"结合深化简政放权,进一步加大放权力度,划清政府与市场、社会的职能边界,赋予省级及以下政府更多自主权","特别是直接面向企业群众、适宜由基层政府行使的行政职权,应依次交由基层政府行使"。

② 有学者指出,"规制中心主义,意味着法律规则主要在行政阶段产生并由行政执法机构灵活实施。"胡苑:《环境法律"传送带"模式的阻滞效应及其化解》,载《政治与法律》2019 年第 5 期。

③ 有学者指出,"规制中心主义模式下,行政所扮演的不再仅仅是一个'传送带'的角色,也不再是对立法机关的萧规曹随和亦步亦趋……现代行政法学已经将控制的节点由行政过程的'下游'位移到'上中游',已经将政策、政治和法律都作为自己的考察变量。"朱新力、宋华琳:《现代行政法学的建构与政府规制研究的兴起》,载《法律科学》2005 年第 5 期。

法治国家、法治政府、法治社会一体建设的新任务和新使命。

需要指出的是,我国作为现代法治后发国家,无疑面临着人类法治发展史上"历史性和共时性"的双重问题。形式法治观的核心是确立"法律至上"的理念。"法律至上"的理念是对"人治"的抛弃,它意味着通过法律来治理社会,任何人都不享有超越法律的特权,法律赋予了权力的合法性。我国作为以制定法为主要法律渊源的国家,制定法是行政法最为主要的法律渊源,而推行权力清单制度意味着需要从整个法律体系中寻找到属于它的位置,否则就必然陷入依清单行政还是依法行政的尴尬境地。特别是编制权力清单过程中对"现有权力提出取消、转移、下放、整合、严管、加强等调整意见"本质上是在实质合法基础上的修法建议,往往与现行法律文本不一致,存在突破形式法治的冲动。事实上,由于权力清单的制度设计不可避免地带有理想主义的成分,因此在付诸实施的过程中难免会诱发理论与实践的错位,造成应然与实然的反差。从应然的角度来看,权力清单制度建立在行政机关法定职权的基础之上,并且通过有效的权力清单动态调整机制可以保证权力清单对实定法的真实再现。但现实中权力清单编制者都是身处行政系统中的个体,他们有自己的立场、观点和倾向,他们甚至只能从一个特定的维度去界定并公布其权力,各级地方政府部门还会因主观认识的差异对相同权力作不同的删减,[1]从而使得权力清单无法做到"真实再现",而是对行政职权多样化地"排列组合"。这不仅会造成权力清单制度与法律规范之间的紧张关系,甚至还会打破原先建立在形式合法性基础之上的制度规范所产生的社会关系平衡,并因这种制度惯性加剧公共行政的发展与亟待变革的制度之间的紧张关系。有鉴于此,编制权力清单过程中,一方面应当兼顾社会需求和公民权利保障、权力调整和用权监督等因素,在社会公众广泛参与的基础上重视对权力转化进行充分的说理;另一方面从提高行政效率、保障权力清单制度改革的有效性来看,由于权力清单中列举的职权经过了合法性、合理性和必要性审查,应当承认"以权力清单行政"的优先性,并且为了维护实定法的最高效力,应当赋予行政相对人对职权合法性的异议权。因而当进入审查阶段后,须以法律规范作为最终的评价标准,以免以实质法治为名突破形式法治的底线。

---

[1] 解志勇:《政府权力清单的理论与实现路径研究》,载《人大法律评论》2016年第1期。

二、权力清单制度的功能主义面向

作为当代西方法学思潮中一个重要流派,规范法学派产生于19世纪末20世纪初,新康德主义以及英国奥斯丁的分析法学和实证主义是其哲学基础。[①] 功能主义法学则是社会法学派一个分支,强调对满足社会整体需求和必要条件的社会力量和结构的分析,主张把法律放在整个社会体系中进行研究,其中最具代表性的是帕森斯倡导的"结构功能主义"。与这两种法学思潮相适应,以规范和控制权力为核心的西方公法学理论也逐渐形成了规范主义和功能主义两种基本风格,并对现实法治实践产生深刻影响。我国作为现代法治发展的后发国家,特别是随着全面深化改革和现代化、国际化、法治化营商环境建设,西方国家法治理念、法学思潮、法律制度等不可避免地对我国产生一定影响,并伴随着我国现代化建设进程深刻地影响着我国法治建设。权力清单制度作为我国推进法治国家、法治政府和法治社会一体建设的一项重要制度创新,一方面源于实践推动,另一方面与这些法学思潮的影响也不无关系。

(一)从规范主义到功能主义

在早期自由资本主义时期,新兴的资产阶级在与封建势力对垒中获得胜利以后,为了巩固战胜封建主义的胜利成果,彻底告别封建主义的人治观念,他们坚守严格的形式主义法治立场,强调"无法律即无行政",要求任何行政活动必须遵循法律的指令,接受严格的法律限制,严格执行经由传统民意机关"传送带式"的立法规范,形成了鲜明的规范主义公法风格。[②]

---

① 参见王威:《规范法学派理论浅析》,载《现代法学》1981年第1期。
② 英国当代著名公法学者马丁·洛克林指出,规范主义"根源于对分权理想以及使政府服从法律的必要性的信念。这种风格强调法律的裁判和控制功能,并因此关注法律的规则取向和概念化属性",因为"自由主义者们从'个人主要受自利动机的左右'这一假定出发,急于确立一套专为保护个人自由而设计的原则和规则"。〔英〕马丁·洛克林:《公法与政治理论》,郑戈译,商务印书馆2013年版,第85、143—144页。对于这种极度严苛的规范主义观念,英国19世纪著名法学家戴雪在其代表作《英宪精义》中有一段极为经典的阐述:法治"意味着作为专制权力对立面的正式的法的绝对优势地位或优越,它排斥政府任何方面的专断、特权和广泛的裁量权","政府只有依据事先知晓的一般性规则、不偏不倚地适用,才被允许侵入受保护的重大私人领域"。转引自周佑勇:《行政裁量的治理》,载《法学研究》2007年第2期。

作为自由主义法治理念的产物,规范主义公法风格体现了自由资本主义时期经济社会发展状况,具有鲜明的早期自由资本主义时代烙印。在20世纪初,西方资本主义国家奉行自由竞争政策,政府角色是"守夜人",极少干预或者根本不干预经济社会生活,放任市场主体自由行为。在资本主义制度发展初期,特别是劳资对立并不显著、资本主义基本矛盾尚未激化的时期,这种消极、"不作为"的行政立场恰好符合社会对政府的期盼,因而得到社会的广泛认可。但是随着资本主义的发展,特别是进入垄断资本主义阶段以后,不仅劳资对立日益明显,而且资本主义基本矛盾不断激化,各种社会问题层出不穷。尤其是第二次世界大战以后,资本主义世界普遍面对经济危机的压力和社会主义阵营的挑战,政府再固守消极不作为的状况明显不合时宜。面对日益激化的资本主义基本矛盾和现实的经济社会压力,资本主义国家普遍开始对社会经济生活的干预,政府的社会经济职能随之不断扩充,管理社会经济事务的范围也在日益拓展。在这个过程中,行政事务的专业性、技术性也在不断增强,行政权作用的方式也日益多样。[①] 在这样的形势下,无论是立法者智识的广度还是立法本身的预见性,都将规范主义法学观逼入窘境,因为希冀立法能够事先规定"命令或禁止特定行为方式,对于违反行为并胁以'制裁';权利之许予或拒绝,或者危险的分配"[②]已无可能。也就是说,面对鲜活的社会实践,静态的法律条文已经捉襟见肘;同样面对复杂多样的社会关系,行政机关不可能只是一个"提线木偶",相反,赋予行政机关必要的裁量权以满足多样化的社会需求就成为必然。

这种状况在一定程度上说明,严格形式主义的法治观面对社会实践的严峻挑战已经开始动摇,在传统自由法治国逐步迈向社会法治国的过程中,规范主义公法理念日渐显得无所适从、束手无策。面对日益严峻的现实挑战,人们开始认识到,"法治所要求的并不是消除广泛的自由裁量权,而是法律应当能够控制它的行使。现代统治要求尽可能多且尽可能广泛的自由裁量权",[③]因而赋予行政机关必要的裁量权被越来越多的人所接受。在此基础上,一种与规范主义相对应的,以进化论的社会理论、社会实证主义和实用主

---

① 参见朱新力、宋华琳:《现代行政法学的建构与政府规制研究的兴起》,载《法律科学》2005年第5期。
② 〔德〕卡尔·拉伦茨:《法学方法论》,陈爱娥译,商务印书馆2003年版,第94页。
③ 〔英〕韦廉·韦德:《行政法》,楚建译,中国大百科全书出版社1997年版,第55页。

义哲学为基础,以矫正规范主义缺陷为目标的功能主义公法观念相应诞生。功能主义公法观从法治建设所面对的复杂状况出发,强调在行政过程中应当注重发挥行政机关的能动性,赋予行政机关综合运用价值判断与利益衡量的方法,灵活处理现实法治实践中相关问题的能力。而所谓利益衡量实质上就是一种以目的为中心的解释论,即从行政法治的整体目的而不是个别法律规范的目的出发,甚至是从整个法秩序的目的出发,解释并适用相关规则。①

功能主义公法风格与规范主义的思维进路完全不同,它以进化论社会理论、社会实证主义和实用主义学说为基础,反对以法条主义为核心的规范主义,反对以法律条文或法律规范为出发点,主张面向现实、以解决实践问题为导向的一种法学思维方式;它不再纠结于具体的法律规则或形式化的法律条文,而是在全面把握法律价值的基础上,面向现实需要选择灵活的行为方式。② 例如,作为社会法学派理论的代表,庞德提出的理论被视为一种典型的实用主义理论,即功能主义理论。在庞德看来,抽象的法律规范虽然重要,但更应该关注法律的实施效果和社会作用。相较于静态的法律条文,更重要的是要从社会生活中来把握法律,研究社会生活与法律之间的关系,即"活的法律"。③

同规范主义崇尚自由主义、保守主义,强调"法律自治"的进路不同,功能主义倡导一种"政府自治"风格,主张要重视"活的法律",认为"支配社会本身的法律",尽管并不曾被制定成法律条文,但"既可预防纠纷的出现,在纠纷出现后,也可以借以解决而无须求助于国家的法律机构","公法中的功能主义风格……注重法律的意图和目标,并采取一种工具主义的社会政策路径"④。

---

① 对此,德国著名法学家拉伦茨指出,"在个别规范可能的字义,并且与法律之意义脉络一致的范围内,应以最能配合法律规整之目的及其阶层关系的方式,解释个别规定。于此,解释者必须一直考虑规定整体所追求的全部目的。"〔德〕卡尔·拉伦茨:《法学方法论》,陈爱娥译,商务印书馆2003年版,第210页。

② 功能主义"不是把法律当作一种与政制完全不同的东西,而是将其视为一种作为政制机器的一部分的工具",并认为"这部政制机器乃是用来实现一套特定的目的的。这些目的就是与能动型国家的目标紧密相关的目的,它们凝聚在这样一种观念之中:政府是一种促进进步的进化式变迁的机构"。〔英〕马丁·洛克林:《公法与政治理论》,郑戈译,商务印书馆2013年版,第187页。

③ 庞德指出,"法律是一种'社会功能'或'社会控制'",主张用法律的功能性概念来取代逻辑性概念,强调面向社会实践,"有用即是真理"。〔美〕罗斯科·庞德:《通过法律的社会控制》,沈宗灵译,商务印书馆1984年版,第55页。

④ 〔英〕马丁·洛克林:《公法与政治理论》,郑戈译,商务印书馆2013年版,第65页。

功能主义不是一种规范性的思维方法,而是一种建构性的方法,具有强烈的解释性色彩,因而难免受到观察者个人"前见"的影响。① 功能主义主张,法律规则本身不应该成为人们观察思考问题的出发点,而是要跳出规则,在规则之外,通过分析生发出法律规则的经济、政治、社会和文化背景来分析和判定其所意指的那些事物。② 美国学者科恩在《功能主义法理学问题》一文中写道,"法律制度是宏大的政治场景的一部分,要想理解法律在现实中的真实作用,抑或要法律在现实中发挥作用,我们就必须在一种社会背景下进行研究"③。这正是功能主义倡导的实用性与合理性的价值取向。"这种功能主义风格不是把法律当作一种与政制完全不同的东西,而是将其视为一种作为政制机器的一部分的工具",由此才能应对社会变迁的新情势,尤其是日益增多的社会主体间的矛盾与纠纷。"如今,行政法律关系转趋多样化、多元化……行政机关所面临的不再是单一的私人,而是负责多元的当事人与利害关系人"④。正因为如此,我国有学者强调,为了使行政裁量所蕴含的能动性得以充分发挥,进而推动社会发展进步,现代行政法的重心必须从对权力的控制和权利的保护向改善功能和提高效率转变。"从未来的使命上讲,我们不应当简单地去试图补上西方国家曾经采取但被证明已过时的规范主义控权模式这一课,而应当着眼于全球化的视野,倡导一种以'原则'为取向的功能主义建构模式"⑤。只不过,"现在我们必须清楚认识到的是,规范主义与功能主义之间的差异不仅仅是关注重点上的差异;他们从根本上体现着原则上的差异"⑥。

(二) 功能主义之于我国社会主义法治建设的价值

就现代法治建设而言,我国是一个后发国家,因而法治建设的道路较为特殊。例如,全国人大常委会法工委主任李飞2018年9月在全国第二十四届地方立法论坛上的讲话指出,我国法制建设的最初动因是要解决"无法可依"

---

① 参见郑智航:《比较法中功能主义进路的历史演变——一种学术史的考察》,载《比较法研究》2016年第3期。
② 参见〔比〕马克·范·胡克:《比较法的认识论与方法论》,魏磊杰、朱志昊译,法律出版社2012年版,第74—75页。
③ 转引自王学辉:《迈向和谐行政法》,中国政法大学出版社2012年版,第281页。
④ 杨解君:《走向法治的缺失言说》,法律出版社2001年版,第321页。
⑤ 周佑勇:《行政裁量治理研究:一种功能主义的立场》,法律出版社2008年版,第38、42页。
⑥ 〔英〕马丁·洛克林:《公法与政治理论》,郑戈译,商务印书馆2013年版,第87页。

的问题。所以当时提出的立法工作思路或者说指导原则就是"有比没有好,快搞比慢搞好",更强调的是"宜粗不宜细"。也就是说,面对我国社会主义法治建设一片荒芜的实际状况,先建立起法律的一些基本原则和基本规范,搭就我国社会主义法律体系的"四梁八柱"。经过近二十年的改革开放,特别是1992年确立市场化改革的面向,整个社会认识到市场经济就是法治经济,于是在20世纪末我国社会主义法制建设驶入了"快车道"。1997年召开的党的第十五次全国代表大会明确提出"加强立法工作,提高立法质量,到2010年形成有中国特色社会主义法律体系"的目标。经过几十年大规模的立法工作,到2010年中国特色社会主义法律体系如期形成。社会主义法律体系的形成,从总体上实现了国家法律体系"从无到有"的制度构建,解决了"建章立制"的问题。社会主义法律体系初步形成之后,接下来要解决的问题就是制度的合理性,即不仅单个法律制度要更加合理、更加符合和体现经济社会的发展规律,而且还要与法律体系内部的"左邻右舍"能够"同频共振",并能够及时、准确地反映不断变化了的经济社会的现实状况。这样一来,首先就要严把立法产品的出口关,即每部法律制定的过程中能够尽可能多地掌握第一手的立法资料,对立法所要解决的矛盾和问题要有深刻的研究,"使立法精确对接发展所需、基层所盼、民心所向,切实提高立法的科学化、精细化水平,提高法律的可执行性和可操作性,以良法促进发展、保障善治"[①]。为了实现这一目标,《立法法》一方面对立法的程序作出严格的规定,强调科学立法、民主立法、依法立法,另一方面通过对地方立法体制变革和完善,特别是2015年3月修改《立法法》,普遍赋予设区的市享有平等的地方立法权,使得在保障法制统一原则的前提下,推动地方立法更具针对性。正如有学者评述的那样,随着地方立法权的普遍确立,地方立法机关可以从本地的实际情况及实践需要出发,对国家层面立法空缺的事项,在坚持法制统一和其他宪法原则的前提下,进行地方法制创制活动,既可以为处理和解决社会实践中的新问题、新矛盾提供依据,[②]也能为国家层面的统一立法积累经验、奠定基础。我国立法体制的这种变化正是功能主义法学观强大实践力量的集中体现。

就成文法而言,立法的滞后性永远无法回避。因此,如何在实践中检验

---

① 李飞:《加强立法决策量化论证 不断提高立法质量》,载《中国人大》2018年第10期。
② 参见刘启川:《行政权的法治模式及其当代图景——以交通警察权为例的展开》,载《中国行政管理》2016年第2期。

立法的得失,并及时解决法律实施过程中的问题,特别是让静态的法律能够追随不断变动的社会实践,显得更为重要。① 改革开放以来,我国早已把法治政府确立为我国行政法治建设的一项目标,而打破"全能政府"的神话、给政府瘦身则是法治政府的题中之义。例如,国务院在 2004 年 4 月发布的《全面推进依法行政实施纲要》,不仅全面提出了法治政府建设的具体要求和标准体系,而且进一步强调"转变政府职能,深化行政管理体制改革"的基本目标,而改革的核心任务就是要限制政府的权力、明确政府权力的边界,力争做到"凡是公民、法人和其他组织能够自主解决的,市场竞争机制能够调节的,行业组织或者中介机构通过自律能够解决的事项,除法律另有规定的外,行政机关不要通过行政管理去解决"。随着法治政府建设十年的实践,2015 年年底,中共中央办公厅、国务院办公厅联合发布了《法治政府建设实施纲要(2015—2020 年)》,强调职能科学是法治政府的前提,在此基础上提出"适合由社会组织提供的公共服务和解决事项,将由社会组织承担","凡属事务性管理服务,原则上都引入竞争机制向社会购买","确需政府参与的,实行政府和社会资本合作模式"等,再次显示了必要性原则对法治政府建设的约束。即当市场主体或者较小的下位组织有能力处理好某项事务时,政府部门或者较大的上位组织就不应当插手该项事务;反之,如果市场主体或者较小的下位组织缺乏必要的能力来处理某项事务时,政府部门或者较大的上位组织就应当主动介入、积极援助,"并在必要时接手完成相关任务"②。这样的变化,体现了目的导向的要求,也有学者将之称为合作原则、多元共治在我国行政法治建设实践中的体现,③特别是党的十八届三中全会、四中全会提出要让"市场在资源配置中起决定性作用、更好发挥政府作用",客观上重新定位了

---

① 正如有学者所言,如何继承自由主义法治国家阻止行政权膨胀和滥用的行政法传统,并发挥行政权的积极功能,实现福利国家、给付国家或者社会国家所肩负的增进全体国民的生活水准和福利的使命,换言之,如何兼顾消极行政(秩序行政)与积极行政(给付行政)功能的问题,是现代行政法所面临的刻不容缓的重大课题。参见杨建顺:《行政规制与权利保障》,中国人民大学出版社 2007 年版,第 133 页。
② 詹镇荣:《民营化法与管制革新》,元照出版公司 2005 年版,第 285 页。
③ 章志远:《基本建成法治政府呼唤行政法学基础理论的创新》,载《法学论坛》2017 年第 2 期。而合作国家意味着打破国家对权力的垄断局面。"在行政法实施过程中个人保护和全面考虑关系人利益的前提是行政对话和合作性的行政结构,唯由此才能建立因国家高权和权力垄断而很少产生的合作关系。明确行政的责任与公民的责任属于行政法的重要任务,这有助于将合作原则上升为一般的行政法原则。"〔德〕汉斯·J. 沃尔夫、奥托·巴霍夫、罗尔夫·施托贝尔:《行政法》(第 1 卷),高家伟译,商务印书馆 2002 年版,第 18 页。

国家与社会、政府与市场之间的关系,其核心要义就是转变政府职能,确立并践行有限政府理念,面对经济社会发展实际,政府要有所为和有所不为。而要达到这样的理想图景,意味着政府还要在实定法范围之外积极主动地发挥作用,不缺位、不越位、不错位,这对政府的行政能力和行政技艺将是一个严峻的挑战和考验。① 而简政放权、推行权力清单就是政府努力走向这一目标的一个尝试和探索。

在功能主义看来,行政法治不只是一个逻辑体系,更是一个价值体系,强调在行政法治建设中实质的价值判断在整个体系中的协调性。作为一个价值体系,行政法体系是开放的而不是封闭的,随着社会情势的不断发展变化,特别是风险社会、信息科技、人工智能等发展,必然会给传统行政法价值体系带来一定冲击和新挑战,甚至造成行政法体系出现不相协调甚至脱节的现象,而当行政规范体系与时代精神发生偏离时,就会产生将法外的主流价值吸纳进入法律体系的强烈需求。具体表现为,一方面法治诸项原则间的"协作(指各自之效力范围如何的界定及其相互的限制)上可能会有所改变,另一方面也有可能会发现新原则;此种演变或来自立法上的转变,或源于法学上的认识,或因司法裁判的修正所致"②。因此,与规范主义相对的功能主义的公法理论自然也表现出鲜明的回应性特点,其核心就是目的导向。例如,2014 年修改后的《行政诉讼法》在适用撤销判决的情形中增加了"明显不当"事由,行政诉讼法的这一改动,被认为对被诉行政行为的司法审查(虽然仍旧明确为合法性审查),因为《行政诉讼法》所确立的合法性审查原则在 2014 年的《行政诉讼法》修改中并未发生变化,但是合法性审查的内涵和标准已经发生了深刻改变,即从片面强调形式合法向实质合法的转变,因为明显不当的行政行为已经列属违法行政行为之范畴。③ 可见,自从我国行政诉讼制度确立以来,出于对行政权必要的尊重和司法谦抑性考量,将行政行为的司法审查限于合法性审查的原则并未发生实质动摇。但是,随着我国行政法治的发展,在合法性内涵上却在不断丰富,并逐步区别于强调"依法律行政"形式主义法治观。这一变化顺应了现代行政"从机械行政走向能动行政,从消极行

---

① 参见刘启川:《行政权的法治模式及其当代图景——以交通警察权为例的展开》,载《中国行政管理》2016 年第 2 期。
② 〔德〕卡尔·拉伦茨:《法学方法论》,陈爱娥译,商务印书馆 2003 年版,第 359 页。
③ 参见何海波:《论行政行为"明显不当"》,载《法学研究》2016 年第 3 期。

政走向积极行政"的发展趋势,亦如学者所言,"行政固然须受法律约束,但行政本身的机动性,亦须加以维护"①。

(三)权力清单制度的功能主义意蕴

权力清单制度的功能主义意蕴集中体现在对行政权力的规范和控制方面,而这种规制和控制又明显区别于传统"传送带"模式下的机械控制,它是通过明确政府与市场、国家与社会的界限,一方面要让政府知道自己权力的边界在哪里,哪些雷区是其不能触碰的;另一方面也告诉社会公众有关政府及其部门拥有的权力范围,通过保障公众的知情权,实现权利对权力的制约。在此基础上,权力清单制度通过激发行政机关的能动性,赋予行政机关面向鲜活的行政过程,灵活处理现实法治实践相关问题的能力。对于此,《推行权力清单制度的指导意见》进行了如下描述:"地方各级政府对其工作部门经过确认保留的行政职权,除保密事项外,要以清单形式将每项职权的名称、编码、类型、依据、行使主体、流程图和监督方式等,及时在政府网站等载体公布。"对此,可以从以下三个方面来把握:

1. 行使行政职权的主体更为多元

从传统行政法理论来看,行政机关、法律法规授权的组织为行政主体。然而随着社会发展,市场经济发达,人们越来越意识到如同存在市场失灵一样,政府也会出现公共权力滥用、官僚主义、效率低下,甚至是行政腐败等行政失灵现象。而对这种现象反思的结果就是行政权的分化,一些新的社会组织应运而生,开始与国家分享公共事务的管理权,②这意味着行使行政职权的主体正日趋多元。从《推行权力清单制度的指导意见》及权力清单制度实践来看,地方政府权力清单除了按省、市、县三级对各级地方政府及职能部门的职权进行明确外,还具体到政府工作部门内部,即对政府部门处(科)室职责也进行明确。由于权力清单无一例外地向社会公示,这样政府工作部门内部处(科)室一定意义上也具有对外性。除此之外,大量行政委托或者授权也伴随着权力清单制度实践而展开。例如,江苏、浙江、安徽、湖北等省份在将指导意见中的"各级政府"延伸至乡镇(街道)及作为自治组织的村(社区)的同

---

① 翁岳生主编:《行政法》(上册),中国法制出版社 2002 年版,第 19 页。
② 参见章志远:《行政法学总论》,北京大学出版社 2014 版,第 6 页。

时,还借优化基层政权服务管理体制,向乡镇等基层授权,极大地丰富了行政职权主体的外延。

多元行政职权主体在立法上正逐步获得肯定。例如,2014年修改后的《行政诉讼法》第3条在2000年最高人民法院发布的行政诉讼司法解释基础上,实际上将行政主体拓展到了规章授权的组织。2019年党和国家机构改革催生的党政机关合署、党政职能调整等,带来的正是行政主体多元化的发展,而2021年1月修订的《行政处罚法》第24条第1款确立的乡镇人民政府、街道办事处的执法主体地位,①既是对行政执法实践中长期探索的一个回应,也是对行政职权主体多元化的立法确认,意味着在我国行政实践中法定的行政主体外延进一步地拓展。

2. 行政职权的依据更加丰富

毫无疑问,法律法规作为权力清单的权源依据,合乎我国现行的立法体制,而规章只要符合《立法法》的相关规定,进入权力清单的权源依据似乎也不应该有多少争议。值得注意的是,在权力清单制度实践中,还出现了规章以下的规范性文件作为权源依据。例如,以临时用地审批子项为例,湖北省的清单中就将《湖北省国土资源厅关于加强临时用地管理的通知》(鄂土资规〔2009〕3号)作为依据,其实质是以规范和统一临时用地审批为目的的功能主义做法。例如,在各地的权力清单中,往往都有"责任事项"一列,而对于责任还进一步细分为受理责任、审查责任、决定责任、送达责任以及监管责任等,显然如此细致的责任在国家层面的立法中难以找到直接依据,而在权力清单制度的实践中似乎又是不可或缺的,因为这恰恰是权责法定的具体体现,并能够将相关的责任落到实处。② 这实际上造成了规范性文件作为权力清单权源依据的现象。对此,《推行权力清单制度的指导意见》也在一定程度上予以了肯定和明确:"对没有法定依据的行政职权,应及时取消,确有必要保留的,按程序办理。"所谓"确有必要"隐含着即使是形式上"没有法定依据的行政职

---

① 该条款内容为:"省、自治区、直辖市根据当地实际情况,可以决定将基层管理迫切需要的县级人民政府部门的行政处罚权交由能够有效承接的乡镇人民政府、街道办事处行使,并定期组织评估。决定应当公布。"

② 如前所述,在权力清单制度实践中,权力清单与责任清单存在依附型、一体型和独立型等三种模式,在前两种模式中有关责任事项与权力清单在形式上密切相关,而在后一种模式中,责任清单虽"独立存在"但仍然以权责法定为基础,只不过外在表现形式与前两种有所差异罢了。

权"也不能一棍子将其打死,而是要透过"全面深化改革要求和经济社会发展需要"作具体分析,通过仔细斟酌和权衡后再作"去留"的决断。这是一个超越形式法治而上升到实质合法的价值选择和判断,彰显了权力清单制度的建设功能,反映了权力清单制度对实质合法的终极追求。

更具挑战性的问题是,在编制权力清单过程中,党内法规在权力清单编制过程中的地位如何,相关规定可否成为行政职权的依据?实际上,从最初提出权力清单制度的概念,到对推行权力清单制度的顶层设计,都是以党内文件的形式提出来的,这说明党的文件、党内法规具有事实上的法效力。从这个角度看,否认党内法规作为权力清单制度依据是难以令人信服的。实际上,党内法规与国家法律尽管在制定主体和程序、适用规则等方面并不完全相同,但是两者都要遵循党的领导,都不能与宪法相抵触,这说明党内法规与国家法律具有高度的一致,这种一致性客观上为党内法规向国家法律的转化奠定了坚实基础。正如有学者指出的那样,从法制发展的历史来看,我国有不少法律实际上是从党的政策和文件发展而来的。当前我国正处于全面深化改革的关键时期,很多制度尚处于探索阶段,有些虽不成熟但有必要的制度可以通过党内法规来规定,进行试点后再转化为国家法律。① 其实,从规范内容来看,无论是转变政府职能还是规范和控制行政权力,党的文件均比国家的法律更为严格。因此,权力清单编制过程中完全可以至少不应当绝对排斥党内法规进入权力清单,并通过动态调整机制及时回应社会现实关切。需要指出的是,从权力清单制度的外延看,不仅有正面清单的肯定列举,还有负面清单的反向排除,这实际上为保障和鼓励地方政府改革创新的积极性提供了想象空间。② 从这个角度看,权力清单制度进一步丰富了行政机关的职权依据。

3. 裁量基准和流程的再造

有学者指出,随着现代法治发展,裁量基准已经成为一种普遍的行政法

---

① 参见李树忠:《党内法规与国家法律关系的再阐释》,载《中国法律评论》2017年第2期。
② 有学者从权力清单内涵角度指出,只有将权力清单定位为"混合清单",强调既能够对一定事项予以列举,体现正面梳理作用,也能够列出否定性的范围和领域,才能更好地发挥权力清单的作用和体现权力清单的价值。参见赵勇:《大城市政府权力清单制度研究》,人民出版社2018年版,第80页。

现象和创新的行政自制制度,因为行政裁量是分权的伴生物。① 相对于纷繁复杂的法治实践来说,权力机关制定的法律规范具有概括性、抽象性等特点,立法不可能针对现实中的每一个事件、每一种现象确立具体而唯一的处理结果。这就是说,严格意义上的"传送带"是不可能出现的,行政机关在执法实践中要完全对号入座根本不可能。② 相反,立法机关在制定行政规则时还会主动授予行政裁量权。③ 可见,在我国法治化建设过程中,我们无须也不可能去"消除广泛的自由裁量权",而是要剔除那些不必要的裁量权,限定那些过度或太宽的裁量权,以避免裁量权的恣意和滥用。④ 西方国家法治建设经验告诉我们,在规范和控制裁量权方面,"并不能将期望寄托在法律的颁布方面,而是要依靠比法律更为广泛的行政规则制定"⑤,这种规则就是所谓的"裁量基准",它通过行政机关的解释,对那些授予裁量权的法律规范所规定行使裁量权的条件予以明确、细化,对行政裁量权行使的范围予以明确等,统一裁量权行使尺度和标准,实现权力行使结果的公平性。⑥ 自 2003 年浙江省金华市公安局发布《行政处罚自由裁量基准制度》以来,裁量基准制度在我国快速生根,开花,结果,⑦并成为"实现政府再造的一个标志性特征"⑧。

---

① 参见周佑勇:《行政裁量治理研究:一种功能主义的立场》,法律出版社 2008 年版,第 20、53 页。

② 正如洛克所说的那样,"有许多事情非法律所能规定,这些事情必须交由握有执行权的人自由裁量,由他根据公众福利和利益的要求来处理。"〔英〕洛克:《政府论》(下篇),叶启芳、瞿菊农译,商务印书馆 1964 年版,第 99 页。

③ 王名扬先生指出,为了避免进行价值判断的困难,立法机关还可能主动"授权行政机关,根据公共利益或需要,采取必要的或适当的措施,例如为了管理无线电广播事业,可以考虑的价值包括:言论自由,社会安全,广播质量,企业的利益,其他可能涉及的观念和利益。国会不能作出决定时,只能授权行政机关根据公共利益,批准、限制或取消广播许可证,制定管理规则。"王名扬:《美国行政法》,中国法制出版社 1995 年版,第 546 页。

④ 参见〔英〕威廉·韦德:《行政法》,楚建译,中国大百科全书出版社 1997 年版,第 55 页。

⑤ Kenneth Culp Davis, *Discretionary Justice: A Preliminary Inquiry*, University of Illinois Press, 1971, p. 56.

⑥ 参见周佑勇:《裁量基准的正当性问题研究》,载《中国法学》2007 年第 6 期。

⑦ 例如,金华市公安机关依据其发布的裁量基准制度办理治安案件 9120 起,涉及处罚对象 25658 人,未发生一起不服处罚而申请行政复议和诉讼的案件。参见楼启军:《浙江金华全国率先对卖淫嫖娼分类处理 群众欢迎》,载《光明日报》2004 年 2 月 13 日。在金华市之后,深圳市、北京市、广州市公安机关等也都先后出台有关治安处罚自由裁量基准制度。此后,裁量基准制度又从公安领域扩展至工商行政管理、客运等各个领域,如《深圳市工商行政管理局行政处罚自由裁量规则(试行)》(深工商法字〔2005〕16 号)、《南京市城市客运管理类行政处罚自由裁量规则》(宁公法字〔2006〕246 号)。

⑧ 周佑勇:《行政裁量治理研究:一种功能主义的立场》,法律出版社 2008 年版,第 56 页。

从各地的权力清单制度实践来看,普遍存在裁量标准方面的内容,其具体来源有两个方面:一是各级行政机关在履职过程中制发的、以行政规范文件为载体的基准,这也是造成前述规范性文件成为权力清单权源依据的一个原因;二是在编制权力清单过程中专门创设,[①]而借助于权力清单制度的推行,细化、量化行政裁量标准就成为一个便宜路径。权力清单制度蕴含的裁量基准功能,与我国现有由下而上、实践先行的裁量权基准生成路径相一致。安徽省的权力清单则将行政权行使程序即流程再造作为一个核心要素予以明确。显然,在我国缺乏统一行政程序法的背景下,这种程序再造多为规范文件创设,但实践导向非常明确,既要解决行政权行使过程中的问题,同时也要防止权力的任性,实现对权力运作的必要管控。

　　需要注意的是,我们在充分认识到权力清单制度所承载的这种功能主义控权模式的同时,也要高度警惕权力清单制度实践中可能出现的偏颇。正如有学者指出的样,在推行权力清单制度的背景下,人们可以穷尽各种各样的手段将实践中政府及其部门的权力运行的状况与所公布的权力清单进行"对号入座",核实政府及其部门权力行使的规范依据,校对权力运行的流程,从而最大限度地收缩政府及其部门权力运行可能的裁量空间,让权力阳光下运行,预防和遏制权力腐败。[②] 然而权力清单编制是自上而下的,在这个过程中相关信息传递极有可能出现"制度的错误解读",从而将清单之外无权力绝对化。这样一来,就会导致权力清单成为凌驾于法律之上的一套新的运行制度,实际上造成驱除法律规范的后果。此外,地方政府部门在编制权力清单的过程中还有一些共性问题,例如对梳理行政权力的"家底"有所保留,行政职权的主体交叉,部分地方甚至为了追求政绩存在"锦标赛现象",搞权力事项数字游戏,上级部门或地方政府对权力清单缺乏必要的审核,编制程序监督不完善等。[③] 这样的状况会在很大程度上制约权力清单制度功能发挥,必须要引起高度重视和关注。

[①] 例如,党的十八届四中全会通过的《全面推进依法治国的决定》提出,"建立健全行政裁量权基准制度,细化、量化行政裁量标准,规范裁量范围、种类、幅度"。

[②] 参见陈大为:《内在契合:建设法治政府与推行权力清单制度的关系研究》,载《河南社会科学》2020年第1期。

[③] 参见孙彩红:《权力清单制定与实施的逻辑分析与发展路径》,载《中国行政管理》2020年第4期。

三、权力清单制度对整体政府的追求

推行权力清单制度是党的十八大以来简政放权、深化行政体制改革的一项重大举措,是将行政权力"关进制度笼子"的一个探索。由于在西方国家法治建设进程中并无与之相对应的制度,因而权力清单制度在推行之初就面临着正当性质疑。事实上,推行权力清单制度不仅是中华人民共和国成立以来历次国家机构改革的延续,是我国转变政府职能、实现政府职能科学的接续努力,[①]而且也是20世纪90年代以来世界范围内以追求整体政府为目标的政府改革浪潮的重要组成部分。以整体性治理理念为基础的整体政府理论在为权力清单制度奠定正当性基础的同时,也为权力清单制度在实践中不断调适和完善明确了方向。

(一)整体政府理念的兴起

自20世纪80年代以来,随着全球化、信息化和市场化的发展,对基础设施、环境保护、医疗卫生等公共事务应对和处理,传统科层制的行政管理模式及西方"新公共管理"改革方案的局限性日益显露,政府公共服务的碎片化困境逐步凸显。面对社会公共事务功能边界的日渐模糊,层级分明、分工细密的单个政府部门逐渐力不从心,甚至束手无策。在此背景下,一场通过加强纵向中央政府控制力和横向部门间合作与协调,修正传统官僚体制缺陷的"整体政府"革新逐渐兴起。到90年中后期,以"整合和协调"为价值核心的整体性治理改革在世界范围内广泛展开,有学者甚至预言,"整体性治理将会成为21世纪政府改革最显著的特征"[②]。

综合国内外学者有关整体政府理论及实践的论述可以发现,整体政府与碎片政府相对应,强调整体性治理策略在政府治理中的确立与运用,主张"中央和地方政府、地方政府部门间、政府与私人组织、社会团体等联合实施整体战略",具体表现在"治理理念、组织结构、运行机制和服务方式"等方面。在

[①] 《中共中央关于深化党和国家机构改革的决定》提出,"全面推行政府部门权责清单制度,实现权责清单同'三定'规定有机衔接,规范和约束履职行为,让权力在阳光下运行。"

[②] Peter J. Laughame, *Towards Holistic Governance Book Review*, Democratization, 2004. 164.

理念上,要求确立服务政府理念,以满足社会公众的需要为目标,围绕化解民生问题、回应民生关切,不断提升政府提供公共服务的能力和范围;在组织结构上,进行不同层级职能部门或者同一层级内部职权的整合,通过政府、私人部门与非政府组织间的相互支撑,多元兼容,建立起上下、左右、内外联动的权力结构,形成政府、市场和社会共治的合作伙伴关系;在运行机制上,通过横向和纵向的协调,消除政策相互抵触的情况,为公众提供无缝隙而非相互分离的公共服务;在供给方式上,充分运用信息技术为治理手段,为公众方便、快捷、低成本地了解相关信息,获取政府服务提供便利。①

不难看出,整体政府显著区别于我国传统条块分割的行政组织体制和单打独斗式的行政权力作用体系,强调通过横向和纵向的协调,统一思想认识与行动策略,是以最小的投入获得最大产出的政府治理模式。同时,整体政府在不抹杀个性、差异化的同时,强调公共服务的均等化供给,有助于矫正我国经济社会发展中长期存在的地方主义偏颇,较好地契合了我国由偏向行政管理国家向重视公共服务国家的转变,极大地体现了"以人民为中心"的发展理念。可见,整体政府理念对我国开展服务型政府建设、推进政体制改革和完善公共服务体系等,具有重要的启示和指导意义。

（二）权力清单制度的整体政府面向

回溯中华人民共和国成立以来的历次机构改革,无论是冗员裁撤、机构精简,还是转变职能、简政放权,难免陷入机构和人员的"精简—膨胀—再精简—再膨胀"、职能权限"膨胀失调—紧缩调整—再膨胀失调—再紧缩调整"以及权力调整的"下放—上收—再下放—再上收"的恶性循环,都没有能够较好地实现改革的预期目标,究其原因就在于任务型的内容设计、对量化工具的过度偏好和计划性的驱动机制。② 从我国近些年来行政改革实践来看,整体治理理念下的整体政府已经成为我国市场经济条件下行政体制改革的一

---

① 参见丁煌、李雪松:《整体性治理视角下综合行政执法改革的深化之道》,载《南京社会科学》2020年第12期;陈永杰:《迈向整体性治理:十八大以来中国行政审批制度改革的趋势与启示》,载《南方治理评论》2019年第1辑;胡佳:《迈向整体性治理:政府改革的整体性策略及在中国的适用性》,载《南京社会科学》2010年第5期。

② 沈荣华、宋煜萍:《我国地方政府体制改革路径的反思》,载《理论探讨》2009年第4期;汪玉凯:《中国行政管理体制改革30年:思考与展望》,载《党政干部学刊》2008年第1期;竺乾威:《行政审批制度改革:回顾与展望》,载《理论探讨》2015年第6期。

个目标,简政放权、相对集中处罚权和许可权、大部门制、综合行政执法体制改革等,"虽然目标不同、侧重点有别,但是改革已然表现出打破界限、实现功能整合、结构重构和行政系统一体化的整体政府发展趋势"①。从权力清单制度顶层设计及实践展开来看,推行权力清单制度是我国各项改革步入深水区、临近新拐点背景下,在指导思想上告别"工具合理性",在内容上从"碎片政府"走向"整体政府",实现职能科学的一次突围。

首先,整体性治理理念要求政府必须是一个有为有位的有限政府,因此应当尽量减少和避免部门化、专业化管理带来的碎片化,以现代信息技术为工具,充分运用"整合"和"协调"等治理范式,整合政府内部分散在各个部门中的权力和资源,通过作为统一体的政府对外行使统一的行政权力,"解决公共部门和公共服务中日益严重的碎片化问题",避免社会公众在政府部门和公共机构之间"疲于奔命"。② 对此,中共中央办公厅、国务院办公厅印发的《推行权力清单制度的指导意见》明确指出,推行权力清单制度就是要通过对政府部门职责权限的梳理、整合,"深化行政体制改革",推动"政府职能转变",建设"创新政府"。

自 20 世纪 80 年代中期以来,以转变政府职能为内容、以职能科学为目标的机构改革就一直是我国行政体制改革的主题。而源自于基层的权力清单制度改革探索能够得到国家最高决策层的肯定,进而成为全国范围内声势浩大的改革浪潮,其目的就是要以权力清单为载体,通过对政府职责权限的全面梳理,推动政府及其部门职责的整合,促进多元主体共治格局的形成。例如,党的十八届四中全会通过的《全面推进依法治国的决定》将职能科学确立为法治政府的首要内涵,明显区别于以往不问行政职权的"妥适性"、"照单全收式"的政府治理模式。职能科学意味着要在正确把握政府与市场、社会关系的基础上,准确定位政府的角色,明确政府应当承担什么样的职能,并将此作为依法行政的一个前提性问题。而权责法定是职能科学的继续和延伸,即为了保障政府这些职能的充分发挥,应当赋予政府哪些行政职权,需要承担

---

① 王敬波:《面向整体政府的改革与行政主体理论的重塑》,载《中国社会科学》2020 年第 7 期。
② 参见〔挪威〕Tom Christensen:《后新公共管理改革——作为一种新趋势的整体政府》,张丽娜、袁何俊译,载《中国行政管理》2006 年第 9 期;李峰:《整体性治理:应对我国社会组织治理碎片化的新范式》,载《学习与探索》2020 年第 12 期;竺乾威:《从新公共管理到整体性治理》,载《中国行政管理》2008 年第 10 期;刘学平、张文芳:《国内整体性治理研究述评》,载《领导科学》2019 年第 4 期。

何种法律责任。之所以将职能科学明确为法治政府的首要含义,而不是延续2004年《全面推进依法行政实施纲要》中的"合法行政、合理行政",是基于这样一种清醒认识:相较于合法行政、合理行政而言,职能科学更具源头意义和决定作用,只有在厘清政府与市场、国家与社会界限的基础上,科学设定政府职能,合法行政、合理行政才真正具有正当性。然而进入新时代以来,我国政府行政权力过多过大的状况并未有根本的改观,行政权力过多干预,甚至直接插手经济活动的情况仍然较为广泛,这种状况甚至已经严重影响我国经济社会持续健康稳定发展,并成为全面深化改革必须要予以解决的一项重要任务,而推行权力清单制度正是化解这一改革难题的极佳路径。因为推行权力清单制度的核心就是要在尊重市场规律和社会发展自主性的前提下,通过对政府现有职责权限进行摸底排查,"彻底梳理各个政府机构到底掌握哪些职权",并通过"体系化处理"进行优化整合,"改革过去那种政府尝试参与市场规则制定、执行的做法,将社会、市场能做好的事情交还给社会",最大限度地为企业松绑,为市场减负,为市场要素释放活力创造空间。[1] 因此,权力清单制度包含着政府把"该放的权力放开、放彻底,该管的事情管好、管到位","从长远看,权力清单制度将为释放改革红利、激发社会活力、消除市场扭曲提供制度保障"[2]。对于权力清单制度所具有的这种整合政府职能的作用,有关权力清单制度的顶层设计也予以明确肯定。例如,根据《推行权力清单制度的指导意见》,编制权力清单过程中的清权、减权的根本任务就是要对政府部门及职权进行有效整合,通过清理、消减那些依附于政府及其部门的不合时宜、缺乏法定依据的行政职权,在实现政府"瘦身"的同时,"形成边界清晰、分工合理、权责一致、运转高效、依法保障的政府职能体系和科学有效的权力监督、制约、协调机制"。

在治理主体的纵向整合方面,2018年中央编办和国务院法制办联合发布的《完善权责清单制度的指导意见》提出,要以权责清单规范化建设为抓手,一方面"赋予省级及以下政府更多自主权",将"直接面向企业群众、适宜由基

---

[1] 参见杜敏:《推行行政权力清单制度的法理反思与制度完善》,载《江西社会科学》2016年第5期;关保英:《权力清单的行政法价值研究》,载《江汉论坛》2015年第1期;刘同君、李晶晶:《法治政府视野下的权力清单制度分析》,载《法学杂志》2015年第10期。

[2] 程文浩:《国家治理过程中的"可视化"如何实现——权力清单制度的内涵、意义和推进策略》,载《人民论坛·学术前沿》2014年第9期。

层政府行使的行政职权",交由基层政府行使,另一方面要明晰政府"层级间职责边界",实现行政职权"三级同权",即行政职权的"名称、类型、依据、编码等要素在省市县三级的基本一致","同层级政府同一工作部门的行政职权数量基本相近,做到横向可比对、纵向可衔接",同时完善人财物配套保障措施,"确保下放的事项能够接得住管得好"。在多元主体合作共治的横向整合方面,《推行权力清单制度的指导意见》指出,推行权力清单的主要任务之一就是要"把推行权力清单制度与简政放权、政府职能转变等结合起来,形成改革合力"。《完善权责清单制度的指导意见》进一步强调,要"继续清理削减不合时宜的行政职权","通过对行政职权运行开展适时评估","进一步加大放权力度,划清政府与市场、社会的边界",形成治理的合力,"充分发挥权责清单在转变政府职能、深化简政放权、推动政府全面正确履职尽责方面的基础性制度作用"。

其次,整体治理理念要求政府以公众需求为出发点,简化和变革政府机构与社会公众之间的关系,强调政府要确立以顾客为导向的服务理念。在这一理念指导下的整体政府实践就是要通过建立政府体系内部各种横向、纵向的协调机制,整合各部门的政策,消除政府部门间的区隔,为社会公众提供连续无缝隙的高质量的公共服务。① 对此,《推行权力清单制度的指导意见》强调,推行权力清单制度就是要在科学设定政府职能的基础上,以顾客为导向,建设一个为民众服务的"廉洁政府"。

机构臃肿、部门区隔、效率低下,历来就是我国传统行政体制的一个"痼疾"。② 因此,减少政府对社会经济生活的干预、强化政府公共服务职能在十一届三中全会以后就成了历次党代会文件和政府工作报告中的高频词组。其间,有关政府角色和职能定位的提法虽然经历了"正确发挥"政府的"经济管理职能",对企业要以"间接管理为主","提高服务水平",建立"服务型政府"等若干变化,但是建设服务型政府的目标始终如一。例如,党的十二届三中全会提出,"实行政企职责分开,正确发挥政府机构管理经济的职能"。在此基础上,党的十三大报告明确提出,要"使政府对企业由直接管理为主转变到间接管理为主"。党的十五大报告强调,要"建立办事高效、运转协调、行为

---

① 参见周志忍:《整体政府与跨部门协同》,载《中国行政管理》2008年第9期。
② 早在1978年党的十一届三中全会召开前夕,即1978年12月13日,邓小平在中央工作会议闭幕会上发表讲话就指出,"现在,我们的经济管理工作,机构臃肿,层次重叠,手续繁杂,效率极低"。

规范的行政管理体系,提高为人民服务水平",树立为人民服务的理念和价值导向,进一步优化政府权力运行流程,完善权力运行机制,提升政府的服务能力。随着对政府与市场关系认识的不断深化,党的十六大报告将"经济调节、市场监管、社会管理和公共服务"明确为政府基本职能,从而为明晰政府权力的边界奠定了坚实的基础。2006年10月,党的十六届六中全会通过的《关于构建社会主义和谐社会若干重大问题的决定》首次提出"服务型政府"概念,突出政府"公共服务和社会管理职能"的强化。随着服务型政府概念的正式提出,该提法便在此后党代会的报告中得到了坚持和强化。特别是党的十九大报告提出"建设人民满意的服务型政府",强调要通过深化行政体制改革来推进传统政府转型和服务型政府建设,把提高政府的基本公共服务供给能力作为服务型政府的重点内容来建设和推动。而推行权力清单制度,突出其中的"便民性",正是践行服务型政府理念的一个具体努力。在《推行权力清单制度的指导意见》中,"便民"原则贯穿始终,并强调要"按照透明、高效、便民原则","优化权力运行流程","切实减少工作环节","提高行政职权运行的规范化水平"。在此基础上,《完善权责清单制度的指导意见》将"注重强化权责清单制度的便民性"单列,并从三个方面对权责清单的便民原则和服务理念予以落实:一是通过"简化清单内容和形式","提升企业群众改革的获得感";二是以"流程再造"为手段,特别是"编制通用运行流程和服务指南,方便公众使用、查询、监督";三是以数字化为手段,线上线下整合运行,"最大限度地让数据多跑腿,让群众少跑路"①。权力清单制度通过以上的方式提高公共服务的效率和效能,充分展现了整体治理理念下无缝隙政府、高效能政府的要求。正如学者评述的那样,权力清单不是对行政权力运行的某环节进行监控,"而是整个权力运行质量"的提高。②

最后,整体性治理与新公共管理摒弃官僚制的主张不同,强调仍然要以传统官僚等级制为基础,即"按照传统的自上而下的层级结构建立纵向的权

---

① 刘徽:《权责清单时代的整体政府构建——基于江苏实践的分析》,载《行政科学论坛》2017年第4期。例如,江苏省开展的"五张清单、一个平台、七项相关改革"中,权力清单不仅是重要载体,而且还是全省各类改革基础性的权力依据库,既省却各自梳理造成的浪费,又统一权源依据,保障了相关改革的严肃性。

② 参见关保英:《权力清单的行政法价值研究》,载《江汉论坛》2015年第1期。

力线"的同时,"根据新兴的各种网络建立横向的行动线"①。因此,无论是上下级纵向关系的构建还是部门间的横向整合,都需要树立中央权威,"注重政府治理和公共政策权威性、全局性、统一性、联系性"②,通过官僚等级制的控制避免横向间的整合因本位主义的无序竞争造成对中央权威的冲击。按照这一整体性治理思路,有学者从我国行政体制运行实际状况出发,认为"整体性治理应用于我国政府改革的前提是完善传统官僚制,进而在整体性治理指导下发展后官僚制,"但无论是传统官僚制的完善还是后官僚制的发展,都需要"确立法律制度的权威,使行政改革处于制度化和规范化的调节中"③。权力清单制度从自下而上的"自发"探索,到形成顶层设计进而自上而下地全面推进,展示了上级政府对下级政府更多的约束,有助于减少各地方推行权力清单制度的差异性,体现了中央政府对地方政府强有力管控的整体性治理理念。

进入新时代以来,随着我国社会主义改革向纵深推进,各项改革进程也从初期的"摸着石头过河"转向顶层设计指导下的自觉行动。这一变化集中体现在"顶层设计"概念的提出及其有效落实。自党的十七届五中全会提出"顶层设计"概念以来,该名词立即成为党的文件和中央领导讲话中的一个高频词。例如,在党的十七届五中全会后召开的中央经济工作会议就指出,"要加强改革顶层设计,在重点领域和关键环节取得突破"。2012年2月,习近平同志在主持中共中央集体学习时强调,要加强宏观思考,注重改革的系统性、协同性,注重顶层设计。2013年11月,党的十八届三中全会通过的《全面深化改革的决定》强调,要"加强顶层设计和摸着石头过河相结合,整体推进和重点突破相促进"。2018年2月,党的十九届三中全会通过的《中共中央关于深化党和国家机构改革的决定》再次明确,要"优化党中央决策议事协调机构,负责重大工作的顶层设计、总体布局、统筹协调、整体推进"。"顶层设计"概念被反复提及充分体现了新时代改革方针的重大转折,意味着在全面深化改革的实践中,在尊重和发挥地方积极性、创造性的同时,更加注重中央政府

---

① 〔美〕斯蒂芬·戈德史密斯、威廉·D.埃格斯:《网络化治理:公共部门的新形态》,孙迎春译,北京大学出版社2008年版,前言。
② 吴德星:《以整体政府观深化机构和行政体制改革》,载《人民论坛》2018年第1期。
③ 胡佳:《迈向整体性治理:政府改革的整体性策略及在中国的适用性》,载《南京社会科学》2010年第5期。

对地方政府的指导和领导。① 在权力清单制度改革实践中,这样的顶层设计随着改革实践的深入也在逐步完善。例如,《推行权力清单制度的指导意见》在对权力清单制度的基本要求作出规定的基础上,对权力清单中行政职权的分类、行政职权依据的梳理方式、清单的构成要素、清单的编制流程等作出了统一规定。然而由于该意见并未明确权力清单与责任清单的关系,造成了权力清单制度实践中有关权力清单与责任清单关系的不同模式,如在权力清单中嵌入有关责任事项而不独立设置责任清单的依附型权责清单、权力清单和责任清单共存于一张表单的一体型权责清单、权力清单和责任分别单列的独立型权责清单等。② 显然,权力清单与责任清单的不同设置模式不仅反映了各地在认识上的混乱,而且也极大地影响了权力清单制度的权威性和内在功能的发挥。基于此,《完善权责清单制度的指导意见》明确要求,各地要"对权力清单和责任清单进行统筹设计,加快推进两单融合","着力解决权力清单和责任清单'两张皮'的问题","实现'一单两表'"。显然,中央层面及时推出并不断完善权力清单制度的顶层设计,不仅有助于统一全国各地方开展权力清单制度实践,维护权力清单制度的刚性,同时也限制了地方政府在开展权力清单制度过程中自主探索的空间,在避免地方创新探索的组织成本和试错成本的同时,"最大限度地排除了创新方案可能遇到的制度约束和法律风险",有效避免了地方主义、部门主义抬头和碎片化倾向。③

(三)权力清单制度与整体政府间的张力及其缓解

从根本上说,整体治理理念指导下的整体政府改革是对新公共管理模式下碎片政府和部门主义极度扩张作出的回应,是对政府部门间过度强调竞争性而忽略合作协调的及时修正,其重点就是要从结构性分权、机构裁减和设立单一职能的机构转向"以整合公共资源、强化部门合作、优化公共服务效

---

① 有学者直接指出,"顶层设计"的提出,意味着地方政府的改革决策权限逐渐被上收,地方政府自主探索的空间和幅度明显被压缩了。参见郁建兴、黄飚:《当代中国地方政府创新的新进展——兼论纵向政府关系的重构》,载《政治学研究》2017年第5期。

② 参见刘启川:《独立型责任清单的内部构造与实践——基于31个省级政府部门责任清单实践的观察》,载《中外法学》2018年第2期。

③ 参见郁建兴、黄飚:《当代中国地方政府创新的新进展——兼论纵向政府关系的重构》,载《政治学研究》2017年第5期。

能"为主要内涵的"整体政府"。① 实际上,权力清单制度在实践中展现整体政府面向的同时,在某些方面与之也不乏抵牾之处,甚至还有固化"碎片化"的倾向。这说明权力清单制度的顶层设计及其实践过程中与整体治理理念在某些方面可能存在一定程度的偏差,同时也意味着依照整体性治理理念,进一步完善权力清单制度设计和改革实践,仍然存在较大的空间。

首先,权力清单制度对权责法定原则的坚守在一定程度上与整体政府倡导的政府职能"整合""优化"难免冲突。

从法治国家、法治政府、法治社会一体建设的逻辑来看,推行权力清单制度,是我国长期以来坚持依法行政,建设法治政府的一项重要制度创新,目的是要全面落实依法行政原则,通过明确政府的权力及其边界,形成"边界清晰、分工合理、权责一致、运转高效、依法保障的政府职能体系"。因此,权力清单制度的改革实践必须坚持权责法定这一底线,践行并全面落实法无授权不可为、法定职责必须为的法治理念。显然,在中国特色社会主义法律体系已经初步形成的背景下,无论是对行政权力进行形式上的梳理、清理、审核,还是实质性的优化、调整、定性等,都应当在现行法律体系中完成。即使是必要的"清权"或者"减权",也需要以现行法律、法规、规章为依据,并按照法定程序展开。然而权力清单制度除了承载着行政法治建设目标外,还担负着"深化行政体制改革""推进国家治理体系和治理能力现代化建设"这一更高层次的改革任务和使命。因此,在编制权力清单时如果仅仅满足于对现有法律体系中的法定行政职权进行机械的"拷贝"和"复述",或是在现行法律体系内通过"小修小补"的方式整合行政权力,是无法达到塑造面向治理体系和治理能力现代化所要求的"好政府"的目标的。"好政府"意味着要超越"大政府""小政府"的极化思维,以充分发挥市场在资源配置中的决定性作用为目标,以多元主体参与合作共治为手段,着力解决政府干预过多和监管不到位问题。这就需要在政府权力整合和重构的基础上,通过转变政府职能和运作方式,对现行法律体系中不合理的成分进行变革,以改变政府过度干预社会生活和市场行为、碎片化倾向严重等方面的问题。如此一来,权力清单制度所追求的"合法性"与"最佳性"这两个目标之间的矛盾冲突不可避免:合法性

---

① 参见曾维和:《"整体政府"论——西方政府改革的新趋向》,载《国外社会科学》2009年第2期;李景春、李成虎:《整体政府理念下深化我国行政体制改革的再思考》,载《广西社会科学》2017年第1期。

表明,权力清单制度必须尊重既有法律体系所确立的行政权力的配置格局,而最佳性则要求跳出现行法律体系的约束,从建设整体政府出发,通过对政府部门行政权力深度清理、统合和重构,实现政府各部门行政权力的重新洗牌和科学配置。①

对于权力清单制度内涵的这一矛盾冲突,《推行权力清单制度的指导意见》已经有所触及并确立了基本原则和操作底线:"对虽有法定依据但不符合全面深化改革要求和经济社会发展需要的,法定依据相互冲突矛盾的,调整对象消失、多年不发生管理行为的行政职权,应及时提出取消或调整的建议"。"提出取消或调整的建议"表明,在编制权力清单时,在观念上可以不必拘泥于"形式法治"的束缚,而是按照"实质法治"、良好治理的精神进行行政职权的梳理、清理和审核;但是在操作上仍然要坚持形式合法的要求,对于不符合实质法治或者良好治理需要的行政职权,只能按照法定程序报由有权机关来取消或调整,编制机关绝不可越俎代庖。然而由于《推行权力清单制度的指导意见》只是在清单编制环节提出了"实质法治"、良好治理的要求,并且缺乏刚性约束机制,因而无法保证其在权力清单制度实践的全过程中得到全面有效落实,甚至不能消除不同地方"各自为政"的局面。此外,鉴于现代行政与社会治理的高度复杂性,特别是随着2015年《立法法》修改后地方主体的"扩容",作为一个整体的政府职责和权力边界客观上呈现为经常性的调整变化过程之中,而权力清单通过明确政府权力类型及其界限,进而实现对政府权力限制的同时,实际也是以某种程度地牺牲政府作为一个整体在管理和服务方面的应变能力为代价的。虽然《推行权力清单制度的指导意见》将建立健全权力清单动态管理机制明确为权力清单制度的重要内容,并强调要根据法律立改废释情况"及时调整权力清单"的要求,不少地方甚至还出台动态调整的专门制度,②从而在一定程度上有助于缓解这一矛盾,但是其实施效果并不十分显著,以至于后来的《完善权责清单制度的指导意见》将"不断完善权责清单动态管理机制"单列,并要求各地积极"探索实行实时调整和定期集中调整相结合"的机制。不难看出,权力清单制度遭遇的这一矛盾和冲突实际上是成文法背景下所固有的,也是权力清单制度作为政府层面的一项改革举

---

① 参见朱新力、余军:《行政法视域下权力清单制度的重构》,载《中国社会科学》2018年第4期。
② 如《山东省行政权力清单动态管理办法》(鲁政办字〔2015〕81号)、《山西省政府部门权责清单动态管理办法》(晋政发〔2016〕35号)。

措所无法避免的。因此,为了充分发挥权力清单制度整合优化政府职能的作用,同时又不突破合法性底线,在推行权力清单制度的过程中,地方政府及其有关部门应当从法律实施和行政体制改革的实际出发,通过有组织有计划地开展法律实施效果评估,[①]及时掌握和反映法律实施效果及具体状况,为定期或不定期调整权力清单提供建议和意见,进而为有权机关进行法律规范的立改废释奠定坚实的基础。

其次,权力清单制度实践中一定程度上存在的责任清单滞后脱节问题淡化了整体政府对"责任感"的要求。

"整体性治理最重要的是责任感。"[②]然而,由于对权力清单制度内涵与外延认识不够明确,在推行权力清单制度初期,普遍存在权力清单与责任清单衔接不畅甚至脱节问题,许多地方在编制权力清单时并未同时展开制定责任清单的工作,权责清单未能实现同步设置。例如,在 2014 年 12 月 26 日公布的《江苏省人民政府关于印发江苏省政府各部门行政权力事项清单的通知》中,就不涉及行政权力对应的责任,更没有提及责任清单。《推行权力清单制度的指导意见》虽然规定,要按照权责一致的原则一体推进责任清单与权力清单工作,强调"在建立权力清单的同时,要按照权责一致的原则,逐一厘清与行政职权相对应的责任事项,建立责任清单,明确责任主体,健全问责机制",但由于该指导意见过于简单、原则,使得各地陆续编制并公开发布的责任清单仍然存在较大差异。即使《完善权责清单制度的指导意见》明确要求通过"一表两单"方式消除权力清单与责任清单"两张皮"的问题,权责清单脱节的情况仍未有根本改观。例如,"江苏政务服务"网公布的"政府部门权责清单"中,依然采取"行政权力事项清单"和"政府部门责任清单"分列的方式。又如,打开"浙江政务服务网"发现,政务服务清单同收费清单、中介清单和其他清单并列展示;而点开"政务服务清单"后,又呈现权责清单与依申请权力事项清单、通办事项清单、马上办事项清单、跑零次清单、联办事项清单、最多

---

① 例如,根据江苏省依法治省办公室的通知要求,2020 年全省 13 个地级市统一开展法律实施效果评估,并就环境法律规范的实施效果形成专门评估报告。各地评估报告需统一报送省依法治省办公室。到了 2021 年,法律实施效果的评估为针对《中华人民共和国安全生产法》的实施情况。实际上,修改后的《行政处罚法》第 15 条也有类似规定,"国务院部门和省、自治区、直辖市人民政府及其有关部门应当定期组织评估行政处罚的实施情况和必要性,对不适当的行政处罚事项及种类、罚款数额等,应当提出修改或者废止的建议。"由此可见,政府开展法律实施效果将逐渐成为一种常态。

② 唐兴盛:《政府"碎片化":问题、根源与治理路径》,载《北京行政学院学报》2014 年第 5 期。

跑一次清单、省级公共服务事项清单、一证通办清单等并存的局面。① 显然，这样一种类别化编排是为了方便公众迅速找到"目标项"，避免出现办事人员进入政务服务网站即陷入"大海捞针"的局面。问题是，对政务服务的这种细分具有一定的专业性、技术性，由于绝大多数社会公众并不熟悉政务服务这种细分方式，因而实际效果可能适得其反。

从实践来看，由于权力清单以行政行为类型化为基础，注重对具体行政行为及那些对行政相对人的权利义务产生直接影响的行政权力进行列举，责任清单侧重于行政主体应履行的主要职责，包括对政府部门之间、层级之间的管理和标准制定等宏观管理权限，且更注重履行职责的分工、明确交叉重叠职责的主体责任，②这在客观上造成了权力清单与责任清单衔接上的障碍和不同模式，需要在比较分析的基础上择优确定最优的模式。从实践中权责清单的几种模式来看，独立型责任清单能够将两者的内容完整地呈现出来，但是这样的安排又会造成将"缺乏法律明文规定"但"在实际工作过程中迫切需要的权力"排除在清单之外，③并且也无法反映行政职权所具有的权责"一体两面"的特点，从而造成权力与责任不能有效对应和衔接，权责一体的要求无法得到充分实现。实际上，在权力清单和责任清单分立的情形下，相对人为了解同一职权的权力事项和责任事项需查阅两份不同的清单，既会给查阅造成极大的不便，也徒增成本。而在依附型责任清单模式下，虽然"在权力清单中嵌入有关责任的部分事项"，但是既不全面亦不完整，因而这种"具有偷工减料之嫌"的做法不仅有悖于责任政府的基本要求，亦不符合整体政府的观念。相对而言，一体型责任清单模式虽不像"独立型"那样存在完全分立的权力清单与责任清单，但依然存在"两单"的外观，无疑有助于责任清单要素的完整吸纳和展开。因此尽管权力清单与责任清单"在法律性质上存在重大差异"，但由于"一体型"权责清单并非要抹杀权力清单与责任清单的差异或者将两者予以混同，而是针对实践中存在的权力清单和责任清单脱节、"两张皮"的状况，以"简明实用"为导向，通过"两单融合"实现"权责匹配"。对此，

---

① http://www.zjzwfw.gov.cn/zjservice/item/ygzw/detail.do? webId=1,2020 年 12 月 20 日访问。
② 参见《关于开展省级部门权力事项责任清单编制工作的通知》（苏审改发〔2014〕31 号）；浙江省机构编制委员会办公室编：《浙江省推行权力清单制度资料汇编》，2014 年 9 月。
③ 参见周海源：《行政权力清单制度深化改革的方法论指引》，载《政治与法律》2019 年第 6 期。

《完善权责清单制度的指导意见》作了非常清晰的说明:"按照权力责任相对应的原则,在权力清单基础上,进一步梳理、明晰、界定与行政职权事项相对应的责任事项,逐项明确责任主体、问责依据、追责情形及免责情形等,实现'一表两单'。"

最后,权力清单制度中对政府部门的过度强调与整体政府所倡导的政府间的纵向控制和横向协调难免产生抵牾。

如前所述,行政权力部门化、部门权力利益化是我国行政体制改革面临的一个痛点、难点,所谓改革要"壮士断腕""刀刃向内"等,实际上是要彻底告别我国过去单纯以权力精简为主的单一改革,向行政体制系统性、结构变革转变。也就是说,有关改革的总体方案要从政府整体层面上进行构思,通过"组织目标、组织结构、组织运行和组织服务"全方位变革,强化现代信息技术的运用,构建一个以公民需求为导向、以公共服务为理念、以部门协作为基础的整体性政府。遗憾的是,从权力清单制度早期的实践探索来看,地方政府甚至是地方政府部门是进行权力清单制度改革的发动者、实施者,这样一种改革生成方式在一定程度上也造成了权力清单制度顶层设计的路径依赖,使得地方政府尤其是地方政府部门成了权力清单制度实践中的"主角",在清权、减权、制权等核心环节,各级地方政府职能部门往往居于支配地位,这种状况甚至在《完善权责清单制度的指导意见》中仍未得到改观。[①] 尽管从法治政府建设实践来看,地方政府部门作为丰富多彩的行政职权最直接的操盘者,由其直接担纲清权、减权、制权等权力清单编制活动具有一定的合理性、针对性,但是倚重分散独立的政府部门是难以超越部门利益的,而期望以此落实"功能整合"的整体政府要求,进而建立起一盘棋的整体政府是不切实际的。相反,在一定程度上可能还会强化地方政府部门主义的碎片化倾向。

需要指出的是,有关权力清单制度的顶层设计在强调政府工作部门作用的同时,也对地方政府的角色作出了规定,如"制定统一规范的分类标准,明确梳理的政策要求","制定本地区推行权力清单制度工作方案,明确工作步骤,细化政策措施,认真研究部署"等,并强调对政府部门编制的权力清单要"逐条逐项进行合法性、合理性和必要性审查"等,甚至《完善权责清单制度的

---

① 例如,《完善权责清单制度的指导意见》第1条强调,"省(区、市)政府各部门分别牵头梳理本系统省市县三级权力事项的标准清单,再纳入各级政府部门权责清单体系运行"。

指导意见》还提出要"加强统筹谋划",强化中央对地方权责清单制度改革的指导等。然而由于这些规定既不触及同级政府部门间的横向关系,也没有对不同层级政府部门间的纵向关系给予必要的关注,更没有明确对整体政府履行职责予以通盘考虑的要求,因而在落实整体政府理念、消除政府碎片化、部门化等问题方面,作用极其有限。可见,权力清单制度顶层设计的推出,虽然有助于统一全国各地权力清单制度实践,但是对政府部门的过度强调,使得该项改革在实体层面上整合部门权力显得力不从心,而突出权责清单对于行政职权的程序梳理、流程再造则会带来柳暗花明。对此,《完善权责清单制度的指导意见》将以便民为目标的流程再造确立为权责清单改革实践的一个重点,提出"以服务为导向,对权责清单进行梳理,提炼出与企业群众关系最密切的行政职权事项,并相应编制简明易懂的运行流程和服务指南。内容相似相近的行政职权可编制通用运行流程和服务指南,方便公众使用、查询和监督。有条件的地方可探索按行政职权的业务流程或行政相对人的办事流程编制清单"。从各地权力清单制度的实践来看,日益重视办事流程梳理和程序再造,以统合特定领域分散在各个部门的权力,进而为将办理某一业务所涉及的多部门权力进行相对集中或其他形式的整合提供了可能。例如,江苏省在推行权力清单制度实践中,进行了两方面的探索:一是在重点领域变部门主导为流程主导,形成行政审批的标准化链条;二是在具有叫合并内容方面变串联为并联,形成联合审工作机制。①浙江省则以群众眼里的"一件事"为标准来整合部门窗口为综合窗口,"倒逼部门优化办事流程,精简办理材料,缩短办事时间",实现政府部门从"各自为战"向"协同作战"转变、行使"行政权力"向承担"行政责任"转变。② 这样做的实际效果无疑能在一定程度上化解政府的碎片化程度,体现对整体政府的追求。站在相对人角度,这种整体性体验更加直观:无论什么类型的行政权力,都代表着政府,都要简便高效地为老百姓办事服务,都要置于社会公众的监督之下。

---

① 参见刘徵:《权责清单时代的整体政府构建——基于江苏实践的分析》,载《行政科学论坛》2017年第4期。

② 参见《浙江:重要理念是体现"整体政府"概念》,http://www.gov.cn/xinwen/2018-07/25/content_5309204.htm,2020年12月4日访问。

第三章

权力清单制度的回应性

自20世纪90年代中期以来,以简政放权、行政审批制度改革为核心的我国行政改革一直在持续发力。如果说,通过行政许可立法在源头上规范、控制行政许可权的出口,那么自进入21世纪以后,全国各地根据国务院的统一布置,在加强行政权力规范、透明运行的改革过程中,普遍开展行政审批权的清理,并根据本地经济社会发展状况,直接将法律法规设定的一些行政许可事项"挂起"即"暂时不再使用",①从而将行政审批制度改革的重心从源头上控制行政审批权的"增量"转向对行政审批事项"存量"的精简。在这一改革取得初步成效的基础上,瞄准行政职权存量的改革即权力清单制度应运而生。从逻辑上看,从行政审批事项的清理到推行权力清单制度改革,深刻揭示了在确立了"让市场在资源配置中发挥决定性作用、更好地发挥政府作用"这一改革目标之下,对"存量"行政职权的清理已经从行政审批这个单一类型拓展至各个行政领域,即不仅仅行政审批权,而且各种类型的行政职权,只要与"让市场在资源配置中发挥决定性作用、更好地发挥政府作用"相抵牾,都应当"挂起"而"暂时不再使用"。就此而言,推行权力清单制度不仅具有充分的法学理论基础,而且深刻体现了我国市场化改革的现实逻辑,是我国面向从管理型行政向治理型行政,从"全能政府"、碎片政府向有限政府、整体政府转变的一次努力突围。而这种突围充分展现了我国法治政府建设扎根中国大地、回应中国社会主义法治国家建设实践需求的政治品格和时代特色。

一、回应型法与中国法治发展

经历了改革开放40多年的发展,我国社会主义法律体系已经初步形成,社会主要矛盾也发生了深刻的变化,如何解决发展不平衡、不充分的问题,不仅事关人民群众对美好生活需要的满足,而且也对社会主义法治建设提出了挑战:如果社会主义法治建设不能有效促进社会均衡发展,充分保障社会公众平等地享有改革开放的成果,那么不仅说明其在社会治理方面的作用极其

---

① 参见熊樟林:《权力挂起:行政组织法的新变式?》,载《中国法学》2018年第1期。

有限,而且也很难获得社会公众的内心认同,维护法律的权威就将成为一句空话。因此,社会主义法治建设必须从中国社会发展的实际状况出发,积极关注、主动回应改革实践中出现的矛盾和问题,积极满足社会公众的合理诉求,才能赢得人们的认可和尊重,法律的权威才能真正确立。作为一种典型的"中国创造",权力清单制度在西方法学话语和制度实践中均不存在与之相对应的概念、理论和制度。然而,从权力清单制度的缘起背景和实践展开来看,一定程度上可以说是我国在经历百年未有之大变局,面对错综复杂的国际环境带来的新矛盾新挑战而展开的一种回应性法律变革,其与伯克利学派所提出的"回应型法"这一概念及其意涵具有相通性,很大程度上契合了回应型法的理论主张。

（一）回应型法的意涵

"回应"一词在政治学话语中是指权力主体基于不同利益主体的诉求之平衡而采取的观点或行动举措的统称。作为一种学术主张,回应型法理论产生于20世纪50、60年代的美国。其时,一方面越南战争失败导致美国政府面临严重信任危机,侵蚀国家统治的正当性基础,另一方面经济发展、社会转型使得社会两极分化严重,环境问题、种族主义等社会矛盾持续激化,民众需求亟需满足。正是在这样动荡不安的社会环境下,美国法学界从关注社会现实矛盾出发,以化解社会问题为目标的新的研究范式即法社会学派逐渐产生并发达起来,形成了规范主义和科学主义两种范型。其中,伯克利学派从化解"形式理性化危机"出发,提出了回应型法理论,并成为社会法学派的规范主义代表。

作为伯克利学派的旗手,诺内特和塞尔兹尼克两位教授认为,从法律发展的脉络来看,社会上存在"压制型法""自治型法"和"回应型法"等三种法律现象。压制型法的标志是法律机构被动地、机会主义地适应社会政治环境。自治型法是对这种不加区别的开放性的一种反动。它首要关注的是保持机构或制度的完整性。为了这个目的,法律自我隔离,狭窄地界定自己的责任,并接受作为完整性的代价的一种盲目的形式主义。[①] 与之不同的是,作为法

---

① 〔美〕P.诺内特、P.塞尔兹尼克:《转变中的法律与社会:迈向回应型法》,张志铭译,中国政法大学出版社2004年版,第85页。

律发展和改革方向的回应型法,力图缓解压制型法的开放性与自治型法的完整性之间的紧张关系,正如诺内特等所说的那样,"我们之所以称之为回应的而不是开放的或适应的,以表明一种负责任的,因而是有区别、有选择的适应的能力。一个回应的机构仍然把握着为其完整性所必不可少的东西,同时它考虑在其所处环境中各种新的力量。为了做到这一点,它依靠各种方法使完整性和开放性恰恰在发生冲突时相互支撑。"压制型法、自治型法和回应型法并非固定的,而存在相互移动、彼此渗透的可能。在诺内特和塞尔兹尼克看来,不管何类型的法律都是"凝固的非正义",都内在地包含着"压制的可能性",并且无法根除,正是法律这种内在的压制性才是导致合法性危机的罪魁祸首。① 因此,回应型法虽然不能绝对根除压制性,但是却可以最大限度地减少这种压制性因素。具体来说就是,回应型法作为调整社会关系的一个能动工具,注重法律体系的开放性,充分发挥法律机构的能动性和认知能力,并将其有机地结合起来,从而可以极大地减少法律的压制性成分。这样,"回应性"就成了回应型法存在的合法性依据,成为解决社会问题的最佳选择。可见,回应型法"是要使法律不拘泥于形式主义和仪式性","通过理论和实践相结合进一步探究法律、政策中所蕴含的社会公认准则(价值)"。按照回应型法的主张,"制度有必要由目的来引导。目的能够设立批判既存的规章制度的基准,并据此开拓出变革之路。同时,如果真心实意地贯彻目的,那么目的也自然可以制约行政裁量,从而也可以缓和制度屈服于社会压力的危险。"②这就是说,法律必须要努力适应社会情势的变化和经济社会的发展需要,不断锻造解决社会问题的新机制和能力,在满足社会需求的同时,推动法律本身的不断发展和持续进化。而法律自身的发展,也会带动整个社会法治环境逐步形成和日益优化,推动法治国家、法治政府和法治社会的建设。

  回应型法与压制型法、自治型法之间的区别还表现在法律与政治的关系方面。在压制型法中,"法律与政治紧密结合",法律从属于权力政治,是柔顺

---

① 参见〔美〕P.诺内特、P.塞尔兹尼克:《转变中的法律与社会:迈向回应型法》,张志铭译,中国政法大学出版社 2004 年版,第 85、29 页。
② 据此,季卫东先生将回应型法概括为以下四个特征:在法律推理中目的的权威得以加强;目的可以缓解和服从法律的义务;使法制更具有开放性和弹性,从而促进法制的改革和变化;法律目的的权威性和法律秩序的整合性来自更有效率的法律制度的设计。参见季卫东:《社会变革的法律模式》(代译序),载 P.诺内特、P.塞尔兹尼克:《转变中的法律与社会:迈向回应型法》,张志铭译,中国政法大学出版社 2004 年版,第 Ⅵ 页。

的工具,国家的政治权力很容易对法律机构施以直接的影响,使法律直接成为国家意志的表达和国家利益的代表。自治型法遵循分权之理念,强调"政治意志与法律裁判的分离","法律被抬到了政治'之上'","法官自身在寻求正统性时也强调和颂扬其独具特色的非政治的功能"①。因为"过于强调法律制度的自治性和完整性,在实践中容易引发对现存秩序的挑战和批判,实际上可能非但不利于实现通过法律的社会治理,反而容易引发压制的反弹,进而损害法律的权威"②。基于此,回应型法所追求的政治与法律的理想模式应当是法律愿望和政治愿望的一体化,即行政权与司法权的混合、政治与法律的混合,两者"各自独立又有限融合"的共治状态。③ 在这样的状态下,法律在保持积极回应社会关切、解决社会问题的同时,自身也能够得以不断发展和持续完善,并在推动社会秩序形成的过程中积极发挥作用,提振法律的尊严,重塑法律的权威。

(二)中国法治实践的回应性

作为一种法律现实主义,回应型法强调法律要"更多地回应社会需要",为此必须扩大"法律相关因素的范围",以保证法律规范和法律推理能够更好地关注行政机构所处的社会环境因素和社会效果。④ 从当代中国法治建设的进程来看,1978 年党的十一届三中全会决定恢复社会主义法治建设,本身就是对"文化大革命"反思的一个结果。此后 40 多年来我国法治建设的每一次推进和取得的伟大成就,在很大程度上也是秉持这种主动、开放、参与的心态,积极回应波澜壮阔的伟大改革实践的结果。

党的十一届三中全会奏响改革开放号角的同时,也确立了法制建设的基本方针。而这一深刻认识就是建立在对"文革"的深刻反思上,并通过要"人治"还是"法治"的社会大讨论才得以确立起来的。随着我国社会主义法制建设逐步深入,人们逐步认识到,"法制"和"法治"尽管只是一字之差,但是含义却迥然不同:法制注重静态的法律制度体系建设,与政治制度、经济制度、文

---

① 〔美〕P.诺内特、P.塞尔兹尼克:《转变中的法律与社会:迈向回应型法》,张志铭译,中国政法大学出版社 2004 年版,第 57、63、65 页。
② 刘静坤:《回应型法与法治的构建》,载《人民法院报》2013 年 10 月 25 日。
③ 参见〔美〕P.诺内特、P.塞尔兹尼克:《转变中的法律与社会:迈向回应型法》,张志铭译,中国政法大学出版社 2004 年版,第 57、63、65、126 页。
④ 同上书,第 73 页。

化制度等相对应,突出强调通过单行法律、法规、规章等元素构建起完整的制度体系。法治外延不仅包含静态的法律制度体系,而且关注立法、司法、行政执法及守法等动态的活动和过程,不仅注重法律体系内部关系的和谐与自洽,而且还蕴含着公平、正义、人权保障等目标,具有鲜明的价值导向和追求,强调通过对公权力的限制实现对私权利的保障等,因而是一种治国的理念、原则和方法。正因为法治内含这种价值目标和追求,早在1996年3月第八届全国人民代表大会第四次会议批准的《中华人民共和国国民经济和社会发展"九五"计划和2010年远景目标纲要》,我国就开始用"法治"代替"法制"。此后,党的十四届六中全会、十五大报告均使用"法治"概念,并确立了"依法治国,建设社会主义法治国家"的目标,这一目标又通过修宪程序写进宪法文本,从而将法治国家建设由执政党意志通过法定的程序变成了国家意志。[①]

　　随着社会主义法治国家建设进程的推进,依法行政的理论和实践也取得了长足的进展。在依法治国,建设社会主义法治国家写进宪法文本后,国务院于1999年年底召开了全面推进依法行政工作会议,通过了《国务院关于全面推进依法行政的决定》,明确认识到依法行政是依法治国的重点和关键。到了2004年,国务院颁布的《全面推进依法行政实施纲要》正式提出要在中国建设法治政府目标,但仍然从依法行政的角度定义法治政府的内涵和要求,即"合法行政、合理行政、程序正当、高效便民、诚实守信、权责统一"。到了党的十八大,特别是党的十八届四中全会,不仅再次明确提出建设法治政府的时间表,而且修正了法治政府建设的基本内涵,既突出"职能科学"这个前提性要求,同时强调"权责法定、执法严明、公开公正、廉洁高效、守法诚信",充分彰显了要让市场在资源配置中发挥决定性作用这个前提和基础之上,更好地发挥政府作用的理念,同时也表明,职能科学在依法行政和法治政府建设中具有源头意义。经过十多年法治政府建设的艰苦努力,中共中央、国务院在2021年8月印发的《法治政府建设实施纲要(2021—2025年)》中进一步明确,"全面建设职能科学、权责法定、执法严明、公开公正、智能高效、廉洁诚信、人民满意的法治政府",通过赋予法治政府新内涵,"为全面建设社会主义

[①] 我国改革开放之后,就已提出要健全社会主义"法制",但直到1999年九届全国人大二次会议上,才将建设"法治国家"写进了宪法。一字之差,却争议了二十年。对于这一艰辛的转变过程,有学者用"二十年改一字"来描述。参见李步云、黎青:《从"法制"到"法治"二十年改一字——建国以来法学界重大事件研究(26)》,载《法学》1999年第7期。

现代化国家、实现中华民族伟大复兴的中国梦提供有力法治保障"。

回应型法作为对现实法治实践的学术回应,其所蕴含的消弭积极主动的行政权与消极被动的司法权以及特定社会发展阶段的政治与法律的紧张关系,对于思考和化解我国当下法治建设进程中所面临的法律与社会现实脱节的矛盾,解释我国法治实践中的制度创新也具有重要启发。例如,2008年以来世界范围内的金融危机对我国经济社会带来了一定冲击,为此我国政府采取了一系列的政策措施"保增长""保民生""保稳定",在此背景下最高人民法院提出了"能动司法"这个具有中国特色的司法概念,引发了理论界和实务界巨大争论,褒贬不一。从学理上看,"能动司法"有背离形式法治之可能,但实务界之所以给予更多赞誉,是因为从实质上看到了"能动司法"对现实法治实践和实质正义的有效回应。正如有学者在讨论中国特色社会主义法治道路时所强调的那样,"走什么样的法治道路、建设什么样的法治国家,归根到底是由这个国家的基本国情决定的。中国有着其不同于别国的历史经历、人文传统、自然地理资源禀赋、独特的发展阶段、源远流长的法治文明等实际情况",中国特色的法治建设道路必须回应我国这种特殊国情,"要从我国这些实际出发,既不能罔顾国情、超越阶段,也不能因循守旧、墨守成规"[①]。归结为一句话就是,中国的法治建设必须植根于中国大地,回应法治实践的重大理论关切和现实需求,"必须从国家治理的实际需求出发,在法治建设或具体实践中贯彻实用主义精神"[②],蹚出一条具有自身特色的发展道路。

(三)作为回应型法的权力清单制度

权力清单制度作为我国法治建设实践中的一项制度创新,本质上是顺应我国经济社会发展的客观要求的产物,是对我国社会主义法治建设进入新时代特别是法治政府面临的新任务、新要求、新目标的积极回应。为了全面揭

---

① 徐显明、张文显、李林:《中国特色社会主义法治道路如何走?——三位法学家的对话》,载《求是》2015年第5期。

② 顾培东:《当代中国法治共识的形成及法治再启蒙》,载《法学研究》2017年第1期。该学者指出,我国作为法治建设后发国家,特别是在全球化背景下,我国法治建设难免具有"超越式"特点,即要在"短短的几十年中,走完其他国家数百年甚至更长时间走过的路程",而这种"超越式"发展所带来的"历时性与共时性"之间的矛盾,意味着我国法治建设既要解决当代法治建设普遍面临的现代性问题,又要解决西方国家过去几十年甚至上百年面对的前现代或后现代问题。这种状况和问题,都迫使我国法治无法仿效或追求某种既有的或理想的法治模式。

示权力清单制度的这种回应性本质,以下将分别从对权力清单制度自身发展完善的回应、对推动我国社会主义法律体系建设的回应,以及对我国行政法学理论基础积极探索的回应等三个层面,立体展示权力清单制度的回应性本质。

首先,权力清单制度的回应性表现在其内涵的反思性和对该项改革实践的积极回应。作为一项制度创新,权力清单制度并无现成的经验、固有的模式,因此权力清单构成要素有哪些、实践中怎样展开等,需要在实践中不断探索和逐步完善。事实上,权力清单制度改革之所以能够在基层法治实践中自发缘起,并从星星之火迅速发展成燎原之势,全国各地纷纷进行探索,进而成为我国简政放权、深化行政审批制度改革大局的一个重要组成部分,本身就是对鲜活的法治实践积极回应的结果。例如,权力清单制度在河北的萌芽出土,起因就是为实现公权力的公开透明运行,以减少和避免权力徇私舞弊和对社会经济活动的不当干预;而权力清单制度在全国范围内被广泛接受并积极主动开展探索,同样是出于对行政权力边界不清、缺乏公开透明的运行流程之考虑。而从权力清单制度的顶层设计来看,自中办、国办在2015年推出《推行权力清单制度的指导意见》"1.0版"后,随着这项改革实践的全面展开,面对权力清单制度在改革实践中取得的新经验、面临的新问题,中央编办、国务院法制办在2018年又公布了《完善权责清单制度的指导意见》,对权力清单制度改革方案进行"升级"改造和有针对性的完善细化。例如,针对权力清单制度实践中存在的权力清单构成要素地区间的差异、同级政府部门行政职权数量的悬殊等,《完善权责清单制度的指导意见》明确提出"推进权责清单标准化规范化建设"的新要求,强调在同一省(区、市)范围内"同一行政职权事项在省市县三级的名称、类型、依据、编码等要素基本一致,同层级政府同一工作部门的行政职权数量基本相近";在权力清单的构成要素方面,要求"做到行政职权的行使主体、事项、依据、流程、岗位、责任明确"。对于权力清单制度实践中存在的权力与责任不对称,甚至一定程度脱节的现象,《完善权责清单制度的指导意见》提出了"一表两单"的解决方案,要求在推行权力清单制度的过程中做到"行政职权的行使主体与责任的承担主体相统一"。

除了及时总结、主动回应权力清单制度实践过程中积累的新经验、面临的新问题外,高度重视人民群众的主体地位、充分发挥人民群众对权力清单的编制及实施的积极性和创造性,进而对编制权力清单的过程进行有效的监督,也是权力清单制度回应性的一个表征。通常说来,编制权力清单的过程本质上就是严格"按照职权法定原则、依法律法规审核确认"行政职权,对于编制主体而言裁量的空间并不大或者说基本不存在。然而,由于这一过程中实质上具有对法律法规进行解释、予以明确细化的特质,因此《推行权力清单制度的指导意见》仍然强调,对权力来源依据要严格审查,"在审查过程中,要广泛听取基层、专家学者和社会公众的意见"。权力清单制度的编制实践也是如此,例如国务院部门审批权力清单中,在每一项审批之下都设置了向社会征求意见机制,公众可在网上以投票方式选择"保留""取消"或"下放"并说明理由。① 各地方政府在公布权力清单时,也都经历了几上几下,以及公开征求社会公众意见的程序。

权力清单制度的推行,在为政府部门划定权力边界的同时,也向权力服务对象作了全方位的公开公布,进而为每项权力符合实体和程序正义地运行提供了保证。例如,《浙江省人民政府关于全面开展政府职权清理推行权力清单制度的通知》(浙政发〔2014〕8号)指出,要"在组织相关职能部门开展审核基础上,邀请人大代表、政协委员、专家学者等参与审核。同时,要建立社会参与机制,拓宽公众参与渠道,对于群众和企业反映强烈的权力事项,应通过座谈会、论证会等方式充分征求意见,进一步凝聚各方共识,形成改革合力"。而江苏省在编制权力清单的"内部环节"中,建立起了切实回应基层实践的"三报三审三回制",②以提升清权、减权、制权行为的可操作性与合理性。从政府层面来看,权力清单是对政府部门及其工作人员权力的一种自我约束,最大限度地减少了权力运行的弹性范围;从公众参与的层面来看,权力清单制度是对公众参与政府管理的一种权利承诺,对于公民进行"合法参与"提供了制度性保障。可见,推行权力清单制度不仅有助于强化国家公职人员的

---

① 参见中国行政管理学会课题组:《权责清单制定中的难题与对策》,载《中国行政管理》2017年第7期。

② 具体为:省级部门开展职权清理和履职分析,上报职权清理资料;省编委办征求市县政府、专家意见,研究汇总后反馈省级部门,这是"一报一回";省级部门根据"一回"反馈意见对需要调整的权力事项等研究提出补充答复意见,再次上报清理资料,省编委办同监察、法制、政策研究等部门开展审核,并召开人大代表、政协委员和基层代表、有关专家等参加的座谈会、论证会,充分听取各方意见,研究汇总后再次反馈省级部门,这是"二报二回";省级部门对反馈的重点事项和问题进行研究,进一步调整完善相关资料,第三次上报清理资料,由省法制办开展权力事项合法性审查,逐项提出合法性审查意见,省编委办研究后形成部门权力清单报省政府核准,省政府核准后,各部门通过门户网站等载体向社会公布权力清单和权力运行流程,这是"三报三回"。

法律素养和法治意识,重塑政府组织机构的法治化基础,而且还能培养和锻炼社会公众参与法治的习惯,从而实现政府与公众参与的有序互动。

其次,权力清单制度的回应性表现在对不断完善我国社会主义法律制度体系、不断提高立法质量的有效回应上。党的十一届三中全会以来,特别是进入21世纪以后,我国立法工作有了长足发展,中国特色社会主义法律体系已经初步形成。然而由于改革开放40多年来我国社会经济基础经历了从计划经济到商品经济,再到市场经济的根本变化,即使是对于社会主义市场经济体制,认识上也经历了从20世纪90年代初的"从计划多一点还是市场多一点,不是社会主义与资本主义的本质区别",到党的十五大提出"使市场在国家宏观调控下对资源配置起基础性作用",再到党的十八届三中全会确立"使市场在资源配置中发挥决定性作用和更好发挥政府作用"的深刻变化,而作为政治上层建筑重要组成部分的法律制度难免打上时代的烙印。因此在制度层面上如何坚守合法性底线,"调和"我国在不同历史时期颁行的法律规范,既要维护我国社会主义法律体系的完整、统一,又保障我国社会主义法律体系能够准确反映我国社会经济基础发生的深刻变化,满足人民群众不断增长的权利意识和利益诉求,就成了我国社会主义法治建设无法回避的一个现实问题。

正是对我国法治建设这一客观状况的清醒认识,习近平总书记在2013年2月23日主持十八届中央政治局第四次集体学习时指出,"人民群众对立法的期盼,已经不是有没有,而是好不好、管用不管用、能不能解决实际问题;不是什么法都能治国,不是什么法都能治好国;越是强调法治,越是要提高立法质量。这些话是有道理的。"他强调,"我们要完善立法规划,突出立法重点,坚持立改废并举,提高立法科学化、民主化水平,提高法律的针对性、及时性、系统性。要完善立法工作机制和程序,扩大公众有序参与,充分听取各方面意见,使法律准确反映经济社会发展要求,更好协调利益关系,发挥立法的引领和推动作用。"在此思想的指导下,党的十八届四中全会通过的《全面推进依法治国的决定》明确指出,"法律是治国之重器,良法是善治之前提。建设中国特色社会主义法治体系,必须坚持立法先行,发挥立法的引领和推动作用,抓住提高立法质量这个关键",强调"要把公正、公平、公开原则贯穿立法全过程,完善立法体制机制,坚持立改废释并举,增强法律法规的及时性、系统性、针对性、有效性。"党的十九大报告进一步强调,"推进科学立法、民主立法、依法立法,以良法促进发展、保障善治。"这些论述不仅是对社会主义立法理论一次非常重要的丰富和发展,反映了我们党立法认识论的一次巨大飞跃,而且对我国现实的法治建设实践,尤其是法治政府建设提出了新的更高要求。从这个角度来看,推行权力清单制度就是要立足我国法治政府建设的实际状况,着眼于职能科学的根本要求,通过"清权""减权""制权"等方式对我国现行有效的法律制度体系进行的一个全面梳理和"体检",对政府行政职权进行有效的"清理、调整",对"没有法定依据、不符合全面深化改革要求和经济社会发展需要的"行政职权"及时取消",对"调整对象消失、多年不发生管理行为的行政职权""及时提出取消或调整的建议"等,以积极回应我国社会主义法治发展要求。对此,本章第二部分将从功能主义的视角,对权力清单制度所具有的这种补充合法性审查的功能进行专门探讨。

最后,权力清单制度的回应性还表现为对我国行政法学理论基础研究的积极回应。"所谓行政法的理论基础是指能够揭示行政法所赖以存在的基础,并用以解释各种行政法现象以及指导行政法学研究和行政法制建设的最基本理论。"[1]自20世纪80年代我国恢复行政法学学科以来,围绕着行政法学理论基础的讨论,产生了"管理论""控权论""平衡论""公共利益本位论""政府法治论"等多种代表性的学说主张,学界对于行政法理论基础问题的这种讨论和争鸣,对推动我国行政法学理论研究的繁荣、促进我国行政法治建设产生了重大意义。正如有学者评说的那样,行政法理论基础作为行政法基础理论的重要组成部分,尤其是作为行政法基础理论中"最基本或普遍性"的内容,它"通过对行政法的法理、法哲学研究为行政法培植强大的理论根系,也对行政法学具体理论提供指导和标明方向"[2],"标志着我国行政法学已冲破传统的规范分析,正在走向理性思维的发展阶段"[3]。毫无疑问,我国行政法学界提出行政法理论基础这个极具中国特色的原创性命题,以及对行政法理论基础是什么展开积极讨论,正是对我国法治建设面临的实际问题,尤其是在我国具体场景下如何有效开展行政法治建设进行积极思考的一个产物。因此,在行政法学理论基础诸种学说中,何者才是最契合我国经济社会发展和法治建设实践需要的学说?显然,对该问题的回答不仅要对行政法学理论

---

[1] 周佑勇:《行政法理论基础诸说的整合、反思与定位》,载《法律科学》1999年第2期。
[2] 杨海坤、章志远:《中国特色政府法治论研究》,法律出版社2008年版,第77页。
[3] 周佑勇:《行政法理论基础诸说的整合、反思与定位》,载《法律科学》1999年第2期。

基础诸种学说进行分析、比较和整合,更为重要的是要回到中国法治建设的客观进程中去选择和解释。因为对于我国这样一个有着数千年封建专制历史、缺乏"治官控权"传统的国家而言,以规范和控制行政权为核心的行政法及其相关理论在很大程度上是舶来品,因此要让现代行政法治理论和思想在我国生根开花结果,就必须要回到中国法治建设的实践中去。有关行政理论基础的任何一种学说,必须在充分汲取其他不同学说主张养分的基础上,尽快实现本土化,方才具有理论价值和生命力。从这个角度看,我国行政法治实践中开展的权力清单制度改革,一定程度上打开了行政法学基础理论与现实实践沟通的渠道,使得我国法治建设特别是法治政府建设面临的新问题、新挑战能够借助于权力清单制度传递到行政法学基本理论体系的内部,推动行政法基本理论研究予以关注,进行思考,作出回应。对此,本章将在第三部分进行详细讨论。

二、权力清单制度补充合法性审查的功能

法制统一不仅是我国宪法确立的一项基本原则,也是建设社会主义法治国家、法治政府和法治社会的前提和基础。从我国单一制国家结构形式的内在要求和维护社会主义法制统一的客观需要出发,五届全国人大五次会议通过的1982年《宪法》就已经初步建立起了中国特色的合法性审查制度,后经历次宪法修正案及《立法法》的颁行,逐步形成了中国特色的合法性审查制度。我国合法性审查制度主要有两个方面:一是批准生效,包括民族区域自治地方的自治条例和单行条例,报全国人大常委会或省级地方人大常委会批准后生效;设区的市的地方性法规,报省或自治区的人大常委会批准后生效。批准生效是一种"未雨绸缪式"的预防性审查,借助于该种审查方式,上级人大常委会能在很大程度将不符合宪法和上位法具体规定或基本精神的法律规范"扼杀在摇篮"之中。二是备案审查,即行政法规、地方性法规、自治条例、单行条例和规章等,都要依法提请全国人大常委会或者国务院存档、备查,其适用范围极其广泛。根据《宪法》及《立法法》的规定,除了全国人大及其常委会制定的法律外,其他法律规范必须在其公布后30日内提请备案,可见备案审查并不与法律规范的效力直接挂钩,是一种事后审查方式。两者共同构成了我国法规体系合法性的"保险装置"。

(一)合法性审查补充机制确立的依据

从我国社会主义法治建设实践来看,我国合法性审查机制远没有调适至最佳状态。一个基本的事实是,现行宪法颁行以来,未见关于任何自治条例或单行条例、设区的市的地方性法规报批后未获批准的公开报道。当然我们也不能据此就否认批准生效制度的价值,因为在地方立法实践中,批准程序往往被提前展开了。如同人民法院在审理疑难复杂案件时会在裁判前先向上级法院汇报寻求指示的实践逻辑那样,对于地方立法中可能涉及上位法的解释或者存在较多争议的地方性法规草案,地方人大常委会往往会在提交表决前先向上级人大常委会报告。获得"首肯"后,再提交表决。例如,2016年南京市人大常委会启动对2000年制定的《南京市清真食品管理条例》的修改程序,从而引发了对该条例调整对象是否属于设区的市立法事项范围的争议。其间,该市人大常委会法工委先后请示江苏省人大常委会法工委和全国人大常委会法工委,得到清真食品的监督管理可以归属于"城乡建设与管理"的肯定答复后,条例的修订程序才得以继续。在这里,南京市人大常委会修订条例的行为是否符合《立法法》对设区的市的立法权限规定,实际上在立法过程中就已经完成了合法性审查。而江苏省扬州市人大常委会对违法建设防控查处的立法活动则提供了对设区的市的地方性法规具体条款的合法性进行审查的例子。根据媒体公开报道的信息,该市人民政府早在2016年11月24日就在官方网站公布了《扬州市违法建设防控和查处条例(征求意见稿)》,次年5月市八届人大常委会二次会议对该条例草案进行了初次审议,但此后便再无此条例的相关信息。经了解得知,在条例初审后,省人大常委会认为该条例草案对处于在建状态的违法建设的处理规定缺乏上位法依据且涉嫌与上位法精神相抵触,而市人大常委会认为该条款恰恰是面向违法建设防控实践需要的一个"亮点",是防控违法建设的关键性举措,若是删除将极大减损该地方立法的价值。这样一来,该条例立法程序就被"暂时搁置"了。从这两个事例可以看出,在地方立法实践中,应该有相当数量的法律规范实际上已经通过立法过程中的汇报、请示等体现了上级批准机关的意志。由于这些地方立法的批准程序已经提前进行,后续的报请批准自然就"一路绿灯"了。将批准程序前移并不违背批准生效的法律规定,而且还具有直接、便宜的比较优势。不过,近年来全国人大常委会法工委日益频繁发布纠正地方违法立法的督办函表明,批准生效这种合法性审查过滤机制的作用远远没有得到有效发挥。①

相比较而言,备案审查制度的规范化建设一直受到高度重视。例如,国务院在1990年颁布的《法规规章备案规定》基础上,2001年出台了《法规规章备案条例》,不仅明确了"维护社会主义法制的统一,加强对法规、规章的监督"的备案审查的宗旨,而且对备案审查的强度、对备案审查发现问题的处理等作出了明确规定。2004年全国人大常委会还在法制工作委员会内设立法规备案审查室,专司备案审查工作,从而为全国人大常委会履行备案审查职责提供服务保障。在这样的制度安排和组织建设的推动下,备案审查制度也取得了不俗的成绩。② 与此同时,备案审查制度"柔性化"趋势也应该引起高度关注。根据《立法法》第97条的规定,全国人大常委会、国务院、地方人大及其常委会通过备案审查制度,有权撤销与上位法相抵触的国务院行政法规、民族自治地方的自治条例和单行条例以及地方性法规、规章等。然而无论是在《立法法》颁行前后,全国人大常委会都没有对违反上位法的地方性法规直接予以撤销,而只是提出纠正意见、督促自行修改或废止等,③甚至在地方人大常委会对全国人大常委会督促纠正的意见进行推诿搪塞、拒绝修改时,亦未启动撤销程序。④

---

① 例如,全国人大常委会法工委2017年连发"三道金牌",要求有关地方对"以审计结果结算"条款、"超生即辞退"条款、"著名商标"条款等违法的地方立法进行纠正;2018年年底,全国人大常委会法工委又指出有关地方道路交通管理方面的地方立法存在限制或减损公民权利或者增加公民义务、违法增加制裁性强制措施等问题。这些地方性法规有相当一部分是经省、自治区人大常委会批准的设区的市的地方性法规。参见沈春耀:《全国人民代表大会常务委员会法制工作委员会关于2018年备案审查工作情况的报告》,载《中国人大》2019年第3期。

② 例如,从1998年至2006年上半年,全国共审查地方性法规、规章和规范性文件约15000件,对其中的1296件进行了重点审查,对存在问题的328件进行了不同方式的处理。2018年全国各地仅仅是对生态环境保护方面的法规、规章、司法解释和规范性文件备案审查时,就发现存在问题、需要研究处理的法规共1029件,其中已修改514件、废止83件,还有432件已列入立法工作计划。参见《备案监督成效逐步显现》,http://www.gov.cn/ztzl/yfxz/content_374171.htm,2018年12月30日访问。

③ 参见1990年3月28日彭冲副委员长在第七届全国人民代表大会第三次会议上、1997年3月10日田纪云副委员长在第八届全国人民代表大会第五次会议上、2013年3月8日吴邦国委员长在第十二届全国人民代表大会第一次会议上所作的《全国人民代表大会常务委员会工作报告》,分别载《中华人民共和国全国人民代表大会常务委员会公报》1990年第2期、1997年第2期、2013年第2期。

④ 参见郭林茂:《规范性文件备案审查的现状和建议》,载尹中卿主编:《人大研究文萃》(第4卷),中国法制出版社2004年版,第247页以下。

可见，我国现行合法性审查机制在发挥积极作用的同时也存在着不到位等情况，无论是事前批准还是事后备案，在进行合法性"过滤"的同时，难免也有"失灵"现象发生。这种状况尽管在很大限度是操作层面的因素造成的，与制度设计本身无涉，但是它的存在客观上亦有损我国社会主义法制统一原则的落实，表明我国合法性审查制度存在空转的情况。因此，如何尽可能地减少乃至避免这种情况的发生，尤其通过建立补充性审查机制来消解合法性审查机制空转所带来的立法方面的问题，就成了推进我国社会主义法治建设必须要面对的一个重要的实践课题。

权力清单制度开始于基层治理实践的创造，①其核心就是要对行政机关的行政职权"分门别类进行全面彻底梳理，逐项列明设定依据，汇总形成部门行政职权目录"，并"按照职权法定原则，对现有行政职权进行清理、调整"。也就是说，要对与行政职权有关的全部法律规范进行甄别和排序，并运用文义解释和逻辑分析的方法对法律规范逐条进行研读和评判。显然，无论是甄别、排序还是研读、评判，均蕴含着以上位法为依据对下位法的规定进行合法性判断。以浙江省为例，该省早在2014年3月就率先发布《浙江省人民政府关于全面开展政府职权清理推行权力清单制度的通知》，②对开展权力清单制度实践进行了布置。该通知将职权法定确立为权力清单制度的首要原则，强调"政府的行政权力来源于法律法规规章的规定。没有法律法规规章依据、现实中却在行使的行政权力，要纳入重点清理范围"。显然，要能够发现并清理缺乏法律规范依据的行政权力，不仅要对法律法规规章进行"拉毯式"集中排查，而且当出现某项行政权力同时具有不同位阶法律规范的依据时，清单在列举权力依据时就需要对不同位阶的法律规范进行比对和选择。通过这种比对和选择，进而对行政职权的权源依据、职权定性予以明确，很大限度上也能化解行政法治实践中的规范冲突，这在功能上与合法性审查并无差异。

---

① 最早见诸报道的权力清单实践是河北邯郸纪委，后逐步被其他地方接受。例如，浙江省省级部门职责清理在2013年年底就已先行开展，并于2014年6月向社会公布了部门权力清单。安徽、江苏两省也在2014年年底陆续向社会公布了省级人民政府组成部门的权力清单。从时间上看，这三张省级政府工作部门的权力清单明显早于中办、国办发布的《推行权力清单制度的指导意见》。

② 从该通知的内容来看，其对推行权力清单制度的部署并未超出次年中办、国办印发的《推行权力清单制度的指导意见》，甚至可以说，后者是对前者的肯定并在全国范围内予以推广。

不仅如此,《推行权力清单制度的指导意见》还明确,推行权力清单制度最根本的任务是要"在梳理权力、履职分析的基础上,按照职权法定、转变政府职能和简政放权的要求,对现有权力研究提出取消、转移、下放、整合、严管、加强等调整意见"。该规定实际上已经超出了形式法治的含义,要求对具有明确规范依据的行政职权也要进行分析和研判,进而按照实质合法的要求提出具体意见和结论。

权力清单制度蕴含的补充合法性审查的功能,进而追求实质合法的价值取向体现了功能主义控权模式的要求,反映了从消极行政向积极行政转变的基本面向。正如学者指出的那样,当下"福利国家、保护国家、助长行政、给付行政等新颖之国家目的观及行政作用论被接受,行政机能遂呈几何数之曾繁多涉,行政之自我肯定与其主动、积极及弹性化之要求,日形迫切,旧日依法行政之内涵不得不与时俱转,而作相当的修正"[①]。也正是看到了这种现象,英国当代公法学者马丁·洛克林强调,"公法中的功能主义风格更容易契合于当代的法律经验"[②]。美国学者诺内特、塞尔兹尼克从法律发展的角度也表达了类似的看法。他们认为,从纵向来看,可以将法区分为"压制型法""自治型法"和"回应型法"等三种类型,而从压制型法经历自治型法,再迈向回应型法是法律发展的内在规律,社会转型期对法律权威的质疑恰恰反映了压制型法向自治型法和回应型法迈进的实际状况。因为以功能主义为理论基础的回应型法强调,法律应当在明确的目的导向下"更多地回应社会需要",进而为全部社会活动奠定合法性基础。[③] 当下,我国改革大业正步入深水区,法治政府建设已进入决胜期,这种重大社会变革无疑对法治建设提出了新的要求和期待。而推行权力清单制度,实现从形式合法到实质合法的飞跃,正是面向伟大改革实践需要的积极回应之举。

权力清单制度承载的补充合法性审查的功能首先回应了我国社会主义法治建设的新要求。我国当代社会主义法治建设的起点是 1978 年召开的党

---

① 城仲模:《行政法之基础理论》,三民书局 1999 年版,第 5 页。
② 〔英〕马丁·洛克林:《公法与政治理论》,郑戈译,商务印书馆 2013 年版,第 343 页。
③ 参见〔美〕P. 诺内特、P. 塞尔兹尼克:《转变中的法律与社会——迈向回应型法》,张志铭译,中国政法大学出版社 2004 年版,第 16—18、81 页。

的十一届三中全会,这与改革开放的基本国策是同步展开的。40年前,"有法可依"不仅是我国社会主义法制建设"十六字方针"的基本内容,更是整个社会主义法治建设的起点。将"有法可依"确立为我国法治建设的起点,不仅体现了思想解放大讨论引发的我国社会治理从人治向法治的全面转型,同时也表明,经历了中华人民共和国成立后数十年"左"倾思潮的影响,我国社会主义法制建设不得不面对"无法无天"的严峻现实。这样,建章立制,实现法律规范从"无"到有就成为我国新时期法治建设的起点和重点。"有法"意味着对法律规范数量的追求,不关注或较少关注法之良莠。此后,经过近20年的社会发展和对法治建设的孜孜追求,不仅法治观念日益深入人心,而且对于法治的认识也发生了质的飞跃。1997年召开的党的第十五次全国代表大会确立了"依法治国,建设社会主义法治国家"的基本方略,并提出"加强立法工作,提高立法质量,到2010年形成有中国特色社会主义法律体系"这个法治建设的阶段性目标。从"法制"到"法治"一字之差,不仅意味着我国法治建设的指导思想从"用法来治"到"依法而治"的质的飞跃,而且也将法治建设的起点从"有法"这种量的扩张提升至"良法"这种质的追求,即在实现法律规范量的积累的基础上,更加注重单个法律规范的品质和法律体系的和谐统一,即从形式法治质变为实质法治,进而形成了以"科学立法"为起点的我国社会主义法治建设新的"十六字方针"。从追求"有法可依"到注重"科学立法"也意味着我国社会主义法治建设流程的延展和前溯,折射出法治建设从对法律实施的高度关注,拓展至更具源头意义的立法活动,突出了通过科学的立法活动,输出具有高品质的立法产品这样一个法治建设"上游"问题的基础性地位。而要实现科学立法,进而提供一套高质量的法律规范体系,不仅需要科学、民主和完备的立法程序作保障,同时亦需仰仗行之有效的合法性审查机制倒逼作用的发挥。

　　权力清单制度承载的补充合法性审查的功能在很大程度上也满足了我国简政放权改革实践的新期待。党的十八届四中全会通过的《全面推进依法治国的决定》指出,"实现立法和改革决策相衔接,做到重大改革于法有据、立法主动适应改革和经济社会发展需要",这是新时期改革创新和法治关系的根本遵循,同时也给合法性审查提出了新课题、新期待。我国改革开放40多年的经验告诉我们,无论是20世纪70年代试水联产承包责任制还是80年代尝试实行国有土地使用权有偿转让,都是源自鲜活的改革实践探索,而这种探索难免会遭遇法律制度的"天花板"。今天,面对复杂的社会关系和深层次的利益纠葛,全面深化改革就是要敢于改变现状并有所突破,这就必然会造成部分地方立法基于实践的需要而有"逸出"上位法管控的冲动,在"制造"合法性审查新议题的同时,也对合法性审查的标准提出了挑战。例如,2018年11月30日,浙江省第十三届人大常委会第七次会议审议通过的《浙江省保障"最多跑一次"改革规定》第14条规定了"告知承诺制"的内容,①这与《行政许可法》第32条和第38条要求的申请材料齐全并依据法定的条件和标准作出许可决定的规定明显抵触。该省人大常委会之所以如此"大胆"地作出一个在形式上违反上位法的规定,其"底气"无疑源自于对简政放权、深化行政审批制度改革这种实质合法的把握。② 无独有偶,为了推进美丽乡村建设,着力解决"看得见的管不着、管得着的看不见"这一行政监管领域的突出问题,江苏省南通市人大常委会从农村普遍存在畜禽养殖的现状出发,拟在《南通市畜禽养殖污染防治条例(草案)》中直接赋予乡镇人民政府环境保护方面的行政处罚权。该草案于2018年年底提交市人大常委会审议过程中,有委员以该规定与当时《行政处罚法》第20条"行政处罚由违法行为发生地的县级以上地方人民政府具有行政处罚权的行政机关管辖。法律、行政法规另有规定的除

---

① 该条第1款为:"除直接涉及公共安全、金融安全、生态环境保护以及直接关系人身健康、生命财产安全的外,能够通过事中事后监管达到行政许可条件且不会产生严重后果的行政许可事项(包括事项的部分许可条件,下同),行政机关可以按照国家规定实行行政许可告知承诺制,申请人按照要求书面承诺达到行政许可条件的,行政机关可以先行作出行政许可决定。"

② 事实上,在深化改革进程中,在经济和社会领域"放手"让地方立法作些突破实际上是全国人大常委会默许、甚至是"鼓励"的。例如,2015年《中华人民共和国大气污染防治法》(修订草案)中曾规定:"省、自治区、直辖市人民政府根据本行政区域大气污染防治的需要和机动车排放污染状况,可以规定限制、禁止机动车通行的类型、排放控制区域和时间。"但部分常委会组成人员在审议中认为,限制机动车通行涉及公民财产权的行使,应当慎重;授权省、自治区、直辖市人民政府规定限制机动车通行,范围太大,会影响流通,分割统一市场。法律委员会经研究,考虑到限制机动车通行的社会成本高,群众反响大,可以不在本法中普遍授权实施,由地方根据具体情况在地方性法规中规定。参见《全国人民代表大会法律委员会关于〈中华人民共和国大气污染防治法〉(修订草案)审议结果的报告》,载《中华人民共和国全国人民代表大会常务委员会公报》2015年第5期。

外"的规定相抵触为由,要求予以修改。① 可见,在推进行政执法主体下沉、实行扁平化的社会管理体制改革过程中,是从形式合法要求出发,坚守 20 多年前行政处罚法设定的规则,还是面向改革实践要求,着眼于实质合法的追求,创新行政执法体制和机制,不仅是我国地方立法面临的一大挑战,②同时也给合法性审查提出了新期待,需要合法性审查不仅要在机制层面作出反应,而且还要在观念层面进行革命性变革。

(二) 权力清单制度补充合法性审查的原理

推行权力清单制度最直接的目的是对行政权的规范和控制,这种控制除了传统意义上的实体控权和程序控权外,还是面向简政放权改革实践需要的"自我革命"。正是这种刀刃向内的"自我革命",彰显了权力清单制度追求实质法治的价值,并成为我国合法性审查制度的补充。

从《推行权力清单制度的指导意见》及各地实践来看,权力清单制度本身不是合法性审查,但是由于其体现了对实质法治的追求,并在推行过程中产生了合法性审查之"附随效果",因而构成了面向我国社会主义法治建设实践要求的合法性审查补充机制。事实上,除了功能相似外,权力清单制度在实施主体、审查方式、介入时机和结果宣告等方面均有别于批准生效、备案审查等合法性审查机制。

首先,从实施主体看,权力清单制度是政府及其部门发动和推动的,其本质上是"行政自制规范",是"现代行政法的自制风格的控权"③,这与立法机关主导下的合法性审查机制存在本质的差异。尽管我们主张合法性审查主体

---

① 值得注意的是,2019 年 1 月底中共中央办公厅、国务院办公厅印发的《关于推进基层整合审批服务执法力量的实施意见》明确提出,"推进行政执法权限和力量向基层延伸和下沉,强化乡镇和街道的统一指挥和统筹协调职责。整合现有站所、分局执法力量和资源,组建统一的综合行政执法机构,按照有关法律规定相对集中行使行政处罚权,以乡镇和街道名义开展执法工作,并接受有关县级主管部门的业务指导和监督,逐步实现基层一支队伍管执法。"可见,行政执法权限下沉至乡镇基层是我国行政执法体制改革的一个趋势,而行政处罚权的集中行使仍然要遵循法律的规定。

② 这种挑战实际上一直伴随着我国改革开放和社会主义法治建设始终。例如,在 20 世纪 90 年代,为了鼓励特区同志积极探索,打消他们的顾虑,乔石委员长就提出:"经济特区立法如果碰到与全国性法律、法规不协调或相矛盾的情况,地方可以主动提出来商议。如果确实需要,中央可以通过司法解释,通过一定的手续,使之合法化。"《乔石谈民主与法制》(下),人民出版社、中国长安出版社 2012 年版,第 347 页。

③ 喻少如、张运昊:《权力清单宜定性为行政自制规范》,载《法学》2016 年第 7 期。

并不必然以具有相应的规范解释权为前提,①但是合法性审查主体必须是法定的国家机关应当是毋庸置疑的。根据我国《立法法》第97条的规定,合法性审查主体限于依法享有法律、法规及规章制定权的立法机关,因此权力清单的编制主体并不能涉足严格意义上的合法性审查。也就是说,权力清单制度本身并不是合法性审查机制的有机组成部分,但是推行权力清单制度能产生甄别法律规范合法性的实际效果,尤其是对实质法治的追求,不仅与合法性审查的效果相当,即在功能上发挥着合法性审查补充机制的作用,而且能够积极回应丰富法治实践的现实需求,提升法治化建设水平。

其次,从审查方式看,权力清单制度是通过对行政职权的梳理和清理,间接地对行政职权的规范依据进行甄别,而不能直接对法律规范进行合法性审查、判断。无论是"批准生效"还是"备案审查"都是以上位法为依据,对法律规范展开的直接审查,我国行政诉讼及行政复议中的规范性文件"附带审查",也是直接针对规范本身展开的。而权力清单制度则是以"对现有行政职权进行清理、调整"为抓手,"顺藤摸瓜"地追溯其规范依据,并对这些规范依据进行审查和甄别。正因为如此,《推行权力清单制度的指导意见》强调"要把推行权力清单制度与简政放权、政府职能转变等结合起来"。可见,推行权力清单制度的首要目的不是也不可能是合法性审查,合法性审查只是该制度实施的一个"附随效果"。

再次,从介入时机看,权力清单制度是对实施过程中的法律规范进行的

---

① 有论者指出,审查机关应当具有相应的解释权才能开展相应的合法性审查,因而省、自治区人大常委会只能依据各自的省级地方性法规对设区的市的地方性法规进行合法性审查,不得依据法律对提请备案的法律规范进行审查。参见胡锦光:《论法规备案审查与合宪性审查的关系》,载《华东政法大学学报》2018年第4期。我们认为,这种对合法性审查的狭义理解虽不乏法理方面的依据,但与我国合法性审查的具体规定不符,也与我国合法性审查的实践相悖。以设区的市的地方性法规的合法性审查为例,《宪法》及《立法法》虽没有明确合法性审查的具体依据和要求,但是均强调地方立法不得与宪法、法律、行政法规和省级地方性法规相抵触。试想,如果设区的市的地方性法规与宪法、法律或者行政法规相抵触,省、自治区人大常委会如何能够无视这一状况而予以批准?事实上,合法性审查的外延是广泛的,省、自治区人大常委会囿于立法权限的限制虽不能直接对设区的市的地方性法规与法律是否一致进行明确宣告,但是完全可以通过不批准、督促自行修改或废止等"柔性"方式来表达合法性审查的结果。一个相似的例子是我国《行政诉讼法》第63条规定的"参照规章"。按照全国人大常委会副委员长王汉斌在该法草案说明中的解释,个案审理中的人民法院虽没有对规章进行合法性审查的职权,也没有解释法律、行政法规的权力,但"参照规章"的规定意味着人民法院完全可以通过"灵活处理"的方式将其审查认为"不符合或不完全符合法律、行政法规原则精神的规章"排除在裁判被诉行政行为合法性依据的范围之外。就此而言,"参照规章"也具有补充合法性审查的功能。

一次集中整理和清理,并通过动态调整机制持续发力。如前所述,批准生效、备案审查等合法性审查机制作用的时机是在法律规范生效前或公布之初,具有即时性、分散性等特点,而权力清单制度是在我国行政审批制度改革取得显著成效基础上实施的又一项重大行政改革举措,担负着形式合法和实质合法两方面的补充审查任务。从形式合法的角度看,权力清单是对逃逸合法性审查机制的法律规范的"再审查",以化解或补充正式合法性审查机制失灵的现象;从实质合法的角度看,权力清单制度从缓解法律规范的稳定性和社会现实变动性之间的紧张关系出发,通过试错或建议,来推动科学立法进而提升社会主义法律体系的整体品质。

最后,从结果宣告看,权力清单制度并不能对法律规范合法与否进行宣告,甚至对与上位法不一致的法律规范效力也不产生即时影响。在合法性审查机制中,批准生效能够直接中止立法程序,"不批准"意味着即使是立法机关已经表决通过的法律规范也不能公布实施;备案审查则通过直接赋予审查机关的撤销权而终止有关法律规范的效力。而权力清单制度虽然也产生合法性审查的效果,但却不能像正式的合法性审查机制那样,对不具有合法性的法律规范不予批准或予以撤销。对此,《推行权力清单制度的指导意见》明确规定,对于行政职权"法定依据相互冲突矛盾的,调整对象消失、多年不发生管理行为的行政职权",行政机关只能向有关立法机关"及时提出取消或调整的建议"而不能"擅自行动"。

(三)权力清单制度补充合法性审查的时机

"补充"意味着权力清单制度所蕴含的合法性审查功能必须在充分"尊重"合法性审查正式机制的前提下才能被"激活",绝不可僭越或越俎代庖。这就是说,在合法性审查功能发挥上,批准生效、备案审查等是"第一顺序",而权力清单制度是"第二顺序";批准生效、备案审查等是"显性的",而权力清单制度是"隐性的";批准生效、备案审查等是目的导向明确的合法性审查机制,而权力清单制度只是功能上发挥了与合法性审查相当的作用。从我国法治建设的实践来看,权力清单制度主要在以下四种情形下对合法性审查进行补充:

第一,合法性审查机制"不及"时的补充审查。我国合法性审查制度具有明显的时间刚性。根据《立法法》第72条和第98条的规定,省级人大常委会须在报请批准后四个月内完成对设区的市的地方性法规的审查批准程序,法规、规章应当在公布之日起 30 日内提请法定机关备案。相关立法尽管未对备案机关在多长的时间限度内完成备案程序作出具体规定,但是面对源源不断报备的法律规范,备案机关若不能在合理的时间内完成备案审查程序,不仅会造成合法性审查"久拖不决"的状况,而且也难以真正有效地完成备案审查的任务。事实上,自 1982 年《宪法》颁行以后,地方立法权主体经历了多次扩容,特别是 2015 年 3 月修改后的《立法法》普遍赋予了设区的市人大及其常委会、设区的市人民政府地方立法权。中央和地方分享立法权限以及地方立法权主体的扩容,一方面体现了我国经济社会发展区域不平衡的客观状况和社会主义法治建设的客观要求,从而在保障中央集中统一领导下,能够充分调动和发挥地方的积极性,另一方面,立法权主体的增加也意味着立法活动更加分散,增加了下位法与上位法抵触的风险和合法性审查的任务。因此,如何应对立法权主体的扩容而带来的因立法权分散、立法主体良莠不齐可能造成的立法质量下降,尤其是违法立法现象,就成为关乎我国社会主义法制统一和社会主义法治建设成败的关键问题。① 显然,无论《宪法》还是《立法法》在创设我国合法性审查机制时都是建立在立法权相对集中,尤其是立法权主体层级相对较高基础上的,而立法权主体的不断扩容实际上在一定程度上打破了合法性审查机制设定时的平衡状态。因此,如何在短时间内适应地方立法主体迅速扩容带来的合法性挑战,就成为我国法治建设必须要高度重视的问题。而在保持现行合法性审查体制相对稳定的前提下,在法治建设实践中创新权力清单制度这种合法性审查的补充机制,可以在一定程度上消解地方立法权主体扩容对现行合法性审查机制带来的挑战,避免地方立法逾越"不抵触"这个底线。

第二,合法性审查机制"虚置"时的补充审查。如前所述,尽管我国确立起了较为完善的合法性审查机制,但囿于主客观等因素的制约,合法性审查的防线也常常被突破。在此情况下,就可以通过权力清单制度,将这些逃逸合法性审查之网的法律规范所设定的行政职权排斥在清单之外,以实现对合法性审查的补充。例如,2012 年最高人民法院在第 5 号指导案例裁判要旨中明确指出,《江苏省〈盐业管理条例〉实施办法》设定的工业盐运输行政许可及

---

① 参见王建学:《论地方性法规制定权的平等分配》,载《当代法学》2017 年第 2 期。

相关行政处罚等,因与国务院《盐业管理条例》不一致而不予适用,然而直到2017年12月26日,国务院废止《盐业管理条例》时,江苏省人民政府仍未对该地方政府规章作出回应性修改。但是2014年12月公布的《江苏省政府各部门行政权力事项清单》中,在涉及盐产品运输行政许可及违反该许可的行政处罚时,清单并没有将《江苏省〈盐业管理条例〉实施办法》作为规范依据,而是根据国务院《食盐专营办法》第18条和第25条的规定,明确了"食盐准运证核发"许可权和"对无食盐准运证托运或者自运盐的处罚"权。随着简政放权、深化行政审批制度改革实践的推进,2017年1月25日公布的《江苏省政府各部门行政权力事项》中,对无许可运输盐产品的行政处罚权已经从盐务管理部门的权力清单中"消失"了,这明显早于同年12月国务院通过修改《食盐专营办法》而废止食盐准运证核发许可权及相关的行政处罚。

第三,立法出现"时差"时的补充审查。理想状态下,因上位法修改造成下位法与之不一致时即应对下位法进行修改。然而受制于严格立法程序的限制,实践中的下位法往往无法在一个很短的时间内作出修改,这就造成了低位阶的法律规范虽然与上位法不一致但仍然存续并具有形式上的效力,我们将此称为立法"时差"。例如,武汉市十四届人大常委会于2018年4月27日废止了1990年7月施行的《武汉市计划生育管理办法》,理由是"制定时间较早,其立法目的、主要内容与上位法存在抵触"。实际上,该地方性法规"与上位法存在抵触"早就存在。例如,2013年11月十八届三中全会就确立"单独二孩"政策,2016年1月1日国家开始推行"全面两孩"政策,特别是《中华人民共和国人口与计划生育法》和《湖北省人口与计划生育条例》先后于2015年、2016年修正后,该办法不仅与中央最新的人口政策相悖,而且也与上位法相冲突。由于立法活动具有严格的程序限制,客观上会造成不同位阶的法律规范修改的时间差。倘若严格从形式合法要求出发,下位法必然滞后于上位法的修改,因而这种冲突和不一致甚至会成为常态。此时,借助于权力清单制度,尤其是权力清单制度中的"动态调整"和"长效管理机制",就可以在很大限度上化解这一问题。

第四,成文法"怠惰"引发的补充审查。正如英国法哲学家梅因所言,"社会的需要和社会意见常常是或多或少地走在法律的前面,我们可能非常接近地达到他们之间的缺口的结合,但永远存在趋势是把这个缺口打开来,因为法律是稳定的,而我们谈到的社会是前进的"①。40多年的改革开放引发了整个社会的巨大变化,因此我国法治建设进程中不仅存在这样的"缺口",而且这种"缺口"还是经常的、巨大的。从根本上来说,只有通过加强立法工作,推动科学立法才能不断弥合这种"缺口"。而作为行政体制改革的一项具体举措,权力清单制度实际上承载着基于"全面深化改革要求和经济社会发展需要"反思和修正我国政府职能的重要任务,进而能够为"解决政府干预过多或监管不到位问题"、为构建"市场在资源配置中起决定性作用"机制创造条件。就此而言,权力清单制度实际上还担负着从实质合法的标准出发,进行行政改革和行政职能重构的探索和试错的任务,进而为通过立法形成职能科学的政府体系奠定坚实的基础。②

（四）权力清单制度补充合法性审查的方式

《推行权力清单制度的指导意见》指出,权力清单制度改革的目的就是"确认保留的行政职权",其过程包括"清权、减权、制权、晒权"等主要环节,并通过"权力清单动态管理机制"实现权力清单与"法律法规立改废释情况、机构和职能调整情况"协调一致。除了"晒权"作为清单的结果公示外,"清权、减权、制权"和清单的"动态调整"等均具有"补充合法性审查"之功能。

"清权"就是"对没有法定依据的行政职权,应及时取消,确有必要保留的,按程序办理;可下放给下级政府和部门的职权事项,应及时下放并做好承接工作"。在这个过程中,合法性审查功能贯穿始终:(1)对"没有法定依据的行政职权"及时取消。从外延来看,"没有法定依据"包括没有法律、法规或规章依据,③也包括作为依据的规章或法规同上位法不一致或相抵触,这实际上是从形式上对行政职权的规范依据进行合法性审查并予以结果宣告。(2)在"确有必要"的情况下对"没有法定依据的行政职权"予以保留。所谓"确有必要"意味着即使是形式上"没有法定依据的行政职权"也不能"一棍子打死",

---

① 〔英〕梅因:《古代法》,沈景一译,商务印书馆1959年版,第15页。
② 党的十八届四中全会通过的《全面推进依法治国的决定》明确将"职能科学"作为法治政府的一项基本要求,这实际上是在强调行政活动形式合法的基础上进一步提出了实质合法的要求。而在大规模修法不具有现实可能的情况下,通过权力清单制度就可以在一定程度上满足"职能科学"这一实质合法的要求。
③ 《行政诉讼法》第2条第2款规定,"前款所称行政行为,包括法律、法规、规章授权的组织作出的行政行为",由此我们认为,职权法定中的"法"应当包括法律、法规和规章。

而是要基于"全面深化改革要求和经济社会发展需要"作具体分析,通过仔细斟酌和权衡后再作"去留"的决断。这是一个超越形式法治而上升到实质合法的价值选择和判断,彰显了权力清单制度的建设功能,反映了权力清单制度对实质合法的终极追求。(3)对"可下放给下级政府和部门的职权事项"予以下放。这包含着必须对现行法律规范有关行政职权纵向配置的规定进行再评估的要求,并通过这种评估在行政系统内寻求行政职权"最佳"的层级配置方案。显然,这样的制度安排意味着推行权力清单制度在一定程度上可以遵从实质合法的召唤而"无视"形式法治的条条框框。只有这样,《推行权力清单制度的指导意见》强调的"要把推行权力清单制度与简政放权、政府职能转变等结合起来,形成改革合力",才真正具有革命性的价值。

"减权"就是对虽有法律依据但已不合时宜的行政职权提出精减的意见和建议。在这里,有法律规范依据而不符合经济社会发展需要的行政职权、缺失客体的行政职权这两种情形均已超越了形式合法的要求而作出了实质审查的判断,至于"法定依据相互冲突矛盾"的行政职权,首先揭示了其形式合法方面存在问题,进而需要通过实质审查再作出合理与否的判断和取舍。当然,受制于权力清单制度的工作机理,"减权"的结论仅仅是建议性的,行政职权最终是否取消或调整必须由有权的机关按照法定程序进行决断。

"制权"实际上对法律设定的行政职权进行定性,进而明确其程序适用规范。例如,随着《行政强制法》的颁布施行,若是将"证据先行登记保存"定性为行政强制措施,则意味着行政机关在进行证据先行登记保存时就需要按照行政强制措施的程序进行,否则就将构成程序违法。由此可见,"制权"虽不直接涉及行政职权规范依据有无、合法与否的判断,但是与行政权的运作程序和法律适用密切相关,并对行政行为合法性产生影响。从这个意义上看,"制权"的社会效果与合法性审查并无差异。

"动态调整"意味着权力清单应当能够"与时俱进",即既要反映我国政府职能转变的最新进展和经济社会发展对政府履行职能的新要求,也要体现法律规范发展变化的新情况,及时对权力清单进行修正、补充和调整,因而是对合法性审查机制最有针对性的一种补充方式。一是清单的"动态调整"实际上提出并践行了"过程性"审查的观念。批准生效具有明显的时间节点,备案审查虽无时间方面的限制,但往往是"一次性的",而"动态调整"则意味着对行政职权的合法性审查是持续的、过程性的。具体到某项行政职权来说,除非被取消或调整,都将面临权力清单"动态调整"中的反复审查。二是"动态调整"机制实际上具有"回头看"的功能,无论是经历了批准生效、备案审查等机制"过滤",还是在编制权力清单过程中已经进行了"筛选",与行政职权相关的法律规范都将面临再次的审查与甄别。

正如有学者指出的那样,我国政府的角色意识正在从"管理"向"服务"蜕变和演进,推行权力清单制度实际上是对这种蜕变和演进成果的确认和锁定。① 同样的道理,推行权力清单制度不仅在制度上、实践中补强我国合法性审查机制,助力我国社会主义法治建设,更为重要的是,权力清单制度在一定程度上还肩负着合法性审查观念更新和重塑的历史使命。

三、权力清单制度对"政府法治论"的实践

自20世纪80年代中期开始,我国行政法学界围绕着行政法理论基础展开了持续而热烈的讨论,形成了诸如"管理论""控权论""平衡论""公共利益本位论""政府法治论"等十余种学说。尽管"政府法治论"不如"控权论""平衡论"等被广泛关注,但自该学术主张提出以来,其倡导者一直孜孜以求,并在我国法治建设实践中不断修正而得以补充和完善,逐步形成了以下完整系统的理论主张:政府依法律产生(民主政府),政府由法律控制(有限政府),政府依法律善治并为人民服务(高效政府),政府对法律负责(责任政府),政府与公民法律地位平等(平民政府)。② 简政放权,转变政府职能,以激发市场活力是我国当下法治政府建设的首要任务,而推行权力清单制度与行政审批制度改革则是推动政府职能转变的两个重要抓手。③ 与行政审批这种普适性的行政法制度不同,权力清单制度是典型的"中国创造",西方的法学话语、法理研究及法治实践中并不存在相对应的概念、理论和制度,因此如何运用行政法理论基础这个"具有浓郁原创性的命题"对其解释,不仅是检验我国行政法理论基础各种学术主张生命力的重要途径,也是权力清单制度获得强大生命

---

① 参见江国华:《行政转型与行政法学的回应型变迁》,载《中国社会科学》2016年第11期。
② 参见杨海坤:《"四个全面"战略布局下如何推进法治政府建设》,载《法学评论》2015年第5期;杨海坤、章志远:《中国特色政府法治论研究》,法律出版社2009年版,第137—140页。
③ 有学者用"一体两翼"来表达:简政放权,转变政府职能是"体",行政审批制度改革和推行权力清单制度是"翼"。参见王伟:《十八大以来大部制改革深层问题及未来路径探析》,载《中国行政管理》2016年第10期。

力并且健康有序开展的重要保证。正如政府法治论者所强调的那样,加强"实证基础的研究"是未来行政法理论基础研究的一个重点,而"努力走向实证"则是政府法治论"自身完善的重要方向"。① 推行权力清单制度在一定程度上打开了行政法学基础理论与现实沟通的渠道,使得我国现实法治建设,特别是法治政府建设面临的新问题、新挑战能够借助于权力清单制度传递到行政法学理论体系内部,推动行政法基本理论研究。由于权力清单制度具有极强的目标性指引,因此其在很大程度印证了"政府法治论"这一学说的现实意义和学术价值,甚至可以看作是"政府法治论"的一个实践。因而通过权力清单制度与"政府法治论"的"嫁接",能够将我国行政法基础理论的研究超越形而上的"自说自画",回到我国社会主义法治建设尤其法治政府建设的务实主义的轨道之上,从而避免理论研究的"自娱自乐"或者沉湎于"抽象的精工细作而忽视实用性的考虑"②。

(一) 政府依法律产生(民主政府)与权力清单

行政权是现代行政法的逻辑起点,因此"政府法治论"首先将目光聚焦于政府权力的来源。人类思想史上,关于国家和政府的起源有多种学说,但是"人民主权说"始终具有旺盛的生命力,并为现代民主法治国家确立为一项不可动摇的宪法原则。"人民主权说"在不同历史时期具有不同的实现形式,在法治时代,"人民主权说"自然转化成为"政府依法律产生"这样一个全新命题,它"展现了现代社会的基本社会结构,它使法律和政府、权利和权力之间的关系趋于明朗化"。"政治法治论"强调,"权力和属于国家权力之一的行政权,都是人民为了一定目的而从基本人权中派生出来的一种权力。因此,权力来源于权利,权力来自于人权;行政权只可能来源于人民以法律为形式的授予。"③具体说,"政府依法律产生"要求政府的各项权力来源于法律的授权,即遵循职权法定原则。

在我国法治政府建设实践中,始终把职权法定作为必须坚守的一项基本准则,并在相关法治政府建设的指导文件中予以清晰表达。例如,2004年国务院发布的《全面推进依法行政实施纲要》不仅将"合法行政"规定为依法行

---

① 参见杨海坤、章志远:《中国特色政府法治论研究》,法律出版社2009年版,第355页。
② 劳东燕:《能动司法与功能主义的刑法解释论》,载《法学家》2016年第6期。
③ 杨海坤、章志远:《中国特色政府法治论研究》,法律出版社2009年版,第171、137页。

政的基本要求,而且明确提出了要"建立健全行政执法主体资格制度",强调"行政执法由行政机关在其法定职权范围内实施,非行政机关的组织未经法律、法规授权或者行政机关的合法委托,不得行使行政执法权","要清理、确认并向社会公告行政执法主体"。《全面推进依法治国的决定》强调,"行政机关要坚持法定职责必须为、法无授权不可为……行政机关不得法外设定权力"。2015年年底,中办、国办发布的《法治政府建设实施纲要(2015—2020年)》明确要求,"政府工作人员特别是领导干部想问题、作决策、办事情必须……牢记职权法定",并将其视为"政府工作人员法治思维和依法行政能力"的一项核心内容。然而,在分散具体的行政实践中,职权法定原则的落实不仅受制于行政机关及其工作人员的法治观念和法治意识,而且还可能受到权源依据的选择、规范冲突的化解、行政职权的定性等具体问题的困扰。权力清单制度的缘起正是为了解决行政实践中的这些困扰。

第一,权源依据的选择。当下,我国社会主义法律体系已经初步形成,但在这个过程中,我国不仅经历了从计划经济到商品经济再到市场经济的飞跃,而且对于政府与市场关系的认识,经历了一个从"尊重市场规律""重视价值规律"作用到"使市场在资源配置中起决定性作用"的认识不断深化的过程,这就意味着构成我国社会主义法律体系的具体法律规范难免带有不同时代的印记。这期间,国家虽然加快了法律规范的立改废释工作,① 但是面对这样一个庞杂的任务,仅仅依靠立法机关在短时期内是无法完成的。因此,在全面深化改革、简政放权的大背景下,如何发挥地方政府及其部门在清理法律规范,尤其是清理、修订行政法规、规章和行政规范性文件,进而界定行政权力的内容和边界中的作用,就显得尤为重要和迫切。② 正因为如此,"清权"

---

① 例如,2009年6月27日,第十一届全国人大常委会第九次会议决定废止《公安派出所组织条例》等8部法律和有关法律问题的决定;2013年12月28日,第十二届全国人大常委会第六次会议决定废止有关劳动教养的法律规定;2008年1月15日,国务院第516号令废止了49件行政法规,宣布43件行政法规失效;2011年1月8日,国务院第588号令废止了7件行政法规,修改了107件行政法规的部分条款;2012年11月16日,国务院决定自2013年1月1日起,废止5件行政法规,修改5件行政法规的部分条款;2014年2月19日,国务院第648号令废止了2件行政法规,修改了8件行政法规的部分条款。

② 《行政许可法》就已经确立了行政机关在清理行政职权中的作用。该法第20条第2款规定,"行政许可的实施机关可以对已设定的行政许可的实施情况及存在的必要性适时进行评价,并将意见报告该行政许可的设定机关。"毫无疑问,这种由行政许可实施机关对行政许可"必要性"的适时评价,同权力清单中的"清权""减权"是高度一致的。

"减权"等才成了推行权力清单制度改革的重中之重。①

第二,规范冲突的化解。我国实行"一元两极多主体"的立法体制,不同的立法主体在不同时期颁布的法律规范难免存在内容上的不一致,甚至是冲突。虽然《立法法》规定了"上位法优于下位法""特别法优于一般法""新法优于旧法"等法律冲突解决规则,但在行政实践中,面对多位阶的法律规则体系,行政主体及其工作人员有时仍然可能无所适从。例如,最高人民法院2012年发布的第5号指导案例"鲁潍(福建)盐业进出口有限公司苏州分公司诉江苏省苏州市盐务管理局盐业行政处罚案"就是因地方政府规章与国务院行政法规"冲突"而起。最高人民法院将此案列为"指导案例"表明,《立法法》所确立的法律冲突规则并不能当然地消除行政实践中的法律适用争议,并且受制于我国宪政体制,法院在个案裁判中只能认定被告行政机关"适用法律错误",但不能直接宣告不符合上位法的地方政府规章某条款无效。也就是说,即使法院生效判决明确了该案被告适用法律错误,但是江苏省地方政府规章设定的工业盐准运证的条款仍具有形式上的法律效力,自然也就无法排除该条款在今后继续适用的可能。基于此,最高人民法院以"指导案例"为载体,通过提炼"裁判要旨"的方式赋予该案判决的"一般效力",从而间接宣布江苏省地方政府规章设定工业盐准运证的条款因不符合上位法的规定而无效。显然,推行权力清单制度一个重要的目的,就是要"一揽子"解决行政实践中类似第5号指导案例所面临的规范冲突问题。正因为如此,推行权力清单制度改革的根本任务就是弄清行政权力的"家底",②尽可能避免行政实践中错误适用法律规范的现象发生。

第三,行政职权的定性。虽然我国尚未制定统一的行政程序法典,但包括行政处罚法、行政许可法、行政强制法在内的行政行为法体系已经粗具规模,并对相应的行政行为程序作出了具体明确的规定。这就是说,对于法律

---

① 《推行权力清单制度的指导意见》明确提出,推行权力清单制度就是要"大力清理调整行政职权","在全面梳理基础上,要按照职权法定原则,对现有行政职权进行清理、调整。对没有法定依据的行政职权,应及时取消,确有必要保留的,按程序办理……对虽有法定依据但不符合全面深化改革要求和经济社会发展需要的,法定依据相互冲突矛盾的,调整对象消失、多年不发生管理行为的行政职权,应及时提出取消或调整的建议"。

② 《推行权力清单制度的指导意见》指出,推行权力清单制度的首要任务就是要"全面梳理现有行政职权","对行使的直接面对公民、法人和其他组织的行政职权,分门别类进行全面彻底梳理,逐项列明设定依据,汇总形成部门行政职权目录"。

规范设定的行政职权,如何定性将直接影响其实施程序的选择,进而决定着该行为的合法性。例如,《中华人民共和国动物防疫法》第38条授权县级以上地方人民政府在"发生一类动物疫病时","应当立即组织有关部门和单位采取封锁、隔离、扑杀、销毁、消毒、无害化处理、紧急免疫接种等强制性措施"。如果这里的"强制性措施"被看作是突发公共卫生事件的处置手段,那么就应当适用《中华人民共和国突发事件应对法》的相关规定;如果将这里的"强制性措施"等同于"行政强制措施",那么实践中就必须适用《行政强制法》第18条规定的行政强制措施程序。推行权力清单的一个重要任务就是要对法律规范设定的具体行政职权进行归类,明确其性质,并制定权力运行流程图,以避免行政主体及其工作人员在行政实践中因对行政职权定性分歧而导致程序不一,从而给政府的公信力造成负面影响。[①]

(二) 政府由法律控制(有限政府)与权力清单

"政府依法律产生"在宣告行政权力来源于法律的同时,实际上也为政府的权力划定了边界。然而,行政权力一经形成在其运作的过程中就有了自我膨胀的冲动。"无数历史事实证明:行政权力一旦在运作中缺乏边界,则必然导致权力由行政领域溢出,渗透到社会生活的方方面面,形成'全能政府'甚至'行政国''警察国家'的局面,成为公民人权和基本权利的巨大威胁。"因此,"政府法治论"天然"包含控权论的思想因子",强调"法治政府的本质并非针对公民必须依法守法,而是行政权力和行政行为都需要被纳入法律的轨道"[②]。我国权力清单制度从萌芽、发展到全面推进的过程,清晰展示了通过法律控制政府行政权力的基本思路。

[①] 《推行权力清单制度的指导意见》规定,"各省(自治区、直辖市)政府可参照行政许可、行政处罚、行政强制、行政征收、行政给付、行政检查、行政确认、行政奖励、行政裁决和其他类别的分类方式,结合本地实际,制定统一规范的分类标准,明确梳理的政策要求;其他类别的确定,要符合国家法律法规。"值得注意的是,各地在推行权力清单的过程中,对《行政处罚法》第56条规定的"证据先行登记保存"已经产生了一定的分歧:浙江省2014年晒出的省级政府权力清单中,证据先行登记保存被视为全部行政机关"通用"的行政强制措施;而江苏省同年晒出的省级政府权力清单则未涉及该权力事项,究其原因与该省对"证据先行登记保存"性质的认识不无关系。例如,江苏省高级人民法院和江苏省人民政府办公室于2012年5月联合发布的《行政强制法对城管执法工作的影响座谈研讨会会议纪要》第12条指出,证据先行登记保存与查封、扣押分别适用《行政处罚法》《行政强制法》规定的条件和程序,不得通过证据先行登记保存变相实施查封、扣押。

[②] 杨海坤、樊响:《法治政府:一个概念的简明史》,载《法律科学》2016年第1期。

一般认为,催生权力清单的是2004年发生在河北的一起受贿案。河北省纪委在反思这一大案的制度漏洞时,提出了探索权力公开透明运行机制、进一步加大权力公开的设想,进而提出了通过制定审批权力清单方式,公开有关政府部门的行政审批权力,以实现监督权力行使的目的。① 权力清单制度孕育的过程清晰展示了其所蕴含的控制行政权力的旨趣:我国从计划经济向市场经济转型过程中,行政权的退出并不彻底,而对市场经济影响最直接、最易导致权力寻租的就是审批权。因此清理行政审批事项、规范行政审批权力的行使不仅是还权于社会、激发市场活力的首要任务,而且也成了控制行政权力、保障行政权规范行使的重点和难点。自此以后,以规范和清理行政审批权为主要内容的审批清单制度建设在全国范围内逐步开展起来,包括福建漳州、江苏淮安和宿迁、湖北武汉等一大批城市先后以审批清单为载体,提出了打造"全国审批事项最少、审批流程最短、服务效率最高"平台的目标。② 随着权力清单制度在行政审批领域获得的成功,该制度便逐步拓展至其他行政活动领域,并从地方政府部门的自发探索发展为自上而下的自觉推动,成为我国社会主义法治政府建设中规范控制行政权的一种新路径。正因为如此,有学者指出,"权力清单最为具体的法律效果就是对行政权进行有效控制"③。

权力清单对行政权的控制首先表现为传统意义上的实体控权和程序控权。"混乱的行政权力、混沌不清的行政权力边界,根本不可能形成权力清单"④,因此权力清单旨在通过对庞杂的法律体系进行梳理,摸清行政权力的

---

① 参见尹少成:《权力清单制度的行政法解构》,载《行政论坛》2016年第1期。
② 以江苏省淮安市为例,该市明确提出要着力打造"全国项目最少、流程最简、速度最快、服务最优的行政审批服务平台"的目标,通过对法律规范的梳理,重新公布了市级审批事项为75项,行政许可事项挂起暂不实施的39个、不在市级行政许可目录中公布代省初审的59个、转为其他审批形式的65个、下放县(区)实施的5个、取消的4个。在这个过程中,积极研究流程优化的办法和措施,大力压缩审批空间,75个许可事项由原来452个环节精简为242个,压缩率达46.5%,平均审批环节仅为3.2个。全市的75项行政许可,平均承诺时限为3.92个工作日,与法定时限相比,压缩率达80.36%。
③ 关保英:《权力清单的行政法价值研究》,载《江汉论坛》2015年第1期。对于权力清单所具有的控权性质,《推行权力清单制度的指导意见》也予以明确肯定:"通过建立权力清单和相应责任清单制度,进一步明确地方各级政府工作部门职责权限,大力推动简政放权,加快形成边界清晰、分工合理、权责一致、运转高效、依法保障的政府职能体系和科学有效的权力监督、制约、协调机制,全面推进依法行政。"
④ 杨伟东:《行政权力清单制度的意义和落实》,载《中国法律》2014年第1期。

家底,明确具体行政职权的内容和边界,从而为行政职权筑起一道隔离墙,不仅明确了行政权力作为的领域,而且有效防止了政府在行政过程中权力"外溢"的可能。① 权力清单中的权力运行流程则通过对行政权运行的方式、方法和步骤进行预设,给不羁的行政权力系上缰绳,进而能够有效控制行政权运行的轨迹,避免行政权在实践中"跑偏走歪",防止行政权可能的滥用及其对相对人合法权益的损害。事实上,在我国尚未制定统一行政程序法的情况下,权力清单中的权力运行流程并非对法律规定的行政程序的简单"拷贝",而且还要在遵循"正当程序"理念的基础上,对有单行法规定的行政程序进行再造和补强,在缺失法定行政程序的领域对行政职权的主体、权力运行的方式、顺序、时限和期限等作出明确规定,实现对全部行政行为程序的"全覆盖"。

  作为控制行政权的一种手段,权力清单还具有区别于上述传统外在控权模式的功能,它"从行政的内部视角切入",是行政系统的"自我革命和主动作为,而非被动向善",其控权机理与裁量基准相似,是"现代行政法自制风格"的控权。② 作为行政系统的主动作为,权力清单的控权逻辑具体表现为,行政主体通过在编制清单过程中的清权、减权、制权和晒权等主要环节,主动收缩行政权力的势力范围,自觉厘清行政职权的内容,准确界定行政职权的性质,并公之于众,借助于公众的外在监督自觉达成控制行政权力的目的。在"清权""减权"的过程中,虽然难免要对部分行政职权进行清理、归纳和整理,但它主要是将分散在不同位阶法律规范中的行政职权予以归类和集中,本身并不创设任何新的行政权力,因而权力清单仅仅是实现职权法定原则的具体形式而非"法外设权"。事实上,随着"公民对参与行政诉求的日渐增强,以'合理性'为基本元素的'实质合法'逐渐被吸纳到现代行政的正当性评价指标体系当中"③,因此经由行政机关自己"清权""减权"后形成的权力清单恰恰体现了"实质合法"的内在要求。由此可见,推行权力清单制度与坚持依法行政原则并行不悖,所谓推行权力清单制度会造成"依法行政还是依清单行政"的疑

---

  ① 例如,有学者指出,从我国行政组织法来看,无论是国务院组织法还是地方各级人民政府组织法都规定了相应的行政职权,但这些规定过于简单与模糊,缺乏可操作性,因此行政系统自发地通过权力清单对法律授予的权力进行梳理与列举,这在一定程度上弥补了我国行政组织法在此方面的不足。参见关保英:《权力清单的行政法价值研究》,载《江汉论坛》2015年第1期。

  ② 参见喻少如、张运昊:《权力清单宜定性为行政自制规范》,载《法学》2016年第7期。

  ③ 江国华:《行政转型与行政法学的回应型变迁》,载《中国社会科学》2016年第11期。

问纯粹是一种误解。既然权力清单建立在行政机关法定职权的基础上,并且是依法行政原则的具体落实,那么在推行权力清单制度过程中就必须旗帜鲜明地坚持"清单之外无权力","不属于清单列举范围内的职权和权限,行政机关不得为之"等准则。只有这样,才能避免权力清单流于形式,才能释放权力清单自我规制功能,实现对行政权力的精准控制。正如依法行政中的"法"是动态的一样,我们强调"清单之外无权力"也是以建立有效的权力清单动态调整机制为前提的。权力清单必须是动态的,它必须体现不断发展和完善中的法律、法规或者规章,一旦设定行政职权的法律、法规或者规章发生了变化,那么权力清单就必须及时作出相应调整,以保证权力清单对实定法的真实"再现",避免权力清单对职权法定原则的僭越。正因为如此,不仅《推行权力清单制度的指导意见》将"建立健全权力清单动态管理制度"规定为推行权力清单制度的一项重要内容,而且各地在权力清单实践中也将其作为一项重点任务予以落实。①

(三) 政府依法律善治并为人民服务(高效政府)与权力清单

"政府法治论"主张,法治政府是一个崇尚为人民服务理念并致力于社会治理的高效政府。"为人民服务"意味着,行政的目的不仅限于维持社会秩序的秩序行政,更包括它的积极功能,包括促进经济繁荣、改善人民生活、保障人权发展、保护自然和社会资源、协调社会和谐发展等;而高效政府则必须建立"以权力优化为目标的倒逼机制和以激活权力为目标的释放机制",最大限度地为民众福祉服务。② 同行政审批制度改革一样,推行权力清单制度就是要优化行政职权配置,提高行政的效率和效能,建设廉洁高效的政府。正是在此意义上,有学者指出,"权力清单从无到有,标志着政府转变职能革命性进步"③。

---

① 例如,2014 年底安徽、江苏等省公布省级政府组成部门权力时,均明确提出权力清单"实行动态管理",应当随着法律法规的修订和调整,"及时调整"权力清单的内容,山东省、安徽省铜陵市等地还专门制定《权力清单动态管理办法》,对权力清单应当调整的情形、权限和时限,调整的主体及相关的法律责任等作出明确的规定,从而保障了权力清单的及时"更新",以实现对行政权力的有效控制。

② 参见杨海坤:《"四个全面"战略布局下如何全面推进法治政府建设》,载《法学评论》2015 年第 5 期;杨海坤、章志远:《中国特色政府法治论研究》,法律出版社 2009 年版,第 138 页。

③ 石亚军:《当前推进政府职能根本转变亟需解决的若干深层问题》,载《中国行政管理》2015 年第 6 期。

"转变政府职能必然要求简政放权,简政放权必然要求建立权力清单"[1]。这是因为,作为我国政府职能依据的我国社会主义法律体系形成的时间跨度非常大,很多制定于计划经济年代的法律规范处于"年久失修"的状态,难以适应我国当下对政府职能的要求。而在改革开放初期,本着"摸着石头过河"的指导思想,有关市场经济的立法奉行"宜粗不宜细"的原则,使得我们制定出来的法律法规往往存在模糊性和原则性等特点,这在很大程度上也给行政主体执法履责留下了裁量空间甚至是灰色地带。反映到行政实践中就是,政府与市场、社会的界限不清,政府及其组成部门自身往往不能准确认知自己的角色担当,而且在具体的行政活动中,行政主体及其工作人员甚至不了解自己的权力家底,不知道本部门、本机构的职权分工、权力边界,加之"全能政府"的思维方式和行为习惯,从而导致了行政机关在用权过程中有利时争权、无利时推诿的现象,行政权越位、错位、缺位现象普遍存在。特别是在涉及相对人重大切身利益的时候,一些行政机关"踢皮球"或滥用行政权力,不仅严重损害了政府形象和公信力,而且极大减损了行政执法的效率和效果。因此,推行权力清单制度就是要按照公民优先、市场优先、社会优先等原则,通过对行政权进行"系统化的处理",剔除不必要、不适当的行政职权,科学合理地配置行政职权。不仅如此,权力清单还以一种直观明了、通俗易懂的方式,将各级政府及其组成部门的各项行政职权进行分类列表并向社会公开,明确列举各行政机关依法享有的行政职权的名称、权限、依据和范围,尽可能避免行政机关之间的权限争议,最大限度地挤压行政裁量的空间,有助于提升行政权力的廉洁性和提高行政管理的效率。

在权力清单的构成要素中,权力运行流程图更是直接助力高效政府理念的落实。所谓权力运行流程图就是将每项行政职权在实际行使过程中所要采取的方式、经历的步骤、行使的期限和时限以及与之相关的主体等要素以图表的方式一一列明。就其功能而言,权力运行流程图不仅发挥着程序控权的作用,而且通过公开行政权运行的轨迹,使得行政职权运行的全过程向全社会公开,有助于社会公众了解和参与行政活动过程,提升公众参与行政活动的水平,增强行政活动的民主性和可接受性,从而能够极大地提高行政活

---

[1] 王伟:《十八大以来大部制改革深层问题及未来路径探析》,载《中国行政管理》2016 年第 10 期。

动的效率和社会效果。正因为如此,《推行权力清单制度的指导意见》将"优化权力运行流程"作为推行权力清单制度的一项主要任务。①

(四) 政府对法律负责(责任政府)与权力清单

"在法治社会里,权力的本质就是责任,执掌行政权力的政府必定是责任型政府;责任政府意味着政府对权力行使的后果负责,这是政府权力运用结果的阐述。"然而,这对时刻都在试图突破法律边界的权力而言是异常艰难的,"道理很简单,中国市场经济体制的完善和法制建设的发展都有赖于政府的推动,尽管政府本身就是首当其冲的改革对象。也许这正是中国走向现代化之路所面临的两难问题"②。而推行权力清单制度的目的就是要化解这个两难问题,全面落实政府用权的责任意识。③

"晒权"是推行权力清单制度的一个重要环节。所谓"晒权"就是将经过全面梳理、科学论证形成的权力列表向社会公布,让行政权力从源头到行使的过程全部裸露在"阳光下",目的是要借助于各种社会力量的监督,全面落实"法无授权不可为",实现对政府用权的监督和责任的履行。而要做到这一点,就必须制作一个科学完整的权力清单。权力清单的科学性、完整性意味着不仅要按照职能科学的要求全面清理行政职权的规范依据,正确解决不同位阶权源依据的冲突,准确界定行政职权的性质,而且还要科学构思权力清单的组成要素,保障各地区、各部门权力清单在形式上的一致性。而从实践来看,由于权力清单制度的自发性、分散性,加之后来的《推行权力清单制度的指导意见》缺乏对权力清单标准和体系的刚性规定,各地区各部门在不同阶段公布的权力清单不仅在行政职权的数量上差距极大,而且权力清单的构成要素也不统一。例如,广东省首次清理出来的行政权力有一万多项,而江西省首次清理出来的只有一百多项。同为江苏省地级市的苏州和宿迁差距

---

① 《推行权力清单制度的指导意见》规定,"对确认保留的行政职权,地方各级政府工作部门要按照透明、高效、便民原则,制定行政权力运行流程图,切实减少工作环节,规范行政裁量权,明确每个环节的承办机构、办理要求、办理时限等,提高行政职权运行的规范化水平。"

② 杨海坤:《"四个全面"战略布局下如何全面推进法治政府建设》,载《法学评论》2015 年第 5 期;杨海坤、章志远:《中国行政法原论》,中国人民大学出版社 2007 年版,第 105—107 页。

③ 有学者指出,权力清单制度不仅要有效地控制行政权力,还要规定权力的"义务和责任","规定义务不履行、不适当履行、不全面履行的责任以及追究责任的机制"。范仲兴:《"权力清单"制度更应是"责任清单"制度》,载《上海人大月刊》2014 年第 1 期。

亦十分明显:前者市级政府各部门共有行政权力7791项,后者则为4067项。在权力清单的构成上,江苏省公布的省级政府权力清单有"项目编码、项目名称、所属部门、权力类别、行使层级、设定依据和备注"等七项,浙江省公布的省级政府权力清单有"类别、实施主体、层级、实施依据、备注和流程图"等六项,安徽省公布的省级政府组成部门的权力清单包括"权力事项名称、实施依据、责任事项、追责情形、运行流程图以及廉政风险点"等六项。尽管各地在权力清单构成要素的数量方面差别不大,但在具体内容方面则有明显不同,进而对权力清单的功能难免产生影响:安徽省的权力清单因包括"追责情形""运行流程图""廉政风险点"等内容,因而对行政权力的规控和责任政府的落实强度最高;而江苏省是将权力运行流程图置于责任清单并且两份清单分别公布,这使得权力清单更多是对行政机关职权的一种静态展示,容易造成社会公众忽视对行政权力动态运行过程的关注。因此,为了保障政府全面正确地履行法定职责,发挥权力清单监督控制行政权力的功能,长远来看应当在总结各地区各部门权力清单实践经验的基础上,加强对权力清单制度的理论研究,优化和统一权力清单的构成要素。而在当下则应当以《完善权责清单制度的指导意见》为依据,对不同时期公布的权力清单及时进行修正,最大限度地减少各地区、各部门权力清单构成要素的差异,即通过提升权力清单的科学性、完整性来保障其权威性,推动责任政府理念在行政实践中落地生根。

　　权力清单不仅晒出了行政机关行政职权的家底,而且还通过明确各项行政职权"对应的责任",确定了权力的"义务和责任",以约束行政主体"为官不为"情形。[①] 这就是说,在推行权力清单的过程中一定要坚持责任清单同步实施的战略,通过责任清单解决"政府管什么、怎么管及管不好怎么办"等三个层面的问题。[②] 所谓"管什么"就是要明确政府的"义务和责任",种好"责任田",当好"服务员"。例如,江苏省在公布省级政府56个组成部门权力清单的同时,也集中公布了各部门相应的责任清单,具体内容包括"部门职责""职责

[①] 参见陈恒:《划清政府和市场的边界》,载《光明日报》2014年10月9日。对此,《推行权力清单制度的指导意见》明确指出,要"将地方各级政府工作部门行使的各项行政权力及其依据、行使主体、运行流程、对应的责任等,以清单形式明确列示出来,向社会公布,接受社会监督"。

[②] 国家行政学院政治学教研部副主任孙晓莉教授语。参见陈晨:《三张清单看改革》,载《光明日报》2014年10月9日。

边界""公共服务""部门职责对应的权力事项""权力运行流程图""权力运行过程的中介、盖章、收费""事中事后监管制度"等七个方面,其中的"部门职责对应的权力事项"与权力清单中的职权事项进行"无缝"对接,从而保证了行政机关权力与责任的有机统一。"怎么管"就是要通过创新和完善政府管理方式,"更好"地发挥政府在社会治理中的作用。对此,习近平总书记在主持中共中央政治局第十五次集体学习时指出:"更好发挥政府作用,不是要更多发挥政府作用,而是要在保证市场发挥决定性作用的前提下,管好那些市场管不了或管不好的事情。"从相关地方公布的责任清单来看,通过"职责边界"设定了行政权力的边界,明确了政府、市场和社会等治理主体的权责关系,体现了协商共治的理念;通过"公共服务"给出了政府履行公共服务职能的范围,尤其是通过倡导政府服务行政理念,让政府给市场助力,为社会主体加油,维系多元治理主体之间的互动合作;通过"事中事后监管制度"明确了政府监管方式和监管重点,缓和了监管主体与相对人的关系,提升了政府监管的法律效果和社会效果。"管不好怎么办"就是要建立起有效的问责追究制度,①确保政府责任的落实。实际上,从权力清单、责任清单制定到落实的整个过程都需要强化政府的责任意识:一是严格权力清单、责任清单制定过程中的责任。无论是责任清单中的"部门职责"还是其"对应的权力事项",都意味着对行政权力的清理和削减,要对那些不必要或者不适应市场经济发展的行政管理权力坚决清理。对于权力清单制作过程中存在"放轻不放重,放虚不放实,放小不放大"等"玩游戏""打折扣"的政府及其部门,"不仅要限期整改,还要进行处罚,使各级政府及其部门不想、不敢、不能在政府权力存量中作对策性手脚"②。二是逐步建立健全政府履行权力清单和责任清单行为和效果的考核机制,对地方各级政府及其组成部门的行政能力和行政绩效进行全面考核评估,并将考核结果运用于行政机关职权调整、行政机构撤销合并、干部任免和公务员晋升等各个方面。三是全面落实依清单行政,对于超越清

---

① 正如有学者指出的那样,"行政问责已成为中国推进法治建设的一条重要进路,衬托出政府主导的鲜明特色,迸发出西方学者难以想象的制度功效。"余凌云:《对我国行政问责制度之省思》,载《法商研究》2013年第3期。
② 石亚军:《当前推进政府职能根本转变亟需解决的若干深层问题》,载《中国行政管理》2015年第6期。

单行政或者不履行清单职责的行为予以严肃追究。①

（五）政府与公民法律地位平等（平权政府）与权力清单

"政府与公民法律地位平等"即平权政府是持"政府法治论"者近年来的一个创新性表述。它既是对建设法治政府终极目标的阐述，同时也是一种新型行政法观念的展现，是对政府与公民关系的重新定位：在法律地位上，政府与公民不再是建立在命令与服从基础上的支配关系，而是广泛通过沟通、协商、谈判等方式开展合作的伙伴关系；在行政过程当中，政府与公民之间由猜疑、防范或对抗，逐步走向相互信赖、彼此尊重和互动合作。②

长期以来，在"全能国家"观念的影响下，我国行政权力"对经济与社会生活的影响力大、覆盖面广、渗透性强"，加之受控权论的影响，我国行政法理论研究和实践重心往往聚焦于行政权的来源、行政权的运行是否合法公正等行政权本身及其下游问题，而对诸如政府与个人、政府与市场、政府与社会的界分，以及为什么要设定与配置行政权等行政权的上游问题关注不多。2003年通过的《行政许可法》第13条首次确立了公民、市场、社会优先于政府的理念，而《法治政府建设实施纲要（2015—2020年）》则明确将"职能科学"确立为法治政府的首要标志。面对我国历史形成的"全能政府"的惯性，要让庞大的政府"瘦身"，"把错装在政府身上的手换成市场的手"，不仅需要我们有"壮士断腕"的决心，③而且还要有具体可行的策略方案。因此本届中央政府成立不久就提出了简政放权的目标和思路，明确要通过做好行政权力的"减法"，换取市场和社会活力的"加法"，进一步理顺政府、市场、社会、公众的关系，使各种社会主体互相配合、互相合作，形成良性的共生共荣关系。具体地说就是，通过行政审批制度改革大幅度削减行政审批事项，找准政府在社会治理中的角色定位，通过推行权力清单制度，明确行政权力的类型及其边界，固化行政审批权和其他行政权力清理的结果，落实和保障政府与公民法律地位平等原

---

① 《推行权力清单制度的指导意见》对此规定得非常明确："权力清单公布后，地方各级政府工作部门、依法承担行政职能的事业单位、垂直管理部门设在地方的具有行政职权的机构等，都要严格按照权力清单行使职权，切实维护权力清单的严肃性、规范性和权威性。要大力推进行政职权网上运行，加大公开透明力度，建立有效的权力运行监督机制。对不按权力清单履行职权的单位和人员，依纪依法追究责任。"

② 参见杨海坤：《"四个全面"战略布局下如何全面推进法治政府建设》，载《法学评论》2015年第5期；杨海坤、章志远：《中国特色政府法治论研究》，法律出版社2009年版，第139页。

③ 李克强总理在2013年3月17日第十二届人大第一次会议答中外记者语。

则,避免行政改革后任何可能的反弹。

可见,推行权力清单制度是要打破政府垄断公共权力的局面,通过公共权力在政府、市场和社会间的重新分配,建立起政府与市场、社会平等合作的良性伙伴关系。推行权力清单制度过程中的"清权""减权"只是要核销政府手中不必要的行政权力,替政府"减负",给市场松绑,为社会添力,而不是对政府权力的"剥夺"。然而,在我国深化行政审批制度改革过程中,存在一种政府虚无主义的错误倾向,表现为对行政许可非理性的拒斥,即在立法上,对于应当设定行政许可的领域或事项,不敢理直气壮地设定行政许可,而是以"注册""登记"等替代;[1]在行政实践中,不适当地压缩行政许可事项和权力,甚至提出"零审批"的改革目标。[2] 我们认为,大幅度清理取消不必要的行政审批,对于转变政府职能,优化公共服务,激发社会活力,鼓励大众创业、万众创新发挥重要作用。但无视行政审批制度的积极功能,甚至是放弃行政审批的做法也是极其有害的。事实上,包括行政许可在内的行政审批制度是市场经济条件下政府干预社会经济生活最直接、最有效的一种方式,西方资本主义国家如此,我国社会主义市场经济也不例外。鉴于我国长期推行计划经济体制,不仅造就了无所不在的行政审批制度,甚至还形成了单纯依赖行政审批管理社会经济生活的普遍心理。因此,我国行政审批制度法治化建设的任务就不仅是要通过立法规范行政审批权的设定,大幅度削减行政审批事项,更重要的是还要破除通过行政审批管理经济社会生活的路径依赖。但是,这样的改革思路和目标不是不要审批,更不可能做到"零审批"。从我国法治政府建设的实践来看,通过立法设定行政审批的冲动得到了很大限度的抑制,行政审批设定的必要性原则得到了较好的体现和遵守。但是必要性原则还有另一层面的意思,即在必要的情况下,通过行政审批来实施管制、实现管制

---

[1] 例如,《医疗器械监督管理条例》第16条第1款规定:"申请第二类医疗器械产品注册,注册申请人应当向所在地省、自治区、直辖市人民政府药品监督管理部门提交注册申请资料。申请第三类医疗器械产品注册,注册申请人应当向国务院药品监督管理部门提交注册申请资料。"《江苏省食品小作坊和食品摊贩管理条例》第10条第1款规定:"食品小作坊实行登记管理。食品小作坊从事食品生产加工活动,应当依法取得营业执照,并向所在地县级食品药品监督管理部门申请食品小作坊登记证。申领登记证应当符合下列要求……"

[2] 例如,安徽省2014年10月公布的省级政府权力清单目录中,各部门的审批事项大幅削减或下放,改委、教育厅、科技厅等部门的审批事项分别仅有3项、5项和1项,而浙江、江苏等省份甚至提出"零审批"的改革目标。《全面改革的浙江探索(四):浙江多地试点"零审批"》,http://china.caixin.com/2014-12-15/100763221.html,2016年12月8日访问。

的目的仍然是正当的。因此单纯以数量来考核简政放权的成效是片面的,甚至是错误的。而推行权力清单制度在一定程度上可以缓和这种片面极端的做法:通过权力清单公示政府及其部门的行政审批权,非由法定主体并经法定程序,权力清单中职权事项不能调整,从而在一定程度上保证行政审批权的存续;而权力清单职权事项与责任清单的连接,意味法定职责必须为,从而为政府及其部门履行法定职责提供了坚强的保障。可见,推行权力清单制度在注重发挥市场和社会作为治理者责任的同时,同样关注政府的角色和担当:政府同市场和社会一样,都是社会治理的主体,不仅要共同分担治理者的角色和任务,而且政府还是"同辈中的长者",一旦市场失灵、社会失效,政府还要义不容辞地担负起"元治理者"的角色,承担托底的治理责任。[①]

[①] 参见崔卓兰、丁伟峰:《治理理念与行政自制》,载《社会科学战线》2016年第3期。

第四章

权力清单制度中的地方立法

权力清单的本质就是对于法律规范设定的行政职权予以明确和具体化，这也是职权法定这一现代法治理念的基本要求。根据我国《宪法》及《立法法》的规定，以宪法为核心的我国社会主义法律体系由国家和地方立法组成。其中，国家层面的立法有三个部分，具体为全国人民代表大会及其常务委员会颁布施行的法律和作出的相关决定、国务院制定的行政法规和发布的决定命令，以及国务院部委发布的命令、指示和部门规章；地方立法则包括省、自治区、直辖市和其他设区的市的人民代表大会及其常务委员会制定的地方性法规和前述地方人民政府制定的地方政府规章，以及民族自治地方制定的自治条例和单行条例，此外，特别行政区的立法也归属于地方立法范畴。可见，我国虽然实行单一制的国家结构形式，但是中央并不绝对垄断立法权，相反地方立法在我国社会主义法律体系中占据非常重要的地位。例如，2019 年 9 月 15 日在杭州召开的第二十四次全国地方立法工作座谈会上的信息显示，我国现行有效的法律 267 件、行政法规 756 件、地方性法规 12000 多件。从权力清单制度的实践来看，各地区、各部门行政权力的数量和名称的差异，主要就是因为地方立法造成的，因为对于国家层面的立法，特别是法律、行政法规，各地在权力清单编制过程中往往直接实行"拿来主义"，差别不大。而地方性法规和地方政府规章本身就是我国宪政体制下，基于"充分发挥地方的主动性、积极性的原则"赋予地方的权力，因而各地区的地方立法不仅存在立法领域、事项方面的差异，甚至对于相同领域、事项的立法表达也存在很大差别，这是地方部分分享国家立法权的题中之义，是地方立法的常态。与此同时我们也应该清醒地认识到，这种差异应当以不侵蚀我国社会主义法制统一原则为前提。实际上，权力清单编制过程中的"清权""减权"都隐含着要对地方立法是否符合法制统一原则进行"再检讨"。为此，本章将从权力清单编制实践出发，重点对影响地方立法合法性的一些因素进行分析和探讨，进而为甄别权力清单的规范依据提供理论指导和技术支持。

一、我国立法体制中的地方立法权

就国家权力的构成而言，立法权是与行政权、司法权、监察权并行的一类国家权力。我国的政体根本区别于西方资本主义国家的"三权分立",但国家权力的分工客观上是存在的,并且立法权、行政权、司法权和监察权在行使主体、行使方式上存在明显差异。地方立法权作为国家立法权的有机组成部分,是指省、自治区、直辖市和其他设区的市人民代表大会及其常务委员会在法定权限内,为了执行法律和行政法规,结合本地区的实际情况,或者针对地方性事务,制定、修改、废止地方性法规的活动,以及前述地方人民政府根据本地区情况或者具体行政管理事项,制定、修改、废止地方政府规章的活动。[①]需要说明的是,就本课题研究聚焦的论题而言,围绕地方立法展开的讨论一般不涉及特别行政区及民族区域自治地方的立法权。

(一) 地方立法权的确立

我国历史上就是一个统一的多民族国家,单一制也是中华人民共和国成立时选择的国家结构形式。新中国成立之初,国家立法权为中央独享,地方并无立法空间。党的十一届三中全会的召开推动了全国范围内的思想解放,也给我国立法体制注入了新的活力。例如,1979年召开的第五届全国人民代表大会第二次会议制定通过了《中华人民共和国地方各级人民代表大会和地方各级人民政府组织法》(简称"1979年《地方组织法》"),率先确立了相关地方有限的立法权,并对其行使的基本规则作出了规定。根据该法第6条的规定,省、自治区、直辖市的人民代表大会有权制定和颁布地方性法规,但行使立法的主体不包括其常务委员会。同时明确,省一级地方人大制定的地方性法规在实体上要遵循与上位法不抵触原则,在程序上要报全国人民代表大会常务委员会和国务院备案。

随着我国改革开放基本国策的不断实施,特别是因应社会主义法制建设的需要,1982年《宪法》第100条在区分地方立法与民族自治地方自治权的基础上,将地方立法主体在省、直辖市的人民代表大会的基础上,拓展到省、直辖市人大常委会,规定省、直辖市人民代表大会常务委员会享有与同级人民代表大会同等的立法权限,并遵循相同的实体规则和程序要求。此后,在《宪法》确立的"遵循在中央的统一领导下,充分发挥地方的主动性、积极性的原

[①] 参见武钦殿:《地方立法专题研究——以我国设区的市地方立法为视角》,中国法制出版社2018年版,第2页。

则"指引下,特别是为满足建设社会主义法治国家实践需要,地方性法规不仅已经成为我国社会主义法律体系的重要组成部分,而且呈现逐步扩大的趋势。例如,1982年修改后的《地方组织法》第27条第1款明确了省、自治区、直辖市的人民代表大会常务委员会的地方立法权限,[①] 到了1986年修改后的《地方组织法》,省、自治区的人民政府所在地的市和经国务院批准的较大的市的"半个立法权"被修改为完整的立法权,实现了地方立法权主体的下移。[②] 随着我国社会主义法治建设进程的推进,特别是法治日益成为地方经济社会发展的核心竞争力,全国人民代表大会顺应有关地方的呼声,在2015年通过修改《立法法》将地方立法权限扩充至所有设区的市,实现了地方平等享有立法权限。[③]

立法主体的扩容,特别是地方立法权的逐步拓展,地方立法机关基于地方治理的现实需求,也存在扩充立法权限的冲动,这种冲动至少表现在以下两个方面:一是谋求成为国务院批准的较大市,进而享有地方立法权。例如,国务院分别于1984年12月、1988年3月、1992年7月和1993年4月先后四次批准49个城市为较大的市,这49个城市因此而获得了地方立法权限。此后,多个城市开启了为获得地方立法权而设法成为国务院批准的较大的市的努力,其中江苏省常州市、浙江省温州市最为典型。在某种意义上可以说,2015年修改后的《立法法》对地方立法主体的扩容也是对这种扩张努力的回应。二是在单个立法实践中,扩张公权力、限制私权利的冲动,尤其是突破上位法规定而增设行政处罚行为的现象较为突出。例如,全国人大法律委员会

[①] 该条款内容为:"省、自治区、直辖市的人民代表大会常务委员会在本级人民代表大会闭会期间,根据本行政区域的具体情况和实际需要,在和国家宪法、法律、政策、法令、政令不抵触的前提下,可以制订和颁布地方性法规,并报全国人民代表大会常务委员会和国务院备案。"

[②] "半个立法权"是一种形象的说法,指1982年《地方组织法》第27条第2款规定的省、自治区的人民政府所在地的市和经国务院批准的较大的市人民代表大会常务委员会只有"拟定地方性法规草案"的权力,并无审议通过权。1986年修改后的《地方组织法》第27条第2款规定:"省、自治区的人民政府所在地的市和经国务院批准的较大的市的人民代表大会常务委员会,可以拟订本市需要的地方性法规草案,提请省、自治区的人民代表大会常务委员会审议制定,并报全国人民代表大会常务委员会和国务院备案。"

[③] 修改后的《立法法》第72条第2款规定:"设区的市的人民代表大会及其常务委员会根据本市的具体情况和实际需要,在不同宪法、法律、行政法规和本省、自治区的地方性法规相抵触的前提下,可以对城乡建设与管理、环境保护、历史文化保护等方面的事项制定地方性法规,法律对设区的市制定地方性法规的事项另有规定的,从其规定……"第82条第3款对地方政府规章也作了类似规定。

主任委员乔晓阳在 2017 年 9 月召开的第二十三次全国地方立法工作座谈会上讲话时就指出，地方性法规突破上位法的规定违法设定行政强制、行政许可的情况"基本没有出现"，地方性法规超越法律、行政法规规定的行政处罚种类和幅度的"现象也比较少"，但是突破上位法规定的行政处罚行为的限制"较为普遍"。① 地方立法权的这种扩权冲动，一方面反映地方立法机关在面对日益发展的社会经济现实需求，出于地方治理的实际需要而主动作为、积极作为的一面，另一方面也可能对我国社会主义法制统一和法治建设产生负面的冲击。对此，立法机关在全国人大审议《立法法》草案进行说明时也直言不讳，强调通过制定《立法法》，规范和统一有关机关特别是地方立法机关立法行为的重要性和迫切性。② 因此，从我国立法体制出发，在权力清单编制过程中对地方性法规的立法权限，特别是针对行政处罚、行政许可、行政强制的设定权地位及其构成分析的基础上，准确界定地方性法规设定权的界限，不仅有助于充分发挥设定权条款对地方立法主体的规范约束作用，并为甄别地方立法规范进入权力清单的权源依据提供有益指导，而且对于充分调动地方立法主体的主动性、积极性，维护法律权威，保障我国社会主义法制统一具有重要的意义。

（二）地方立法设定权条款的地位

20 世纪 90 年代出台的《行政处罚法》有若干"亮点"，其中之一就是"设定"概念的确立和对行政处罚设定权的配置。针对我国行政处罚实践中的乱

---

① 他说，地方性法规"行政许可、行政强制的设定基本没有出现突破上位法的情况，行政处罚的种类、幅度突破现象也比较少，问题主要集中在突破行政处罚行为的限制，增设了新的处罚行为，有的是在法律有关行政处罚规定中直接增加违法行为，有的是另列条文增加规定违法行为"。参见乔晓阳：《地方立法与行政处罚法的关系如何把握》，http://www.jsrd.gov.cn/llyj/lilun_qwls/201709/t20170912_473129.shtml，2019 年 12 月 8 日访问。

② 全国人大常委会法工委主任顾昂然在第九届全国人大第三次会议上作的《关于〈中华人民共和国立法法（草案）〉的说明》中指出，尽管"宪法对这些国家机关的立法权限从大的原则上作了规定，但对全国人大及其常委会与国务院、中央与地方之间在立法事项方面没有作具体划分"，使得"有些机关越权制定法规、规章；有些法规、规章同法律相抵触或者法规之间、规章之间，法规与规章之间存在着相互矛盾、冲突的现象；有些法规、规章的质量不高，存在着不顾国家整体利益而为部门、地方争局部利益的倾向"。因此，为了"对法律、法规以及规章的制定作出统一规定，使之更加规范化、制度化，以维护国家法制的统一，建立和完善有中国特色社会主义法律体系，推进依法治国、建设社会主义法治国家"，必须制定《立法法》以"规范立法活动"。

象,该法创制了"设定"概念,并依次对法律、行政法规、地方性法规及规章所享有的设定权限进行了配置,在提升行政处罚法治化水平的同时,也有助于消解行政处罚实践中的乱象。自此以后,对设定权进行配置就成了我国行政许可、行政强制等行政行为立法的不二选项。① 然而从立法实践来看,地方立法机关往往局限于"行政三法"相关条文去理解行政处罚、行政许可和行政强制的设定权限,而对"行政三法"中设定权条款的地位缺乏必要的关注,这在很大程度上削弱了设定权条款对地方立法的约束和限制,从而造成了地方立法实践中突破上位法规定、"在法律之外增加新的行政处罚"的违法立法状况。其实,《行政处罚法》创造出"设定"概念,直接动因来源于行政处罚乱象的"切肤之痛",另一方面也是在缺失立法法的场景下的无奈之举。因此,地方立法机关要在国家立法作出"最大公约数"规定的基础上,从"各地区经济社会发展水平"的实际出发,用好用准地方立法权,必须正确认识和准确把握设定权条款的法律地位。

第一,从设定权条款的内容来看,它是对法律、行政法规、地方性法规及规章创制行政处罚、行政许可和行政强制权限的配置,是"高阶法规定"。

高阶法规定和低阶法规定是芬兰哲学家冯·赖特提出来用于区分"规定与被规定"两类不同地位的法律规范。高阶法规定"主管规范制定或废除行为",受其规定的规范则为低阶法规定。我国有学者据此认为,鉴于上位法和下位法的区分模糊不清,特别是无法区分同一立法主体颁行的不同法律规范的地位,因而使用高阶法规定与低阶法规定的表述更加易于把握并准确描述上述状况。② 当下我国社会主义法治建设的一个基本事实是,随着有中国特色社会主义法律体系初步形成,我国社会主义法治建设已经从"有没有"的粗放式发展转变为对以"好不好"为起点的良法善治的追求,③因此对高质量立法产品的追求要求我们不仅要在整体上对某部法律规范的性质和地位进行辨别判断,而且还应当落实到构成某部法律的具体法规范,即对同一部法律

---

① 参见《行政处罚法》第 10—14 条,《行政许可法》第 14、15 条,《行政强制法》第 10、11、13 条。
② 参见袁勇:《法的违反情形与抵触情形之界分》,载《法制与社会发展》2017 年第 3 期。
③ 当代中国法治建设起步于中国共产党十一届三中全会,全会确立了社会主义法制建设"十六字"方针,将"有法可依"明确为法制建设的起点。经历十年"文革"后我国社会主义法律制度一片荒芜,因而解决社会主义法律制度、法律体系"有没有"的问题自然就成为我国法制建设的起点。随着我国法治进程的推进和社会主义法律体系的初步形成,作为法治建设的起点不再是"有没有",而是要转变为"好不好",因而"科学立法"顺理成章地成为我国社会主义法治建设新"十六字"方针的起点。

规范中具体的法律条文进行识别、判断和定性。显然,相对于上位法与下位法这种整体层面的区分,高阶法规定与低阶法规定的划分着重于具体的法律条文,并通过这种微观层面的分析和判断能够更加精准地对法律规范的地位和效力给出结论。在法治实践中,高阶法规定与低阶法规定的区分仍然面临着需要从内容方面而不是根据立法主体或者其他形式方面的标准去辨别、判断某一法律规范是否为"专司立法事项的立法性规定"[1]。可见,高阶法规定与低阶法规定的区分同上位法与下位法的表述并无本质不同,它们都是强调不同的法律规范存在法律效力的高下之分。只不过上位法和下位法的表述易被理解为指称整部法律,偏重于宏观整体的表述而难免以偏概全;而高阶法规定与低阶法规定的划分则着眼于从微观的法律条文出发去识别其效力的高下,从而能够更加精准地反映立法活动的具体状况,符合从一般到特殊的认识规律,同时也能满足我国当下社会主义法治建设逐步走向精细化的实际需求。

需要关注的是,我国社会主义法律体系的形成不是一蹴而就的,伴随着我国改革开放40多年经济社会发展的巨大变迁,作为政治上层建筑有机组成部分的法律制度必然会打上其颁行时期的烙印,而在立法资源有限、立法程序严格控制的情况下,不仅仅从整体上对某法律规范进行判断,而且着眼于微观的具体法律条文去定性分析和精准把握,对科学立法而言将更加经济、更加准确、更加具有现实针对性。而高阶法规定与低阶法规定这种区分恰好为我们开展这方面的精细化作业提供了一个妥适的分析工具。

例如,《行政处罚法》《行政许可法》和《行政强制法》等从整体上来说都是行政行为方面的立法,"是关于具体执法手段的设定规范"[2],因而绝大多数条款都是以规范行政机关具体行使行政处罚权、行政许可权和行政强制权为目的和内容的,属于低阶法规定。但是"行政三法"中的设定权条款却是例外,它是由"立法主体规定、立法权限规定、立法行为规定"等内容组成,涉及由什么样的国家机关来创设行政处罚、行政许可、行政强制等"立法行为和立法内容"[3],属于高阶法规定。对此,立法机关在"行政三法"草案说明中不仅对设

---

[1] 袁勇:《法的违反情形与抵触情形之界分》,载《法制与社会发展》2017年第3期。
[2] 余凌云:《地方立法能力的适度释放——兼论"行政三法"的相关修改》,载《清华法学》2019年第2期。
[3] 袁勇:《法的违反情形与抵触情形之界分》,载《法制与社会发展》2017年第3期。

定权作出了专门说明,而且对设定权条款所具有的这种立法性地位给予明确肯定。例如,全国人大常委会秘书长曹志在第八届全国人民代表大会第四次会议上作的《关于〈中华人民共和国行政处罚法(草案)〉的说明》中就强调,①行政处罚设定权是"立法体制"方面的内容,必须遵循我国"统一而分层次"的立法体制要求。所谓"统一",是强调在我国单一制国家结构形式下,《宪法》对多位阶的法律规范体系具有统领作用,在整个法律体系中具有至高无上的最高效力,即"一切法律、行政法规和地方性法规都不得同宪法相抵触";所谓"分层次",表明我国存在中央与地方、权力机关与行政机关等多个立法权主体,它们所颁行的法律规范效力存在位阶上的差异。而《行政处罚法》对设定权的配置就是要通过"确定哪些国家机关有权设定哪类行政处罚"来实现"统一而分层次"的立法体制的落实和细化。而在《关于〈中华人民共和国行政许可法(草案)〉的说明》中,国务院法制办公室主任杨景宇也强调,"设定行政许可属于立法行为"②。

第二,从设定权条款的来源看,行政处罚设定条款直接源于《宪法》及《地方组织法》确立的"统一而分层次"的立法体制,其地位与"规范立法活动"的《立法法》相当。

严格来说,对我国立法权限进行配置的法律只能是《宪法》及《地方组织法》《立法法》等先法性法律。例如,《宪法》第62条和第67条对全国人大及其常委会、第89条和第90条对国务院及其部委、第100条对省和直辖市的人民代表大会及其常务委员会的立法权限进行了规定。1982年修订后的《地方组织法》第27条第1款和第35条第1项、1986年修改后的《地方组织法》第27条第2款分别对省、自治区、直辖市人民代表大会常务委员会及其人民政府,以及省、自治区的人民政府所在地的市和经国务院批准的较大的市的人民代表大会常务委员会及其人民政府的立法权限作出了规定。直到2000年,作为规范全部立法机关立法权限和立法行为的基本法——《立法法》才颁布施行。可见,我国规范立法活动相关规则的确立是一个渐进的过程,在《立法法》颁布施行之前实际上是处于"零散"状态。为了避免分散的立法权对

---

① 参见全国人民代表大会常务委员会秘书长曹志在第八届全国人民代表大会第四次会议上作的《关于〈中华人民共和国行政处罚法(草案)〉的说明》。

② 参见国务院法制办公室主任杨景宇在第九届全国人民代表大会常务委员会第二十九次会议上作的《关于〈中华人民共和国行政许可法(草案)〉的说明》。

法制统一原则可能的损害,相关单行立法在各自可能的限度内进行着各自的努力。

显然,我国在1996年制定《行政处罚法》时《立法法》尚付阙如,面对"行政处罚的设定权不明确",甚至"行政机关随意设定行政处罚"等突出问题,通过行政处罚立法"确定哪些国家机关有权设定哪类行政处罚"就成了行政处罚立法一项"最重要的"的任务。① 这样,在广泛调研和反复研究的基础上,《行政处罚法》根据《宪法》及《地方组织法》确立的"统一而分层次"的立法体制,率先对不同的立法主体所享有的设定行政处罚的权限进行分配。从1996年《行政处罚法》第9至13条的内容来看,依次对法律、行政法规、地方性法规、部门规章和地方政府规章在什么情况下可以设定何种行政处罚作出了具体而明确的规定,对在设定行政处罚时应当遵循的基本规则作出了指引。而这些内容,恰恰是"规范立法活动的"《立法法》所应当担当的使命。由此可见,行政处罚设定权条款在内容上和法律地位上与《立法法》相当。而《行政许可法》《行政强制法》中的设定权条款虽然在形式上基本是"拷贝"《行政处罚法》,但两者的性质及法律地位却存在根本的区别。

(三)地方性法规设定权条款的构成

从内容来看,行政许可、行政强制设定权条款同行政处罚设定权条款是一样的,都是对不同的立法主体所享有的设定权限进行配置,都可以归为"高阶法规定",但它们与《立法法》的关系却不相同,因而在性质上存在明显差异。2000年《立法法》的颁行,意味着我国《宪法》及《地方组织法》确立的立法体制经由该法已经具体化,"所有立法行为和立法内容"通过《立法法》得以明确。这种状况意味着行政许可、行政强制设定条款不再像行政处罚设定权条款那样,需要"客串"《立法法》规范,而是要由《立法法》对不同的立法主体是否享有,以及在何种情况下可以创设行政许可、行政强制等规定进行落实和细化。对于设定权条款在《立法法》颁行后的这种变化,国务院法制办公室主任杨景宇在《关于〈中华人民共和国行政许可法(草案)〉的说明》中直言不讳。他说,"设定行政许可属于立法行为,应当符合立法法确定的立法体制和依法

---

① 参见全国人大常委会秘书长曹志在第八届全国人民代表大会第四次会议上作的《关于〈中华人民共和国行政处罚法(草案)〉的说明》。

行政的要求"。实际上,"行政三法"设定权条款性质上的这种差异从其立法主体的不同也可以看出:《行政处罚法》由全国人民代表大会制定,这一点与《立法法》相同;而《行政许可法》和《行政强制法》则由全国人民代表大会常务委员会制定。根据《立法法》第7条的规定,全国人民代表人会享有最完整的立法权,由它制定颁布的法律称为国家的"基本法律",而在"基本法律"以外的其他法律制定权,则归属于全国人民代表大会常务委员会。显然,从我国行政管理实际和社会主义法律体系的组成来看,并称为"行政三法"的《行政处罚法》《行政许可法》《行政强制法》并无"基本法律"和非"基本法律"地位上的差别,但是因为《行政处罚法》制定的时代背景,特别是出于治理乱处罚这个立法目的考虑而需要对行政处罚设定权这个"立法性规定"作出具体规定,因而只能由全国人民代表大会进行立法,进而在整体上"拉升"了《行政处罚法》的位阶,使其在形式上成为国家的"基本法律"。

《立法法》的颁行对"行政三法"设定权条款的影响还表现在其构成方面的差异:《行政许可法》和《行政强制法》是在《立法法》颁行后由全国人大常委会制定颁布的,基于对全国人大常委会正当行使立法权限的预设,《宪法》及《立法法》《地方组织法》等宪法法律确立的基本原则、基本精神以及具体规定能够为行政许可和行政强制立法所遵循、吸收。相应的,《行政强制法》第10—13条、《行政许可法》第14、15条就是前述宪法性法律有关立法权限配置的具体体现,是行政强制和行政许可设定权条款的最直接体现;而《行政处罚法》是在《立法法》颁行前直接依据《宪法》及《地方组织法》制定的,因此行政处罚设定权条款实际上与《立法法》是同阶性的,立法实践中对行政处罚设定权的认识不仅要看1996年《行政处罚法》第9—13条的具体规定,而且还要结合《立法法》的原则和精神尤其是《立法法》的具体规定进行甄别和判断:若与《立法法》的原则、精神和具体条款的要求吻合,则可以将1996年《行政处罚法》第9—13条的规定视为《立法法》在行政处罚设定问题上的细化和具体化;反之,则应该归于无效或者要作相应的修改。这既是法律位阶理论的一般要求,同时也是2000年《立法法》第83条的具体规定。遗憾的是,长期以来我们往往将1996年《行政处罚法》第9—13条的规定视为行政处罚设定权条款的全部,而忽略了《立法法》的颁布施行对行政处罚设定权条款的构成带来的影响。

具体说来,在《立法法》颁行以后,对行政处罚设定权条款至少应当从以下两方面给予重点关注:一是《立法法》对法规、规章是否有不同于1996年《行政处罚法》第9—13条的新规定,若有则应当成为行政处罚设定权条款的组成内容。例如,根据2000年《立法法》第64条第1款的规定,地方性法规有执行性立法和创制性立法两种类型,①但创制性立法需为地方性事务或者是法律保留以外的其他需要地方先行立法的事项。由于《行政处罚法》对地方性法规设定行政处罚并未细分地方性事务和非地方性事务,《立法法》的这一规定实际上就补充了1996年《行政处罚法》第11条有关地方性法规设定行政处罚立法规定的具体内容,并造成了地方性法规在《立法法》颁行前后创设行政处罚的差异:根据1996年《行政处罚法》第11条的规定,地方性法规创设行政处罚时无须对调整事项作地方性事务和非地方性事务的区分,并且都不以是否制定法律、行政法规为前提;由于《立法法》将地方性法规区分为执行性和创制性两类,并明确创制性立法仅限于地方事务,因此在《立法法》颁行后,尽管《行政处罚法》尚未在形式上作出修改,但是鉴于《立法法》的高阶性,地方性法规自行创设新的行政处罚主要限于地方性事务,而对于非地方性事务若要创设行政处罚,则要以"国家尚未制定法律、行政法规"为前提。② 二是1996年《行政处罚法》第9—13条与《立法法》的相关规定是否一致,若有冲突,按照新法优于旧法的规则,则要以新法为准。例如,2015年修改后的《立法法》第80、82条规定,没有法律、法规的依据,规章不得设定减损公民、法人和其他组织权利或者增加其义务的规范,这意味着"规章几乎没有创制能力"③。这样,1996年《行政处罚法》第12、13条赋予规章设定一定数额罚款和警告的行政处罚的规定就会因不符合修改后的《立法法》这一规定而在事实上就不再具有法律效力。也有观点认为,行政处罚是对相对人违反强制性或义务性规定

---

① 执行性立法即"为执行法律、行政法规的规定"而制定地方性法规,须以有上位法为前提;创制性立法分为对"属于地方性事务需要制定地方性法规的事项"及该条第2款规定的对"国家尚未制定法律或者行政法规"的"除本法第八条规定的事项外"的其他事项进行的先行性立法两类。

② 《立法法》关于创制性地方立法应限于地方性事务的规定在《行政许可法》《行政强制法》中得到了很好的体现。例如,《行政许可法》第15条第一款明确规定,地方性法规设定行政许可必须以"尚未制定法律、行政法规"为前提,这实际上使得地方性法规设定行政许可仅限于《立法法》第64条第2款规定的先行立法权。即便是这种先行立法,也"不得设定应当由国家统一确定的公民、法人或者其他组织的资格、资质的行政许可"。而《行政强制法》第10条第3款规定更加直接:"尚未制定法律、行政法规,且属于地方事务的,地方性法规可以设定"查封、扣押等行政强制措施。

③ 余凌云:《地方立法能力的适度释放——兼论"行政三法"的相关修改》,载《清华法学》2019年第2期。

的制裁,是"第二性"义务,因而不受修订后的《立法法》这一限制。我们认为,这一观点是不能成立的。因为规章设定行政处罚的前提是"尚未制定法律、法规的",若法律法规设定了义务性规定而未设定行政处罚,这时规章创设行政处罚就与"尚未制定法律、法规"相抵触,若法律、法规未设定义务性规范和行政处罚,则规章在设定行政处罚的同时势必也要创设义务性规范,这就与《立法法》对规章设定权的最新规定相抵触了。①

综合上文的分析,地方性法规行政处罚设定权条款的构成如下:(1)《宪法》第 100 条第 1 款。② 该规定不仅确立了地方性法规应当遵循的"不抵触"原则,而且肯定了地方性法规可以进行创制性立法。尽管《行政处罚法》设定权条款没有直接重申"不抵触"原则,但是作为全国人大制定的《行政处罚法》在对行政处罚设定权进行配置时无疑隐含着这一《宪法》原则,亦即地方性法规在设定行政处罚时不得与宪法、法律和行政法规相抵触。(2)2000 年《立法法》第 64 条。③ 该规定在肯定地方性法规创制性立法的同时,进一步明确进行这种创制性立法的具体情形和限制性条件:一种情形是对"地方性事务"且"需要制定地方性法规"时进行创制,另一种情形是对非地方性事务进行创制性立法但必须以"尚未制定法律或者行政法规"为前提。(3)2017 年《行政处罚法》第 11 条第 1 款。④ 该规定采用排除法明确了地方性法规创制行政处罚各类的权限,即除了限制公民人身自由、吊销企业营业执照这两种行政处罚种类外,设定其他种类的行政处罚对于地方性法规而言都是开放的。

值得注意的是,2017 年《行政处罚法》第 11 条第 2 款的规定是行政处罚的"规定权",虽然也是地方立法权作用的方式,但不是对行政处罚的设定,不

---

① 修改后的《立法法》对规章这种限制实际上也体现了全国人民代表大会常务委员会秘书长曹志在《行政处罚法》草案说明所强调的"随着法律、法规的逐步完备,规章设定行政处罚的面将越来越小"的要求。修改后的《立法法》对规章立法权限的影响,参见王太高:《设区的市行使地方立法权若干问题研究》,载《人民与权力》2015 年第 11 期。

② 该条款内容为:"省、直辖市的人民代表大会和它们的常务委员会,在不同宪法、法律、行政法规相抵触的前提下,可以制定地方性法规,报全国人民代表大会常务委员会备案。"

③ 该条款内容为:"地方性法规可以就下列事项作出规定:……(二)属于地方性事务需要制定地方性法规的事项。除本法第八条规定的事项外,其他事项国家尚未制定法律或者行政法规的,省、自治区、直辖市和较大的市根据本地方的具体情况和实际需要,可以先制定地方性法规。在国家制定的法律或者行政法规生效后,地方性法规同法律或者行政法规相抵触的规定无效,制定机关应当及时予以修改或者废止。"

④ 该条款内容为:"地方性法规可以设定除限制人身自由、吊销企业营业执照以外的行政处罚。"

能归入行政处罚设定权条款的范围。区分行政处罚的"设定"与"规定"是《行政处罚法》的一大贡献,并且在《行政处罚法》文本中对两者的内涵与外延有清晰的界分,进而为后续的《行政许可法》《行政强制法》所认可和吸收:"设定"是行政处罚从无到有,是创制;"规定"是从概括到具体,是细化。然而由于2000年《立法法》第64条在《宪法》第100条规定的基础上,将地方性法规的立法权限区分为执行性立法和创制性立法两种,而《行政处罚法》第11条第2款对地方性法规"规定权"的表述完全符合《立法法》规定的执行性立法的特征,因而在相关理论研究和立法实践中,有人便将该"规定权"条款视为行政处罚的设定权,甚至等同于行政处罚设定权的全部内容。① 显然,这种认识不仅严重背离了《行政处罚法》对"设定权"与"规定权"的规定,而且容易混淆地方立法过程中设定行政处罚与对行政处罚作具体规定的法律限制。虽然从外观上看,地方性法规针对违法行为设定行政处罚的行为及后果,与对法律、行政法规已经作出的"行政处罚规定"再进行"规定"一样,都表现为立法行为和立法产品,但是《立法法》针对这两种立法行为设立的规则却有着明显的区别:地方性法规若违反2017年《行政处罚法》第11条第1款的规定进行行政处罚的设定,则是《立法法》第96条规定的"法的违反"情形,若违反第11条第2款的规定对上位法设定的行政处罚进行规定,则是《立法法》第97条规定的"法的抵触"情形,两者在审查内容、审查方式及法律后果等方面存在明显差异。②

(四)地方性法规设定权的展开

从上述分析不难看出,在权力清单编制过程中,同样是面对设定行政职权的法律条文,需要考虑的因素可能存在着一定的差异。由于在法治化进程

---

① 例如,有学者在讨论地方性法规设定行政处罚的抵触问题时,通篇只引用2017年《行政处罚法》第11条第2款而不提及该条第1款的内容。参见苗壮:《地方性法规设定行政处罚的抵触判断》,载《中南大学学报(社会科学版)》2018年第4期。全国人大法律委员会主任委员乔晓阳在第二十三次全国地方立法工作座谈会上,以2017年《行政处罚法》第11条第2款作为地方性法规设定行政处罚的内容予以讨论发表讲话,并指出2017年《行政处罚法》第11条第2款的规定是行政处罚立法治乱治滥这一"初衷的体现",也"是地方立法'不抵触'原则在行政处罚领域的具体化和重要体现,彰显了'国家法制统一'原则"。参见乔晓阳:《地方立法与行政处罚法的关系如何把握》,http://www.jsrd.gov.cn/llyj/lilun_qwls/201709/t20170912_473129.shtml,2020年1月20日访问。

② 参见袁勇:《法的违反情形与抵触情形之界分》,载《法制与社会发展》2017年第3期。

中,行政处罚立法相对较早,因而对于行政处罚权职权依据的梳理更需谨慎。而随着《行政处罚法》在2021年的修改,情况可能更为复杂。鉴于《宪法》及《立法法》相关规定对行政处罚设定产生的实质上的影响,因此在把握地方性法规可以就行政处罚设定相关条款的具体内涵时,可以关注以下几个方面:

第一,在行政处罚的种类方面,地方性法规只能设定除吊销企业营业执照、限制公民人身自由以外的其他行政处罚。从2017年《行政处罚法》第8条的规定来看,行政处罚的种类除该法列举的六种外,法律、行政法规还可以创设其他新的行政处罚种类。[①]《行政处罚法》基于法律保留的现代法治理念,通过排除法将吊销企业营业执照、限制公民人身自由这两类最为严厉的行政处罚排除在地方性法规设定的行政处罚种类之外,这与《立法法》的基本精神和原《行政处罚法》第8条的具体规定高度一致。需要说明的是,由于2017年《行政处罚法》第8条规定的行政处罚种类是开放的,例如法律就可以设定行政拘留以外的其他限制公民人身自由的行政处罚,这样限制公民人身自由的行政处罚除行政拘留外,客观上还会有其他类型,而2017年《行政处罚法》第11条第1款的该种限制意味着,不仅行政拘留,而且任何潜在的限制公民人身自由的行政处罚,地方性法规均不能染指;至于"暂扣或者吊销许可证、执照"类的行政处罚,2017年《行政处罚法》第11条第1款只是规定地方性法规无权创设其中的"吊销企业营业执照"这种行政处罚,而企业营业执照以外的其他许可证或执照的吊销,或者暂扣包括企业营业执照在内的许可证或执照等行政处罚,地方性法规均可以设定。有学者研究认为,从地方治理的实际需要看,应当取消对地方性法规设定吊销企业营业执照行政处罚的限制。实际上,从简政放权、"多证合一"改革实践来看,营业执照独立性在现实行政管理中已经不复存在,因此吊销企业营业执照作为一种行政处罚,实际上已经没有实质意义。应该说这种说法有一定道理,但从"证照分离"改革实践来看,"吊销企业营业执照"还是具有特别意义。因为从法律意义上看,营业执照代表着企业的"出生",是决定企业主体资格有无的问题,吊销营业执照则意味主体资格的丧失即"死亡",是权利能力的消失;而营业执照以外的其他许可证、执照等则与企业的行为能力有关,不涉及主体资格和权利能力。因

[①] 有学者据此梳理相关法律和行政法规后认为,我国行政处罚种类有120多种。参见胡建淼:《"其他行政处罚"若干问题研究》,载《法学研究》2005年第1期。

此,立足于全国一盘棋,特别是构建成熟的市场化营商环境的考虑,有关企业主体资格的获得及丧失,应当尺度统一,不允许有地区差异。正是在此意义上,2021年修改后的《行政处罚法》第12条仍然将"吊销营业执照"排除在地方性法规设定行政处罚职权范围外。需要特别说明的是,修改后的《行政处罚法》第12条第1款还有一个微调,即删除了"吊销企业营业执照"中的"企业"二字。这就是说,只要是营业执照,不管是企业性质的市场主体还是非企业性质的市场主体,地方性法规都不得设定吊销营业执照的行政处罚。与修改前的《行政处罚法》相比,这实际上是进一步扩大了地方性法规不得设定行政处罚的范围,即只要是涉及市场主体资格的许可,地方性法规都不得通过创设行政处罚染指该事项,该规定背后的目的正是出于建立和维护全国统一的市场考虑。

第二,针对地方性事务地方性法规在设定行政处罚时,不得与上位法相抵触。"不抵触"是我国立法体制的一项基本原则,《宪法》及《立法法》的文本表达就是,"不同宪法、法律、行政法规相抵触的前提下,可以制定地方性法规"。"不抵触"以明晰"抵触"内涵为前提,然而对于什么是"抵触",学界虽然讨论已久,然意见并不完全统一。例如,有学者认为下位法的规定违背了上位法的原则和条文就构成抵触;[1]也有学者从《立法法》第96、97条的规定出发,主张细分法的违反和法的抵触,认为法的违反是对立法性规则的违反,如《立法法》第96条规定的下位法"超越权限的""违背法定程序的"等情形;而法的抵触是"规定同阶、内容同域、事项同类与条件重合"的法律规范不一致或不相容,如《立法法》第97条规定的情形。[2]毫无疑问,学界的广泛讨论和各种代表性的观点为我们在实践中从不同角度去识别法的抵触提供了很好的参考,而将法的抵触与法的违反予以区分的主张不仅在我国《立法法》中有直接的规范依据,而且按照相容性来界定法的抵触具有更强的可操作性和针对性,即只要不与法律、行政法规的同类规定发生冲突,地方立法就不应该轻易受到否定。[3] 由于法的抵触以存在两个或两个以上的同类法律规范为前提,

---

[1] 参见胡建淼:《法律规范之间抵触标准研究》,载《中国法学》2016年第3期。
[2] 参见袁勇:《法的违反情形与抵触情形之界分》,载《法制与社会发展》2017年第3期。学界还有人将不同的主张概括为"依据说""直接抵触说"和"间接抵触说"等。参见孙波:《地方立法"不抵触"原则探析——兼论日本"法律先占"理论》,载《政治与法律》2013年第6期。
[3] 参见张千帆:《流浪乞讨与管制——从贫困救助看中央与地方权限的界定》,载《法学研究》2004年第3期。

因而当某一领域未制定法律或行政法规,或者虽有法律或行政法规但对某具体事项未作行政处罚规定时,地方性法规对此作出行政处罚规定就不可能出现不相容的问题,抵触也无从谈起。这样的认识不仅很好地体现了《宪法》确立的"充分发挥地方的主动性、积极性的原则"要求,而且也体现了围绕地方性事务,地方性法规进行行政处罚设定并不要求以"尚未制定法律、行政法规"为条件,因而对地方立法实践具有重要的指导作用。

值得注意的是,2021年修改后的《行政处罚法》第12条在原第11条的基础上增加了一款即第3款,针对法律、行政法规未对违法行为设定行政处罚的情况下,明确肯定地方性法规具有创设行政处罚的权力。①《行政处罚法》的这一修改不仅打开了地方性法规创设行政处罚的空间,也充分印证了本课题研究成果的价值。需要指出的是,在全国人大常委会最后通过的《行政处罚法》修改文本中,第12条第3款的内容与2019年10月12日印发的"修正草案"存在一些差别:②修改稿增加了地方性法规"补充设定行政处罚"的程序性要件,并突出在报备时的说明义务,而删除了"修正草案"中的地方性法规"增加处罚规定的,必须在该法律、行政法规规定的行政处罚种类和幅度的范围内规定"这一实体性限制内容。我们认为,"补充设定行政处罚"准确反映了地方性法规此种情况下创设行政处罚的特质,纠正了"修正草案"将此表述为行政处罚"规定"的定性谬误。皮之不存,毛将焉附?既然该种情况下法律、行政法规"对违法行为未作出行政处罚规定",那么就不存在通过"规定"予以细化的可能。但是最后通过的修改稿删除了"在该法律、行政法规规定的行政处罚种类和幅度的范围内规定"的限制,我们认为存在一定法律风险,因为"不抵触"是地方立法权必须坚守的一项基本原则,虽然本次对《行政处罚法》的修改同行政强制、行政许可立法一样,发生在《立法法》颁行以后,隐含着对《立法法》确立的"不抵触"原则的默认,但是由于行政处罚设定权条款的复杂性,特别是修改后的文本直接删除"修正草案"的这一实体性限制内容,难免

---

① 该条款内容为:"法律、行政法规对违法行为未作出行政处罚规定,地方性法规为实施法律、行政法规,可以补充设定行政处罚。拟补充设定行政处罚的,应当通过听证会、论证会等形式广泛听取意见,并向制定机关作出书面说明。地方性法规报送备案时,应当说明补充设定行政处罚的情况。"

② 修正草案的该条款内容为:"法律、行政法规对违法行为未作出行政处罚规定,地方性法规为实施法律、行政法规需要增加规定行政处罚的,必须在该法律、行政法规规定的行政处罚种类和幅度的范围内规定。"

会造成不受实体限制的误解,极有可能造成地方性法规在有关法律、行政法规规定的行政处罚种类和幅度范围外创设新行政处罚种类或者突破原有的幅度范围,如此这般必将造成与法律、行政法规的抵触,从而背离《宪法》及《立法法》规定的"不抵触"原则。

不仅如此,地方性法规依据上述规定在创设行政处罚时还要受地方事务的约束。由于《立法法》并未对地方性事务作出任何规定,因而对于什么是"地方性事务"也是一个颇具争议的话题。例如,全国人大常委会编著的《中华人民共和国立法法释义》指出,"地方性事务是指具有地方特色的事务,一般来说,不需要或在可预见的时期内不需要由全国制定法律、行政法规来作出统一规定",并将风景名胜、非物质文化遗产、禁放烟花爆竹等归为地方性事务。[1] 然而从立法实践来看,"具有地方特色的事务"不过是"地方性事务"的重复,安插一个"特色的"定语并没有为区分地方性事务确立一个清晰标准,也没有揭示其真正内涵。至于"不需要"国家层面的立法进行统一规定,不仅外延模糊,而且与《立法法》第73条第2款规定的地方性法规的先行立法权存在冲突。鉴于正面界定"地方性事务"存在的这种困境,我们认为对"地方性事务"的认识和把握上可以从以下几方面予以明确:首先,我们不能将《立法法》第8条确立的法律保留外的事项均视为地方性事务。因为从法理上看,法律保留不仅限制地方立法权,而且还限制行政法规,即对于法律保留的事项,行政法规、地方性法规和规章等均不得涉足。而从《立法法》第73条第2款的规定看,法律保留事项以外仍有大量的非地方性事务,并允许地方性法规在"尚未制定法律、行政法规"的情况下根据本地区的实际需要先行作出规定。[2] 其次,我们也不能将《立法法》第72条第2款限定的设区的市立法事项范围看成是地方性事务的全部。因为"地方性事务"不仅适用于设区的市地方性法规,而且对省一级的地方性法规同样适用。特别是从《立法法》第73条

---

[1] 参见全国人大常委会法制工作委员会国家法室编著:《中华人民共和国立法法释义》,法律出版社2015年版,第238页。
[2] 该条款内容为,"除本法第八条规定的事项外,其他事项国家尚未制定法律或者行政法规的,省、自治区、直辖市和设区的市、自治州根据本地方的具体情况和实际需要,可以先制定地方性法规。在国家制定的法律或者行政法规生效后,地方性法规同法律或者行政法规相抵触的规定无效,制定机关应当及时予以修改或者废止"。

第 3 款的规定来看,①即使是"城乡建设与管理、环境保护、历史文化保护等方面的事项"与"地方性事务"也只是交叉关系而非等同关系。最后,即使是"城乡建设与管理、环境保护、历史文化保护等方面的事项"可以视为地方性事务,其外延也是不确定的。因为立法机关对这里的"等方面的事项"的认识存在着从"等内"到"等外"的认识变化,而且何为"城乡建设管理"的外延认识也是在发展变化的。② 在这样的背景下,"地方性事务"对地方性法规的限制,包括对设定行政处罚的限制明显刚性不足。例如,社会信用是近年来我国地方立法实践中一个非常活跃的议题,包括浙江、河北、湖北、上海、南京等地已经出台十多部地方性法规,③并在法律责任一章均设定了行政处罚。④ 显然,无论按照何种标准,社会信用都很难视为"地方性事务",而在立法实践中类似社会信用这样颇有争议的事项在设区的市地方立法中绝非个案。可见,由于地方性法规的先行立法及纯粹的地方性事务立法均不以上位法为前提,⑤并且都要遵循宪法确立的"不抵触"原则,因而试图给"地方性事务"下定义或者厘清其外延,对于地方立法权的实际行使并未产生实质性影响。

---

① 该条款内容为:"设区的市、自治州根据本条第一款、第二款制定地方性法规,限于本法第七十二条第二款规定的事项。"

② 例如,在《立法法》修改后的 2015 年 9 月召开的第二十一次全国地方立法论坛上,全国人大常委会法工委主任李适时明确指出,"关于'等'字是'等内等'还是'等外等',我们认为,从立法原意上讲,应该是等内,不宜再作更加宽泛的理解"。在 2016 年第二十二次全国地方立法论坛上,李适时指出,对"等"字去年已经作了解释,并强调可以根据党中央和国务院最新文件对城乡建设管理的外延作扩张解释,这实际上仍然坚持"等内"的认识。而在 2018 年 12 月 13 日下午,全国人大常委会王晨副委员长在南京市人大常委会调研时指出,《立法法》第 72 条第 2 款的"等方面的事项"是"等外",设区的市地方立法不应仅仅局限于城乡建设与管理、环境保护和历史文化保护这三类事项,还可以对其他事项进行立法。

③ 仅在江苏省内,就有四部地方性法规:2015 年《无锡市公共信用信息条例》、2016 年《泰州市公共信用信息条例》、2018 年《宿迁市社会信用条例》、2019 年《南京市社会信用条例》。

④ 有学者认为,地方信用立法中的失信惩戒是一种行政处罚,并且是在 2017 年《行政处罚法》第 8 条规定的行政处罚种类以外由地方性法规创设的新的行政处罚种类。典型的例子如《上海市社会信用条例》第 30 条和第 31 条。参见李晴:《论地方性法规处罚种类创设权》,载《政治与法律》2019 年第 5 期。实际上,失信惩戒是否为独立的行政处罚种类、是否为地方性法规创设等都是有争议的。因为从相关地方信用立法来看,在规定失信惩戒时往往都强调"依据法律、行政法规规定",或者"在法定权限范围内"等限制,并且很多名为"惩戒",实为强化行政机关的审查义务或者是对行政机关给予相对人的一些行政便利予以限制,这些很难视为对相对人的制裁。

⑤ 参见余凌云:《地方立法能力的适度释放——兼论"行政三法"的相关修改》,载《清华法学》2019 年第 2 期。

二、"尚未制定法律、行政法规"与地方立法权的行使

《立法法》第 88、89 条①通过对法律、法规和规章等不同形态的法律规范的效力进行"排序"即明确其位阶,实现对地方立法权具体行使的限制。从地方立法实践来看,直接逾越上位法明确规定而进行违法立法的情形并不常见,但是地方立法过程中一些"隐性"违法或者说游走在合法与违法灰色地带的现象并不鲜见,但由于其隐蔽性常常被忽略,对此在编制权力清单过程中必须给予高度关注。例如,同对地方立法权作出一般性限制不同,地方立法活动的启动、具体条款的设立等往往会有一些具体的限制性条件,"尚未制定法律、行政法规"就是这种限制性条件的一种。② 我国三部单行的行政行为立法(简称"行政三法")对此也作出了明确的规定。为了行文的方便,以下用"尚未制定法律、行政法规"来统称前述"尚未制定法律、行政法规"或者"尚未制定法律、行政法规和地方性法规"等。

(一)"尚未制定法律、行政法规"的文义分析

如前文所述,"尚未制定法律、行政法规"的表述实际上是对上位法与下位法关系的一个补充,强调上位法对下位法的约束和限制。从地方立法实践来看,"尚未制定法律、行政法规"作为启动地方立法权的一个限制性条件,可以从广义和狭义两个方面来理解,狭义上看,这种限制是对启动某个具体的地方性法规或者地方政府规章制定程序的限制,例如修改后的《立法法》第 73 条第 2 款对地方先行立法权的限制;在广义上,是指地方性法规或地方政府规章制定程序已经启动,但能否设置相关条款,尤其是创设行政处罚、行政许可等,需要受到《行政处罚法》第 13 条第 2 款、第 14 条第 2 款和《行政许可法》第 15 条第 1 款对地方性法规和地方政府规章创设行政处罚,或者地方性法规

---

① 第 88 条的内容为:"法律的效力高于行政法规、地方性法规、规章。行政法规的效力高于地方性法规、规章。"第 89 条的内容为:"地方性法规的效力高于本级和下级地方政府规章。省、自治区的人民政府制定的规章的效力高于本行政区域内的设区的市、自治州的人民政府制定的规章。"

② 例如,《立法法》第 73 条第 2 款规定,"除本法第八条规定的事项外,其他事项国家尚未制定法律或者行政法规的,省、自治区、直辖市和设区的市、自治州根据本地方的具体情况和实际需要,可以先制定地方性法规。在国家制定的法律或者行政法规生效后,地方性法规同法律或者行政法规相抵触的规定无效,制定机关应当及时予以修改或者废止。"

和省级政府规章创设行政许可的限制等。从我国法治建设的实际来看,随着中国特色社会主义法律体系初步形成,地方先行立法的比重在逐步降低,而单行法上对创设行政处罚、行政许可的限制显得较为广泛复杂。这不仅因为地方立法中一般均涉及行政处罚的创设(相对而言,地方创设行政许可已经受到了极大的限制),相关条款的甄别面广量大,更为重要的是,对"尚未制定法律、行政法规"内涵的把握极其困难。例如,在判断"尚未制定法律、行政法规"时就涉及法律调整对象的认知是遵循领域标准还是事项标准,而对"尚未制定"外延的把握则涉及是形式上未制定还是实质上未制定。显然,在这些问题认识上的分歧不仅直接影响到权力清单编制过程中法律依据的选择和识别,更重要的是它决定着我国社会主义法制统一原则的落实,对于各地区平等行使地方立法权具有根本性的影响,必须高度重视、认识对待。

1. "尚未制定"的客体:"领域"还是"事项"

作为调整各种社会关系的规范体系,任何法律都有其特定的调整对象,这个调整对象落实在具体法律关系中也被称为法律关系的客体。调整对象的不同不仅形成了法律部门间的差异,并且也给立法活动注入了活力。从地方立法实践来看,"尚未制定法律、行政法规"的内涵就有以某领域为限的"领域说"和以某具体事项为限的"事项说"两种不同的解释。根据《现代汉语词典》的解释,"领域"是指一种特定的范围或区域,"事项"是指事情的项目。从语义上看两者虽不存在隶属关系,但外延的大小还是能够辨别的,即"领域"要明显大于"事项"。具体到单个的立法而言,尽管在立法论上其调整对象或范围实际上是确定的,但从解释论的角度,倘若将调整对象解释为"领域"或"事项",无疑将会对该法的射程产生根本性的影响。以"尚未制定法律、行政法规"为例,倘若将其理解为"某领域未制定",则地方立法在创设行政处罚、行政许可时就会受到非常严格的限制,反之则较为宽松。从我国法治实践及理论研究来看,对"尚未制定法律、行政法规"恰恰就存在以某领域为限的"领域说"和以某具体事项为限的"事项说"这两种不同的解释。

所谓"领域说"是指国家在某一领域还没有出台法律或者行政法规,也就是"尚未制定法律、行政法规"。换句话说就是,在某一领域只要颁行了法律、行政法规,不管这些法律、行政法规的内容是高度概括、抽象还是面面俱到,均意味着"尚未制定法律、行政法规"这个前提已经丧失。对此,全国人大常委会法工委在 2004 年 12 月 24 日给某省的《如何理解和掌握〈中华人民共和国行政许可法〉有关规定》答复中进行了阐述。① 在该答复中,虽然同时出现了"某一领域"和"某一事项"的用法,但两者的关系明确为或然关系,即只要"某一领域"制定了法律、行政法规,就意味着"已制定",因而就不再符合"尚未制定法律、行政法规"这个条件了。全国人大常委会的这一答复精神在审判实践中得到了很好的执行,②并通过最高人民法院指导案例实现了效力的扩张。③

所谓"事项说"是指国家对某一事项还没有出台法律或者行政法规,也就是"尚未制定法律、行政法规"。一般认为,"事项说"的依据是 2004 年 1 月 2 日国务院法制办公室发布的《行政许可法疑难问题解答》第 14 条。④ 该解答从我国《行政许可法》文本出发,运用体系解释和方法,认为该法第 12 条使用的是可以设定行政许可"事项"的表述,因而第 14、15 条中的"尚未制定"也只能是指"事项"而不可能是指"领域"。

不可否认,"领域说"和"事项说"作为解释论上的两种不同观点对我国地

---

① 该答复指出,"《中华人民共和国行政许可法》第十五条第一款规定,本法第十二条所列事项,尚未制定法律、行政法规的,地方性法规可以设定行政许可。这一规定应当理解为,在尚未制定法律、行政法规的情况下,无上位法依据时,地方性法规可以设定行政许可。如果某一领域或者某一事项制定了法律、行政法规,但法律、行政法规没有规定行政许可,或者对该领域内某一事项未设定行政许可的,地方性法规不得设定行政许可。"

② 最高人民法院在 2011 年 1 月 17 日给江苏省高级人民法院《关于经营工业用盐是否需要办理工业盐准运证等请示的答复》指出,"在已经制定法律、行政法规的情况下,地方性法规或者地方政府规章只能在法律、行政法规设定的行政许可事项范围内对实施该行政许可作出具体规定,不能设定新的行政许可。法律及《盐业管理条例》没有设定工业盐准运证这一行政许可,地方性法规或者地方政府规章不能设定工业盐准运证制度。"

③ 在 2002 年发布的第 5 号指导案例的裁判要旨中,最高人民法院再次对此进行了明确和阐述。该案的裁判要旨有三点:(1) 盐业管理的法律、行政法规没有设定工业盐准运证的行政许可,地方性法规或者地方政府规章不能设定工业盐准运证这一新的行政许可;(2) 盐业管理的法律、行政法规对盐业公司之外的其他企业经营盐的批发业务没有设定行政处罚,地方政府规章不能对该行为设定行政处罚;(3) 地方政府规章违反法律规定设定许可、处罚的,人民法院在行政审判中不予适用。

④ 该条先是提出问题:"行政许可法第 14 条、第 15 条中规定的'尚未制定法律''尚未制定法律、行政法规'以及'尚未制定法律、行政法规和地方性法规'的情况是指具体事项范畴,还是指整个领域?"随后给出的答案是:"行政许可法第 14 条、第 15 条中规定的'尚未制定法律''尚未制定法律、行政法规'以及'尚未制定法律、行政法规和地方性法规'的事项限于行政许可法第 12 条规定可以设定行政许可的事项。"

方立法和法治实践已经产生了深刻的影响,①并在一定程度上造成了司法裁判尺度的差异。例如,"鲁潍案"的裁判作为秉持"领域说"的代表,尽管被最高人民法院公布为第5号指导案例,但最高人民法院的这个"背书"仍然面临挑战,甚至都不能完全"说服"地方法院。例如,在"金达能印染有限公司诉湖州市盐务管理局行政处罚案"中,行政机关依据《浙江省盐业管理条例》第22条第2款之规定,②以相对人"未经县级以上盐管局批准向温州一公司购买工业盐"的行为违法为由对其给予行政处罚。由于《食盐专营办法》并不存在类似于《浙江省盐业管理条例》的这一规定内容,因而按照最高人民法院第5号指导案例的裁判逻辑,人民法院应当认定湖州市盐务局作出的行政处罚决定属于"适用法律错误",作出撤销判决。然而,该案的一审、二审法院均支持了湖州盐管局的这一行政处罚决定。③ 与"金达能印染有限公司诉湖州市盐务管理局行政处罚案"直接"顶撞"最高人民法院前述指导案例不同,有法官在个案裁判中通过"迂回"方式表达对"领域说"的不认同。在"于现军诉平顶山市盐业管理局盐业行政处罚案"中,④行政机关依据省人大常委会制定的《河南省盐业管理条例》第19条第2款"未经批准,任何单位及个人不得进行盐的营销活动"之规定,认定相对人运输工业盐违法并作出相应的行政处罚。一审法院虽然判决撤销了该行政处罚决定,但是判决理由却是"事实不清"而非"适用法律错误"。综观该案的情况来看,法官在该案中未依循"鲁潍案"的裁判逻辑固然是受到了行政机关在行政处理过程中法律适用的影响,⑤但在裁

---

① 有学者统计表明,截至2012年4月初,在可以查找到相关规定的29个省、自治区、直辖市中,当时生效的规定有地方政府规章12部、地方性法规17部。其中在12部地方政府规章中,有4部对工业盐运输行为设定了行政处罚,6部对工业盐经营行为设定了行政处罚;而在17部地方性法规中,上述数量分别是12部和14部。显然,造成盐业管理地方立法上的这种差异原因是复杂的,而对"尚未制定法律、行政法规"的不同理解是无法回避的一个因素。

② 该条款内容为:"食盐零售、食品加工用盐及使用其他用盐的单位和个人,应从当地取得食盐批发许可证的企业购进盐产品。经县级以上盐业主管机构批准,也可以就近从取得食盐批发许可证的企业购进盐产品。"

③ 参见浙江省湖州市中级人民法院(2013)浙湖行终字第21号行政判决书。

④ 参见河南省平顶山市卫东区人民法院(2014)卫行初字第52号行政判决书。

⑤ 在该案的处理中,平顶山市盐业管理局未提及《河南省盐业管理条例》第21条有关运输食盐准运证的规定,亦未依据第30条对违反第21条规定的行为进行行政处罚。这里面一个"可能的成因"是平顶山市盐业管理局在故意规避"鲁潍案"裁判逻辑的应用可能给自己带来的败诉风险。参见戴栋:《盐业垄断的司法破除与局限——从指导性案例5号鲁潍案的影响与后续发展谈起》,载《政治与法律》2017年第4期。

判说理中完全不提及《河南省盐业管理条例》第21条、第30条以及最高人民法院第5号指导案例的裁判要旨的内容,或许在一定程度上也是该案裁判者对于"尚未制定法律、行政法规"所持基本立场和倾向的体现。

那么,"领域说"和"事项说"究竟何者才是反映立法本意的解释?虽然探究本意相当困难,并且可能引发新的争论,但是如果能够通过文本解读和文义解释的方法发现所谓的领域与事项的差异并不存在的话,也不失为消除争议的一种途径。

首先,从文义上看,领域与事项不可否认地存在明显的差异,前者的外延显然要大于后者。然而从我国立法表达来看,所谓的领域与事项在外延上的这种差异并不存在,因为在我国现有的立法文本中,尤其是在法律调整对象方面,"领域"一词几乎未见踪影。如《立法法》作为"规范立法活动"之法,为了能够有效地规范和指导立法活动,必须最大限度地涵摄立法行为,这就要求其内容必须高度概括凝练,尤其是在立法权的配置方面更该如此。例如,第8条被视为对法律保留原则的具体体现,所针对的理应是更为广泛的领域而非具体的事项,但该条对法律保留的列举使用的恰恰是"事项"而非"领域";第72条第2款及第82条第3款中的"城乡建设与管理、环境保护、历史文化保护"也是对设区的市依法享有的地方立法权在客体方面的限制,但同样也是将其表述为"等方面的事项"而不是"领域"。也就是说,如果坚持在"领域"与"事项"语义上的这种差异,那么作为配置立法权限、规范立法行为一般法的《立法法》,无论如何都应当将"犯罪和刑罚""民事基本制度""诉讼和仲裁制度""城乡建设与管理、环境保护、历史文化保护"等归类为外延更大的"领域",而不是外延相对较为狭窄的"事项"。类似《立法法》中的这种情况在单行立法中也广泛存在。例如,《行政许可法》第12条同样是以"事项"而不是"领域"来明示可以设定行政许可的对象。实际上,在《行政许可法》第12条、第15条已经明确用"事项"来规范行政许可设定权的前提下,全国人大常委会法工委在答复中通过"某一领域或者某一事项"的表述绝不可能是要将"事项"与"领域"对立起来,进而制造解释论上"领域说"与"事项说"的差异,因为这是明显违反逻辑和常识的。同样的道理,以国务院法制办的前述解答中使用了"事项"概念就将其直接解读为"事项说"显然是不恰当的,因为在该解答中国务院法制办实际上是采取"照抄"《行政许可法》第12条的立法表达,并没有增加任何新的内容,实际上回避了对"领域还是事项"这一设问的回答。① 由此可见,仅仅依据法律规范的文字表述为"事项"就望文生义地得出"事项说"的结论,实际上是背离立法本意的,亦与事实不符。

其次,从操作层面来看,"领域说"与"事项说"的区分亦无实质意义。因为"领域"与"事项"的区分是相对的,两者之间并无清晰的界限。以药品管理立法为例,"药品"无疑可以看作一个领域,那么在该领域下的"中药""西药""制剂"等就是事项;而如果将"西药"再细分为"精神药品、麻醉药品、医疗用毒性药品、放射性药品"时,那么"西药"实际上就从"事项"变成了"领域"。可见,对"事项"的细化必然会衍生出"领域"与"事项"的无限循环,所谓"领域"与"事项"的区分并不是绝对的,观察者因立场的不同对同一事物完全有理由得出"领域"或"事项"相反的结论。②

既然领域与事项界限模糊不清,那么用"领域说"与"事项说"来解释"尚未制定法律、行政法规"的客体不仅难以使各方达成共识,根本上还会造成"尚未制定法律、行政法规"对地方立法权的限制形同虚设。有鉴于此,与其说"领域说"与"事项说"是在识别上位法调整社会关系的大小宽窄,毋宁说是要传递出对待地方立法权的一种态度:"领域说"反映了论者对地方立法权采取严格限制的倾向,而"事项说"则相对宽容,容许地方立法享有更为宽泛的空间。③ 可见,对于"尚未制定法律、行政法规"究竟是采"领域说"还是"事项说",根本上还是要回到我国立法体制和立法政策上来,即对待地方立法权限

---

① 国务院法制办的这一做法应该说是"高明"的。因为一方面,作为国家最高行政机关的法制部门,该机构并无解释法律的权力,因此贸然进行法律解释不仅无效而且违法,也与其身份和职责不符;另一方面,在《行政许可法》颁布之后施行之初,各地政府部门及其工作人员都面临着从行政观念到行为方式的巨大挑战,对行政许可立法中的一些规定迫切希望能够得到上级部门的明确指导,以消除法律实施过程中"不确定性"可能带来的风险。

② 正如有论者对最高人民法院第5号指导案例分析的那样,被告固然可以辩称,虽然盐业管理这一"领域"有上位法规定,但对工业盐准运这一具体"事项"并无规定。但是,假设《盐业管理条例》对工业盐运输作出了某种规定,理论上,被告也还可以进一步争辩说,虽然工业盐运输这一"领域"有了规定,但对于跨省运输这一具体"事项"并无规定。在此种由生活经验而非先验逻辑所决定的、能够不断细化"项"类空间内,类似争论完全可以多次如此反复进行。参见金自宁:《地方立法行政许可设定权之法律解释:基于鲁潍案的分析》,载《中国法学》2017年第1期。

③ 在现有的理论成果中,有学者已经注意到了这一点。例如,有学者就指出,"整体领域说"将构成对规章行政许可设定过度的不当限制。参见李文海:《地方政府规章设定行政许可的"上位法"限制——以最高人民法院发布的指导案例5号裁判要点1为分析对象》,载《政治与法律》2013年第2期。

的态度,是"限"还是"放"。

2. "尚未制定"的内涵:形式还是实质

从地方立法的实践来看,"尚未制定法律、行政法规"最典型的状态应当是地方立法所规范的社会关系,既没有制定直接的上位法,也没有其他相关上位法对其作出规范。例如,《南京市养犬管理条例》《南京市公共自行车管理办法》等,国家层面的立法并未涉足养犬管理、公共自行车管理等,因而在认定"尚未制定法律、行政法规"时,这种一望便知的情形通常不会产生什么争议。与之相似的情形还有两种:一是排除上位法在某地域的适用,这样该上位法在该地域相关领域或事项方面便不再适用,视同"尚未制定"。这种情况往往发生在国家法律与行政法规或者法律、行政法规与民族区域自治地方、经济特区立法权之间。例如,根据《立法法》第 75 条第 2 款规定,民族自治地方有权制定自治条例和单行条例,并对国家层面的立法作出"变通"的规定。① 何谓"变通"?《现代汉语词典》对其解释是,"依据不同情况,做非原则性的变动"。② 这就是说,自治条例、单行条例虽然在性质上属于地方立法,但在不违背"法律或者行政法规的基本原则"前提下,可以对该法律、行政法规的规定作出与上位法不一样,甚至有所抵触的规定。③ 这就是说,自治条例或者单行条例虽然是低位阶的法律规范,但是并不受已经制定的法律、行政法规的约束,因而也可以将这种情况看作实质上的"未制定"法律、行政法规。经济特区的授权立法也是这一类。二是上位法明确排除在某些领域或对某些特殊事项的适用,这样即使在形式上有上位法的规定,也应当视为"未制定"。这种情况不像民族自治地方或经济特区立法那样源自《立法法》确立的立法制度安排,而是体现在单行法的具体规定上。例如,"药品"之外延极其广泛,并且从不同角度还可以作不同的分类,比如西药、中药、中成药、生物制剂,处方药和非处方药,传统药和现代药,人用药和兽用药,等等,而作为药品方面的立法,若无特别说明,就应当能够规范各种类型和样态的全部药品。

---

① 该条款内容为:"自治条例和单行条例可以依照当地民族的特点,对法律和行政法规的规定作出变通规定,但不得违背法律或者行政法规的基本原则,不得对宪法和民族区域自治法的规定以及其他有关法律、行政法规专门就民族自治地方所作的规定作出变通规定。"
② 《现代汉语词典》(第 7 版),商务印书馆 2016 年版,第 67 页。
③ 如有学者指出,立法变通权是指有变通权的立法主体有权依据具体情况,对法律、法规等上位阶的法律作出的非原则性改变或突破。参见庞凌:《关于经济特区授权立法变通权规定的思考》,载《学习与探索》2015 年第 1 期。

例如,《药品管理法》第 2 条规定,①该法所称的药品可为"中药、化学药和生物制品等",这就是对该法中的"药品"外延进行的规范,从而明确了该法的调整范围。但该法第 112 条又出现了"麻醉药品、精神药品、医疗用毒性药品、放射性药品、药品类易制毒化学品"等名称,并明确对其管理规范由国务院另行制定。② 这样的表述至少包含以下两点内容:一是"麻醉药品、精神药品、医疗用毒性药品、放射性药品"等也是"药品"的具体形态,并且应当是"中药、化学药和生物制品"等的下位概念,即前者从属于后者;二是基于前述这种包含和被包含的关系,"麻醉药品、精神药品、医疗用毒性药品、放射性药品"等的"研制、生产、经营、使用和监督管理"就应当属于《药品管理法》的调整范畴,适用《药品管理法》的有关规定,但是由于第 35 条却授权国务院再行制定相关管理办法,这就明确排除了《药品管理法》相关内容对这些药品的规范管理。换句话说就是,"麻醉药品、精神药品、医疗用毒性药品、放射性药品"虽然在形式上已经由国家制定了相关管理法律,但该法相关条款又明确排除了该部法律对其的适用,并授权国务院另行制定区别于《药品管理法》的特殊管理制度。这样一来,国务院对"麻醉药品、精神药品、医疗用毒性药品、放射性药品"等进行立法时就应当视同没有上位法,即属于"尚未制定法律"的情形。③ 需要说明的是,药品管理中的这种情形"尚未制定"并不适用于地方立法权,因为该法明确授权只有国务院才可以制定相应的管理办法。但是该立法例非常清晰地展现了我国立法体制中形式上"尚未制定"上位法的一种特殊形态。

显然,随着我国社会主义法律体系的初步形成,无上位法的典型的"尚未制定法律、行政法规"的情形并不常见,而民族自治地方或者经济特区的立法因为享有法定的"变通权"所以并不存在判断"尚未制定法律、行政法规"的必要性或者说迫切性,至于单行立法中明确授权下位法对特定领域或事项作特别规定因其内容明确亦不会产生争议。实践中普遍存在争议的情况是,地方立法或者某个具体的地方立法规范所涉及的对象往往在国家法律、行政法规可能有所涉及,即形式上已经制定但在实质上应当看作"尚未

---

① 该条款内容为:"在中华人民共和国境内从事药品研制、生产、经营、使用和监督管理活动,适用本法。本法所称药品,是指用于预防、治疗、诊断人的疾病,有目的地调节人的生理机能并规定有适应症或者功能主治、用法和用量的物质,包括中药、化学药和生物制品等。"

② 该条款内容为:"国务院对麻醉药品、精神药品、医疗用毒性药品、放射性药品、药品类易制毒化学品等有其他特殊管理规定的,依照其规定。"

③ 国务院制定《麻醉药品和精神药品管理条例》(国务院令第 442 号)、《易制毒化学品管理条例》(国务院令第 445 号)等时就应当视为"尚未制定法律"。

制定法律、行政法规"的情形。对于该种情形的复杂性,前述国务院法制办发布的《行政许可法疑难问题解答》第14条也有所涉及。① 根据国务院法制办的这个解答,在形式上存在法律、行政法规的情形下,地方立法在创设行政许可时,必须要去探究"上位法立法时没有考虑或者已经考虑"这个"立法本意",在此基础上才能确定是否真的为"尚未制定法律、行政法规"。显然,对立法本意的探究是一个极其复杂的过程,并且何为立法本意立法机关也很难给出一个清晰的表达,②在此基础上如果再叠加前述"领域说"和"事项说",情况将更加复杂。正因为如此,这种意义上的"尚未制定"最难把握,分歧也因此而起。

从以上分析可知,"尚未制定法律、行政法规"的外延、内容及客体存在多种解读的可能,并且由于法律语言的模糊性及概念的相对性,所谓"制定"与"未制定"、"领域"与"事项"都不能很好地解决立法所面临的难题。实际上,随着我国经济社会的快速发展和社会矛盾的日益复杂,行政任务也在不断增多并趋向庞杂,因此拘泥于界分"领域说"与"事项说"的区隔,或许会适得其反。因为,适用的标准不同,往往会导致"领域"和"事项"相互转化,而"立法本意"不仅因立法者表意方式的间接、隐晦而"捉摸不定",甚至还会因时过境迁而出现变动,因而要对地方立法权的行使面临是否属于"尚未制定法律、行政法规"时,无法形成共识不可避免。鉴于这种状况,我们认为,在地方立法实践中正确理解和把握"尚未制定法律、行政法规"的内涵时必须回归法制统一原则,即作为低位阶的地方立法,或者说地方立法机关在行使地方立法权时必须坚守法制统一原则和底线。"法制统一"是我国《立法法》确立的社会主义法制建设基本原则的实质所在。

(二)"尚未制定法律、行政法规"的文本表达及适用

在我国法律文本中,"尚未制定"这种表述方式最早出现在《行政处罚法》文本中,后来的《立法法》及《行政许可法》《行政强制法》也相继使用了这一表

---

① 该条款内容为:"'尚未制定法律''尚未制定法律、行政法规'以及'尚未制定法律、行政法规和地方性法规'有两种情况:一是,对某一事项是否设定行政许可,上位法立法时没有考虑到这个问题,下位法可以根据实际情况,在不违反行政许可法有关规定的前提下,设定行政许可;二是,对某一事项是否设定行政许可,上位法立法时已经考虑,其立法精神、立法原则要求对该事项不设定行政许可的,则下位法不得设定行政许可。"

② 参见甘文:《行政诉讼司法解释之评论》,中国法制出版社2000年版,第16页。

述。《立法法》是"统管我国各级种类立法行为和立法内容的法律","行政三法"虽然是约束行政管理活动中形式最典型的三部行政行为法,但是出于治"乱"的考虑,同样高度关注行政处罚、行政许可、行政强制权的"输出"。

1. "尚未制定法律、行政法规"的文本表达

《立法法》中出现"尚未制定"表述的有两个条文:一个是第 9 条,①该条是对法律保留事项授权国务院制定行政法规的授权立法的规定,尽管与本章讨论的地方立法无关,但该条中的"尚未制定法律的"表述及其对行政法规立法权行使的限制,在逻辑上同"尚未制定法律、行政法规"对地方性法规的限制一样,因而对于我们的分析仍有价值;另一个是第 73 条第 2 款,②即将"尚未制定法律或者行政法规"作为制定地方性法规的前提条件,这一规定指向的是制定地方性法规的全部立法行为,包括地方性法规对行政强制、行政许可和行政处罚的设定。

在"行政三法"中,类似的立法表述在以下四个条款:《行政处罚法》第 13 条第 2 款和第 14 条第 2 款③、《行政许可法》第 15 条第 1 款④、《行政强制法》第 10 条第 3 款⑤。其中,在行政处罚的设定权中,上位法的"尚未制定"只限于规章,而在 2017 年《行政处罚法》第 11 条第 1 款规定地方性法规行政处罚设定权时并未使用"尚未制定法律、行政法规"的限制,只是运用排除法将"限制人身自由、吊销企业营业执照"排除在地方性法规设定权限范围之外。对

---

① 该条款内容为:"本法第八条规定的事项尚未制定法律的,全国人民代表大会及其常务委员会有权作出决定,授权国务院可以根据实际需要,对其中的部分事项先制定行政法规,但是有关犯罪和刑罚、对公民政治权利的剥夺和限制人身自由的强制措施和处罚、司法制度等事项除外。"

② 该条款内容为:"除本法第八条规定的事项外,其他事项国家尚未制定法律或者行政法规的,省、自治区、直辖市和设区的市、自治州根据本地方的具体情况和实际需要,可以先制定地方性法规。在国家制定的法律或者行政法规生效后,地方性法规同法律或者行政法规相抵触的规定无效,制定机关应当及时予以修改或者废止。"

③ 该条款内容为:"尚未制定法律、行政法规的,国务院部门规章对违反行政管理秩序的行为,可以设定警告、通报批评或者一定数额罚款的行政处罚。罚款的限额由国务院规定。""尚未制定法律、法规的,地方政府规章对违反行政管理秩序的行为,可以设定警告、通报批评或者一定数额罚款的行政处罚。罚款的限额由省、自治区、直辖市人民代表大会常务委员会规定。"

④ 该条款内容为:"本法第十二条所列事项,尚未制定法律、行政法规的,地方性法规可以设定行政许可;尚未制定法律、行政法规和地方性法规的,因行政管理的需要,需要立即实施行政许可的,省、自治区、直辖市人民政府规章可以设定临时性的行政许可……"

⑤ 该条款内容为:"尚未制定法律、行政法规,且属于地方性事务的,地方性法规可以设定本法第九条第二项、第三项的行政强制措施。"

此种状况,有学者认为,其原因是《立法法》尚未出台,我国立法体制还没有完全理顺。① 然而,从 2021 年修改的《行政处罚法》有关设定权的配置来看,这样的局面并未予以修正,这说明这样的安排是有意为之,所谓"立法体制未理顺"说法是不成立的。

很明显,《立法法》作为宪法性法律和对国家立法进行配置的基本法律规范,其中的"尚未制定法律、行政法规"是在宏观层面上对地方立法权的一种限制,即作为地方立法权启动的前提性、限制性条件;而"行政三法"在确认地方性法规或者规章依法享有创设有关行政职权时是附条件的,即要以"尚未制定"上位法为前提条件。这就是说,对于有关事项,即使地方性法规或规章具有设定行政处罚、行政许可或者行政强制措施的权限,但如果已经"制定了"上位法,也不能设定行政处罚、行政许可或者行政强制措施,否则便构成超越立法权限而影响所设定规则的合法性。《立法法》及有关单行法对设定权的这种限制,在很大程度上表明地方性法规创设行政职权时的"探索性"和"补充性"特点,对此,在权力清单编制过程中,特别是在权源依据的甄别和选择上,应当高度重视。

"行政三法"中的"尚未制定"在具备上述共性的同时,在"尚未制定"的具体表达上仍然存在一定差异:《行政处罚法》第 11、12 条规定,行政法规、地方性法规在设定行政处罚时只是受到行政处罚具体种类的限制,并未设置"尚未制定"上位法这种前提性限制;而根据第 13、14 条的规定,规章在创制行政处罚时受限于为数不多的行政处罚种类,还要遵守"尚未制定"上位法的限制。而在行政许可设定中,不仅省级地方政府规章,而且行政法规、地方性法规在创制行政许可时,都要遵循"尚未制定"上位法的前提性限制,除此之外地方性法规、省级政府规章作为地方立法还不得涉足有关市场主体资格的许可,②以防止借行政许可之名限制市场主体的公平竞争权,保障全国范围内市场准入的统一性。与《行政许可法》直接将地方性法规排除在应当由国家统一规定的市场准入方面的行政许可范围不同,《行政强制法》第 10 条第 3 款规定则是用"地方性事务"对地方性法规设定行政强制措施进行正面限制,这种

---

① 参见杨登峰:《我国试验立法的本位回归——以试行法和暂行法为考察对象》,载《法商研究》2017 年第 6 期。

② 《行政许可法》第 15 条将这类许可表述为:"应当由国家统一确定的公民、法人或者其他组织的资格、资质的行政许可"和"企业或者其他组织的设立登记及其前置性行政许可"。

限制显然要比对行政许可设定权的限制更加严格。

2. "尚未制定法律、行政法规"的适用

第一,严格遵循"不抵触"原则。无论是初期的《地方组织法》还是后来的《立法法》均强调,与上位法"不抵触"是地方立法应当遵循的一项基本原则。从前文对于"制定"与"未制定"的"形式"与"内容"以及"事项"与"领域"的分析可以看出,"不抵触"原则应当包括与上位法的明确规定不抵触、与上位法确立的原则不抵触,以及与上位法的精神不抵触等。反向思考,就可以概括出通常我们所说的"抵触",实践中一般表现为以下几方面的要求:一是上位法有明确的规定,与上位法的规定相反;二是虽然不与上位法的规定相反,但旨在抵消上位法规定的,即所谓的"上有政策下有对策";三是上位法没有明确规定,与上位法的立法目的和立法精神相违背的;四是违反了《立法法》关于立法权限的规定,越权立法的;五是下位法超出上位法规定的处罚的种类和幅度的。[①] 凡是具有上列情形,下位法设定行政许可即构成对"尚未制定法律"规则的违反。实际上,最高人民法院早在 2004 年就在《关于审理行政案件适用法律规范问题的座谈会纪要》(以下简称《纪要》)中对抵触与不抵触的界限作出了较为明确的规定。[②]

从地方立法实际状况来看,把握"不抵触"原则还需要特别注意以下两种情形:一是与上位法的立法宗旨不抵触。如果上位法的立法宗旨和立法精神表明,该上位法对某一事项的设定具有排他性,那么在这种情况下,地方立法就不得对该事项进行设定,否则也将构成抵触。二是与上位法本意不抵触。如果上位法就某一事项已经作出考虑,但未进行规定,那么地方立法也不得对该事项进行设定,否则也将构成抵触。此种情形下,上位法的"不设定"即

---

① 参见刘莘:《国内法律冲突与立法对策》,中国政法大学出版社 2003 年版,第 16 页。
② 该纪要指出,"从审判实践看,下位法不符合上位法的常见情形有:下位法缩小上位法规定的权利主体范围,或者违反上位法立法目的扩大上位法规定的权利主体范围;下位法限制或者剥夺上位法规定的权利,或者违反上位法立法目的扩大上位法规定的权利范围;下位法扩大行政主体或其职权范围;下位法延长上位法规定的履行法定职责期限;下位法以参照、准用等方式扩大或者限缩上位法规定的义务或者义务主体的范围、性质或者条件;下位法增设或者限缩违反上位法规定的适用条件;下位法扩大或者限缩上位法规定的给予行政处罚的行为、种类和幅度的范围;下位法改变上位法已规定的违法行为的性质;下位法超出上位法规定的强制措施的适用范围、种类和方式,以及增设或者限缩其适用条件;法规、规章或者其他规范文件设定不符合行政许可法规定的行政许可,或者增设违反上位法的行政许可条件;其他相抵触的情形。"

是一种规定。就该事项而言,上位法已经进行了设定,地方立法不得再进行设定。所以问题的关键在于如何判断和确认上位法就某一事项是否已经作出的考虑。而这个判断可以通过理解立法原意及目的、查找立法草案说明等途径得出结论,这就要求我们对"尚未制定"上位法不应该作静态的机械理解。但难题就在于我国在起草法律时不搞立法理由书,因此要查找立法资料非常困难。①

此外,地方立法在创设行政许可、行政处罚时,还应当注意区分"有依据"与"不抵触"的界限。根据《立法法》第80条、第82条的规定,为执行上位法的规定,需要根据本行政区域的实际情况作具体规定的,地方立法机关可以制定地方性法规或者地方政府规章,并同时强调"没有法律、行政法规、地方性法规的依据,地方政府规章不得设定减损公民、法人和其他组织权利或者增加其义务的规范"。显然,"有依据"比"不抵触"的要求更加严格,可以说是在"不抵触"原则的基础上叠加的一种新的更加严格的限制,即在缺乏上位法作为根据时不得先行进行规定即创制。"有依据"的具体展开,下文将结合地方政府规章进行专门探讨。

第二,准确把握"尚未制定法律、行政法规"所规范的范围。"尚未制定"上位法对地方立法权的限制并非绝对,从相关法律文本的表述来看,"尚未制定法律、行政法规"并不构成全部地方性法规创设行政职权的前提性条件。例如,《行政处罚法》并未规定地方性法规创制行政处罚时要以"尚未制定法律、行政法规"为条件。然而由于《行政处罚法》对规章设定行政处罚,特别是《行政强制法》和《行政许可法》均规定地方性法规必须在"尚未制定"上位法的前提下才可以创设新的行政强制措施或者行政许可,这就造成了立法实践中往往有意无意地将"尚未制定法律、行政法规"作为地方性法规设定行政处罚的前提性条件,全国人大常委会甚至也有如此认识。例如,全国人大常委会官方网站2002年4月18日的"法律问答与释义"在回应"法律设定了义务性规范,但未设定行政处罚,法规或规章能否设定行政处罚"的疑问时,非常明确地给出了否定性答案。而在第二十三次全国地方立法工作座谈会上,全国人大法律委员会主任委员乔晓阳同样将"法律规定了管理制度但未规定违法情形及相应行政处罚,地方性法规根据当地情况增加

---

① 参见梁慧星:《裁判的方法》(第3版),法律出版社2017年版,第100页。

规定了违法情形及相应行政处罚"视为违反法律规定设定行政处罚的行为。①

当然,全国人大常委会在官网上回复或者有关官员在会议上的讲话并不是立法解释,因而并不具备强制执行的效力。更多的事例表明,这种见解在地方立法实践中虽然具有广泛的影响,但是地方立法机关并未完全以该认识为依归。例如,《江苏省种子条例》在修订论证过程中就有专家建议,针对引种其他省、自治区、直辖市的种子而不按该条例第 17 条规定进行备案的行为,应当设定相应的行政处罚,以提高该立法规定的威慑力。但立法机关最后认为,引种条款中的备案规定依据的是《中华人民共和国种子法》第 19 条,但其"法律责任"一章并未对违反该备案规定的行为设定罚则,因此地方性法规若设定行政处罚便与上位法相抵触,因此《江苏省种子条例》最后文本中并未包含对上述违法行为的罚则。但是在此前颁布施行的《吉林省农作物种子条例》则未受制于该种认识,该条例第 62 条就规定,违反该条例第 20 条第 1 款关于备案管理规定的,由县级以上人民政府农业农村主管部门责令改正,并处二千元以上二万元以下罚款。显然,在全国人大常委会不断强化对地方立法备案审查的大背景下,部分地方立法仍然要对违反上位法设定的义务性规范行为创设行政处罚,并且还能够得到全国人大常委会的"默认",究其原因还是在于地方立法的这种做法并未违反地方性法规设定行政处罚的立法规定。相反,限制地方性法规对违反上位法义务规范设定行政处罚的认识恰恰是没有严格区分行政法规、地方性法规和规章在设定行政处罚时前提条件是不相同的。如同行政法规一样,地方性法规在设定行政处罚时也不存在类似于对规章所要求的"尚未制定"上位法的限制。这样一来,在上位法设定义务性规范而未设定行政处罚时,并不存在针对同类事项的两个规定,地方性法规创设的行政处罚与上位法对行政处罚未作规定之间就不可能发生抵触。由此我们认为,正是看到了地方性法规设定行政处罚与行政许可、行政强制的这种差异,吉林等地的地方立法才有了这种更加合乎《行政处罚法》设定条款的要求,同时也满足地方行政管理实际需要的立法规定,这无疑是值得肯定的。事实上,全国人大常委会在 2021 年修改后的《行政处罚法》中还将该内

---

① 参见乔晓阳:《地方立法与行政处罚法的关系如何把握》,http://www.jsrd.gov.cn/llyj/lilun_qwls/201709/t20170912_473129.shtml,2020 年 1 月 20 日访问。

容吸收到了第 12 条中。

第三,全面理解"尚未制定法律、行政法规"的内涵。在实践中,常常出现这样的情况,即上位法对某类行为作出了禁止性规定,并对该类行为进行部分列举且设定行政处罚,这时下位法若对该类行为中其他具体行为作出处罚规定,我们认为这是形式上"尚未制定法律",而实质上是对上位法的执行。在行政许可法律规范中也常常出现立法只规定许可、审批或批准等,但是并未对这种许可、审批或批准的条件作出规定,此时也不能以已经制定法律为由而判定下位法对该许可条件的设定违法。例如,《行政许可法》第 18 条规定,[1]若上位法只是明确要经行政机关审批但是却未设定行政许可条件的,下位法通过设定具体的行政许可条件同样也会引起"尚未制定法律"的认识分歧。例如,根据《中华人民共和国烟草专卖法》第 16 条的规定,[2]烟草零售实行许可证制度,但该法并未对该许可条件作出规定,而是通过部委规章进行规定。[3] 严格说来,这种上位法设定行政许可事项,而不规定行政许可条件的做法是不符合《行政许可法》第 18 条规定的,因而下位法对许可条件予以"补缺"也与《行政许可法》的规定相抵牾。但是若从我国社会主义法制建设的客观实际出发,这种状况似应予以容忍。因为上述情况在我国行政许可立法中相当普遍,特别是由于我国《行政许可法》是 21 世纪初颁布施行的,因而在此之前的立法所设定的行政许可往往对许可条件不作规定或规定不明,而作为下位法的地方性法规、规章实际上是在弥补上位法的这一不足,具有显著的"执行性"特征。并且从法治建设的实践来看,它还具有收缩行政裁量空间的功能,这一点同立法赋予的"规定权"相当。考虑到这种情况,我们认为,除非存在下文"领域"或"事项"严重不符的情形,应当承认下位法的这种做法,这在行政处罚领域也是一样。

---

[1] 该条款内容为:"设定行政许可,应当规定行政许可的实施机关、条件、程序和期限。"

[2] 该条款内容为:"经营烟草制品零售业务的企业或者个人,由县级人民政府工商行政管理部门根据上一级烟草专卖行政主管部门的委托,审查批准发给烟草专卖零售许可证。已经设立县级烟草专卖行政主管部门的地方,也可以由县级烟草专卖行政主管部门审查批准发给烟草专卖零售许可证。"

[3] 《烟草专卖许可证管理办法》第 13 条规定:"申请烟草专卖零售许可证,应当具备下列条件:(一)有与经营烟草制品零售业务相适应的资金;(二)有与住所相独立的固定经营场所;(三)符合当地烟草制品零售点合理布局的要求;(四)国家烟草专卖局规定的其他条件。"

(三)"尚未制定"的判断:以食品药品监管为例①

根据江苏省公布的省级政府部门权力清单,省食品药品监督管理部门共有 390 项行政处罚权和 25 项行政许可权。② 由于地方立法创设行政强制的限制较多因而数量极其有限,下文将以行政处罚和行政许可为例,分别对"尚未制定法律"而引发下位法设定行政处罚与行政许可的情形进行归类。

1. 上位法概括授权,视为"尚未制定法律"

根据《立法法》第 72 条、第 82 条的规定,地方性法规和地方政府规章的立法权限包括执行性立法和创制性立法两种,执行性立法是指"为执行法律、行政法规"或"地方性法规的规定需要"而制定地方性法规或地方政府规章;创制性立法是指"属于本行政区域的具体行政管理事项"而进行的地方立法。当上位法概括授权地方立法时,虽然在形式上存在一个上位法,但此时地方立法设定行政处罚、行政许可均视为符合"尚未制定法律"的前提条件,而该种情况下地方立法即为执行性立法。

例如,根据《食品安全法》第 2 条第 1 款、第 36 条第 3 款和第 127 条的规定,③国家层面的食品安全立法并不对食品小作坊、食品摊贩作出具体规定,而是授权地方立法予以管理,特别是对行政处罚,完全遵照地方立法展开。《食品安全法》的这一规定实际上明确无误地表达了,对食品小作坊、食品摊贩的管理在国家层面上没有立法,即"尚未制定法律、行政法规",因而地方立法可以依照《行政处罚法》和《行政许可法》有关处罚、许可设定权的配置,根据管理的需要去设定行政处罚或行政许可。例如,2017 年 1 月正式施行的

---

① 本部分的讨论,部分内容曾经作为江苏省人民政府法制办公室 2017 年招标课题研究成果,以《行政许可、行政处罚设定中"尚未制定法律"之实证研究》为题,刊载于马太建主编:《法治时代——政府法治研究(专辑二)》(南京大学出版社 2018 年版)。课题主持人为王越,笔者是课题组主要成员、报告的执笔人。

② 参见 2014 年 11 月江苏省编制委员会办公室发布的省级政府部门的权力清单。

③ 《食品安全法》第 2 条第 1 款规定:"在中华人民共和国境内从事下列活动,应当遵守本法:(一)食品生产和加工(以下称食品生产),食品销售和餐饮服务(以下称食品经营);……(六)对食品、食品添加剂、食品相关产品的安全管理。"第 36 条第 3 款规定:"食品生产加工小作坊和食品摊贩等的具体管理办法由省、自治区、直辖市制定。"第 127 条规定:"对食品生产加工小作坊、食品摊贩等的违法行为的处罚,依照省、自治区、直辖市制定的具体管理办法执行。"

《江苏省食品小作坊和食品摊贩管理条例》第 10 条第 1 款就规定,①对于食品小作坊通过行政登记的方式进行管理,并对该种行政登记的具体条件作出明确细致的规定。需要说明的是,尽管《食品安全法》授权地方立法对食品小作坊、食品摊贩管理作出规定,尤其是涉及对违法行为的行政处罚要适用地方的规定,但是该法设定的有关食品安全管理具体制度,尤其是一般原则等,在对食品小作坊、食品摊贩管理时仍然需要适用。类似的情况在其他领域如药品管理领域亦同样存在。②

2. 下位法对上位法设定的行政许可在内容上予以展开,不是设定行政许可,不受"尚未制定法律"规定的约束

例如,根据《药品管理法》第 24 条第 1 款的规定,③药品的生产须国务院药品监督管理部门批准,显然这个批准内容包括药品名称、成分、有效期等要素,因而在上位法笼统设定"生产新药"许可的基础上,下位法对新药审批的内容予以明确是对该许可予以"规定"和明确,不是新设行政许可,不受"尚未制定法律"规定的约束。例如,对于生产新药许可,《药品管理法实施条例》第 32 条就规定了相关的条件和程序。④ 在此基础上,国家市场监督管理总局发布的《药品注册管理办法》第 76 条进一步作出了规定。⑤ 所有这些,都不能理

---

① 该条款内容为:"食品小作坊实行登记管理。食品小作坊从事食品生产加工活动,应当依法取得营业执照,并向所在地县级食品药品监督管理部门申请食品小作坊登记证。申请登记证应当具备下列条件:(一)具有与生产加工的食品品种、规模相适应的固定场所和设备、设施;(二)具有合理的设备布局和工艺流程;(三)具有食品安全管理人员和保证食品安全的管理制度。

② 参见《药品管理法》第 112 条。

③ 该条款内容为:"在中国境内上市的药品,应当经国务院药品监督管理部门批准,取得药品注册证书;但是,未实施审批管理的中药材和中药饮片除外。实施审批管理的中药材、中药饮片品种目录由国务院药品监督管理部门会同国务院中医药主管部门制定。"

④ 该条款内容为:"变更研制新药、生产药品和进口药品已获批准证明文件及其附件中载明事项的,应当向国务院药品监督管理部门提出补充申请;国务院药品监督管理部门经审核符合规定的,应当予以批准。其中,不改变药品内在质量的,应当向省、自治区、直辖市人民政府药品监督管理部门提出补充申请;省、自治区、直辖市人民政府药品监督管理部门经审核符合规定的,应当予以批准,并报国务院药品监督管理部门备案。不改变药品内在质量的补充申请事项由国务院药品监督管理部门制定。"

⑤ 该条款内容为:"持有人应当主动开展药品上市后研究,对药品的安全性、有效性和质量可控性进行进一步确证,加强对已上市药品的持续管理。药品注册证书及附件要求持有人在药品上市后开展相关研究工作的,持有人应当在规定时限内完成并按照要求提出补充申请、备案或者报告。药品批准上市后,持有人应当持续开展药品安全性和有效性研究,根据有关数据及时备案或者提出修订说明书的补充申请,不断更新完善说明书和标签。药品监督管理部门依职责可以根据药品不良反应监测和药品上市后评价结果等,要求持有人对说明书和标签进行修订。"

解为新设行政许可。

3. 下位法将上位法设定的委托制度向同类事项进行拓展，与"尚未制定法律"规定的抵触

由于药品、制剂的生产对于主体有特别要求，因此我国药品管理立法对药品生产企业、配制制剂的医疗机构明确规定了许可制度。① 在此基础上，《药品管理法》还明确规定了药品生产企业的委托制度，②但该法在有关医疗机构配制制剂方面并未涉及委托生产的内容。我们认为，立法既然已经涉及药品委托生产的情形，相关规定如果只是对药品委托生产作出规定而未涉及制剂，那么可以认为，《药品管理法》实际上对于医疗机构委托生产制剂持否定态度，亦即对于医疗机构委托生产制剂事实上已经有了法律的规定，只不过这里的法律规定对该委托持否定态度。应当指出的是，在实行行政许可管制的情况下，对药品生产进行委托也存在合法性的问题。根据《行政许可法》第9条的规定，依行取得的行政许可不得转让，除非法律、法规有规定的情况下，依照法定条件和程序进行转让。虽然委托与转让存在明显区别，但是在药品生产实行许可管制的情况下，经行政机关审批，而不对受托生产药品的企业作出限制性规定，就可以委托药品生产，这不仅与行政许可制度的机理有所背离，也可能带来药品生产的巨大风险。

然而，《江苏省药品监督管理条例》却从委托代理的基本原理出发，对医疗机构委托生产制剂作出具体规定，并对违反规定进行委托生产的行为设定了相应的法律责任。例如，该条例第21条明确，③医疗机构可以委托"药品生产企业"或者"其他医疗机构"配制制剂，该种委托应当经过省级行政主管部门审批。并在第42条对违反该审批程序规定的行为设定了没收违法所得、罚

---

① 《药品管理法》第42条规定："从事药品生产活动，应当具备以下条件：（一）有依法经过资格认定的药学技术人员、工程技术人员及相应的技术工人；（二）有与药品生产相适应的厂房、设施和卫生环境；（三）有能对所生产药品进行质量管理和质量检验的机构、人员及必要的仪器设备；（四）有保证药品质量的规章制度，并符合国务院药品监督管理部门依据本法制定的药品生产质量管理规范要求。"第69条规定："医疗机构应当配备依法经过资格认定的药师或者其他药学技术人员，负责本单位的药品管理、处方审核和调配、合理用药指导等工作。非药学技术人员不得直接从事药剂技术工作。"

② 如该法第32条第1款规定："药品上市许可持有人可以自行生产药品，也可以委托药品生产企业生产。"

③ 该条款内容为："医疗机构委托药品生产企业或者其他医疗机构配制制剂，由省药品监督管理部门按照国务院药品监督管理部门规定的条件和程序进行审批。"

款、吊销许可证等行政处罚,直至追究刑事责任。① 从规定的罚则来看,《江苏省药品监督管理条例》对于未经批准的委托生产实际上是按照生产假药的情形来设定有关法律责任,但是这一规定的合法性难免遭到质疑。上位法已经间接否定了医疗机构委托生产制剂的可能性,在上位法已经作出规定的情况下,下位法作出不同于上位法的规定,其合法性是存在问题的。②

4. 下位法将上位法"选择性"规定修改为"并列性"规定,不符合"尚未制定法律"规定的要求

为了保证用药安全,《药品管理法》第 49 条规定药品包装应当附有说明书,以防止误用。③ 该条第 2 款规定,药品标签或说明书应当注明药品的通用名称。换句话说就是,药品标签或说明书中一个标有通用名称,另一个标有非通用名称,并不违反该条款的规定。因而就不属于《药品管理法》第 128 条规定的违法行为,就不能给予行政处罚。④ 而前述《江苏省药品监督管理条例》原第 23 条第 1 款⑤却将上位法中的"选择性"规定改成"并列性"规定,即药品标签和说明书都必须使用通用名称,否则便构成违法,要依据条例规定追究相关法律责任。这种规定,实际上将明显符合上位法规定的情形也视为

---

① 该条款内容为:"有下列行为之一的,没收违法所得,并处违法生产、销售药品货值金额二倍以上五倍以下的罚款;有药品批准证明文件的予以撤销,并责令停产、停业整顿;情节严重的,吊销《药品生产许可证》《药品经营许可证》或者《医疗机构制剂许可证》;构成犯罪的,依法追究刑事责任:(一)违反本条例第九条规定,药品生产企业对其生产的药品在出厂前未按照药品标准进行全项检验,或者出具虚假的检验报告书的;(二)违反本条例第二十一条规定,未经批准擅自委托或者接受委托配制制剂的;(三)违反本条例第二十三条第一款规定,生产、销售、使用标注未经批准的药品通用名的药品的;(四)违反本条例第二十四条规定,以在药品包装内夹带或者随药附赠宣传材料等方式,对药品的适应症或者功能主治作超出国务院药品监督管理部门核准范围介绍的。"

② 实际上,国家食品药品监督管理总局的规章最早规定了制剂的委托生产,我们认为,这种状况并不构成地方立法设定制剂委托生产的正当化理由,因为地方立法尤其是地方性法规的立法依据只能是法律或行政法规。

③ 该条款内容为:"药品包装应当按照规定印有或者贴有标签并附有说明书。标签或者说明书应当注明药品的通用名称、成份、规格、上市许可持有人及其地址、生产企业及其地址、批准文号、产品批号、生产日期、有效期、适应症或者功能主治、用法、用量、禁忌、不良反应和注意事项。标签、说明书中的文字应当清晰,生产日期、有效期等事项应当显著标注,容易辨识。麻醉药品、精神药品、医疗用毒性药品、放射性药品、外用药品和非处方药的标签、说明书,应当印有规定的标志。"

④ 该条款内容为:"除依法应当按照假药、劣药处罚的外,药品包装未按照规定印有、贴有标签或者附有说明书,标签、说明书未按照规定注明相关信息或者印有规定标志的,责令改正,给予警告;情节严重的,吊销药品注册证书。"

⑤ 该条款内容为:"药品说明书和标签中标注的药品名称应当与药品批准证明文件的相应内容一致。禁止使用未经国务院药品监督管理部门批准的药品名称,包括通用名和商品名。"

违法行为,不具有合法性。

三、权力清单中的地方政府规章

在地方立法权方面,修改后的《立法法》在普遍授予设区的市享有地方立法权的同时,也对地方立法权作出了两个方面的限制:一是在坚持地方立法限于地方事务的基础上,对部分地方立法主体立法权的行使范围划定了界限,具体就是设区的市只能对"城乡建设与管理、环境保护、历史文化保护等方面的事项"进行立法;二是对地方政府规章设定了禁止性规定,即在没有法律法规作依据的情况下,"地方政府规章不得设定减损公民、法人和其他组织权利或者增加其义务的规范"。《立法法》的这种变化,不仅对我国今后的地方立法实践产生深刻的影响,而且对正在推行的权力清单制度实践也提出了新要求。就地方政府规章而言,不仅同部门规章一样,存在制定主体的行政性、多元化等"先天性"特点,而且由于其具有强烈的"地方性",并且这种地方性又与权力清单分散制作高度重叠,因此,什么样的地方政府规章在何种情况下能够进入权力清单成为行政职权的法律依据,不仅关乎我国社会主义法制的统一和完整,而且直接决定着权力清单制度的功能及其目标的实现。

(一)地方政府规章的法源地位

职权法定是行政法上的一项基本原则。依据该原则,只有具备法形态的规范才能合法设定行政机关的职权,才能成为权力清单的法律依据。据此,地方政府规章要进入权力清单法律依据,就与以下两个问题的答案密切相关:地方政府规章是不是法?作为法的地方政府规章是否当然就是行政职权的依据?

在我国,地方政府的规章制定权源于《地方组织法》的授权,由于1989年颁布的《行政诉讼法》将规章定位为审理行政争议的"参照"性规范,其在国家法律体系中应有的地位(即它是否具有法的属性)便不断地遭受质疑,直到2000年的《立法法》正式将规章列于法律、法规之后,有关规章的性质、地位等争议才尘埃落定。[①] 然而立法政策上的"盖棺论定"并不当然地消除理论上的

---

① 参见章剑生:《行政诉讼中规章的"不予适用"——基于最高人民法院第5号指导案例所作的分析》,载《浙江社会科学》2013年第2期。

分歧和人们心中的疑虑。由于规章制定主体是地方人民政府即行政机关,因而行政机关能否自我授权,亦即规章是否职权法定原则中"法"的范围难免存在不同的认识。

其实,如果我们不再教条般地固守启蒙思想家体系化的权力分立原则,不再机械地强调不同性质权力之间的平衡和制衡,而是将目光投向现实的公共管理实践,就不难发现,不仅是作为政府部门的行政机关,甚至是其他社会组织,都在制定大量的规则并付诸执行,而这些规则恰恰是当下维系现代社会健康高效运转所不可或缺的。因为随着现代科技的发展和社会关系的日益复杂,社会治理结构更加扁平化,治理主体更加多元化。相应的,在国家权力配置方面也逐步由议会主导转向行政主导,行政所扮演的角色不再是一个机械运动的"传送带",而是将自己关注的节点从行政过程的"下游"位移到"上中游",从而将政策、政治和法律作为自己的考察变量,①行政机关部分行使立法权不仅是一种客观必然现象,而且也已经成为社会的一个共识。对此,英国著名行政学家韦德早就深刻地指出:"传统的观点认为,行政立法是一个不得不予容忍的祸害,它对于分权是一种不幸而又不可避免的破坏。然而,这是一个过时的观点,因为,实际上,问题的关键在于行政立法在实践中是不可缺少的,而不在于理论上难以使其合理化。立法与行政之间所存在的只是一条模糊的界线,想当然地以为它们之间是两种形式上根本不同的权力的看法是错误的。但是,企图在两者之间划出一个清晰的界线,则是比较早期的政治学理论中的一个因不切实际而无法实现的夙愿。"②

当然,行政机关分享立法权并不等同于行政机关以法的名义颁行的规则皆无条件地具有法规范的效力。例如,《行政诉讼法》第 63 条第 3 款就规定,"人民法院审理行政案件,参照规章。"③"参照规章"的规定表明,即使我国《立

---

① 参见黄锦堂:《行政法的概念、起源与体系》,载翁岳生主编:《行政法》(上册),中国法制出版社 2002 年版,第 95 页。
② 〔英〕威廉·韦德:《行政法》,楚建译,中国大百科全书出版社 1997 年版,第 558 页。
③ 尽管《行政诉讼法》在施行 20 多年后进行了修改,但规章在行政诉讼中的"参照"地位并无变化。按照时任全国人大常委会副委员长王汉斌在《关于〈中华人民共和国行政诉讼法〉(草案)的说明》中的解释,"参照规章"意味着"对符合法律、行政法规规定的规章,法院要参照审理,对不符合或不完全符合法律、行政法规原则精神的规章,法院可以有灵活处理的余地。"而"灵活处理的余地"在后来的司法实践中逐渐明确为"不予适用"。参见章剑生:《行政诉讼中规章的"不予适用"——基于最高人民法院第 5 号指导案例所作的分析》,载《浙江社会科学》2013 年第 2 期。

法法》将规章纳入了法的范畴,但其仍然不能当然地成为行政案件审理的依据,亦即并不具有法的当然效力。其实,不仅仅是地方政府规章,在司法过程中法律、法规同样也都要面临人民法院的选择适用。这一点,2004年最高人民法院发布的《纪要》说得非常明确:"调整同一对象的两个或者两个以上的法律规范因规定不同的法律后果而产生冲突的,一般情况下应当按照《立法法》规定的上位法优于下位法、后法优于前法以及特别法优于一般法等法律适用规则,判断和选择所应适用的法律规范。冲突规范所涉及的事项比较重大、有关机关对是否存在冲突有不同意见、应当优先适用的法律规范的合法有效性尚有疑问或者按照法律适用规则不能确定如何适用时,依据《立法法》规定的程序逐级送请有权机关裁决。"换句话说就是,"对于法律、法规,法院适用时就像对待规章一样,也不可避免地要进行各种各样的选择,对于未被选中的法律、法规,法院事实上就行使了拒绝适用的权力。"①当然,《纪要》还是注意到了行政诉讼法对规章与法律、法规的"区别"对待,强调人民法院"在参照规章时,应当对规章的规定是否合法有效进行判断,对于合法有效的规章应当适用"。需要说明的是,即使是合法有效的地方政府规章,也不必然就是权力清单的法律依据,因为规章的立法形态不同,其地位和功能是存在差异的。

(二)执行性还是创制性:基于职权法定原则的分析

从《立法法》文本来看,我国地方立法表现为三种具体形态,即执行性立法、先行性立法和自主性立法。所谓执行性立法是指对法律和行政法规中的法律规范的确切含义和适用范围予以明确的规定,将法律和行政法规的一般性规定适用于个别的、具体的情况。例如,"行政三法"有关下位法对上位法设定的行政处罚、行政许可等进行的"规定",就属于这种类型的立法。自主性立法是地方立法机关根据本行政区域的特殊情况对地方性事务作出规定的立法。例如,一些城市制定的保护本地区历史建筑、历史风貌建筑的立法等。先行性立法是指地方立法机关对国家层面尚未对某些事项制定相关法律予以调整但又急需规范的事务作出的调整。这种立法一般只是暂时性的,

---

① 赵清林:《"依据"与"参照"真有区别吗——行政诉讼中是否适用规章之检讨》,载《政治与法律》2008年第5期。

待时机成熟仍然需要由中央统一制定法律。① 从《立法法》第 82 条对地方政府规章的规定来看,地方政府规章具有地方立法的全部三种形态:第 2 款第 1 项"为执行法律、行政法规、地方性法规的规定"制定的地方政府规章是执行性立法;第 2 款第 2 项就"本行政区域的具体行政管理事项"制定的地方政府规章是自主性立法;②第 5 款对"应当制定地方性法规但条件尚不成熟的,因行政管理迫切需要"而先制定的地方政府规章就是先行性立法。

不同形态的地方政府规章与权力清单的关系是不一样。就执行性质的地方政府规章而言,这种地方立法任务是细化和落实国家已经制定出台的法律、行政法规或者地方性法规,其目的是将上位法规定具体化,从而为法律、行政法规和地方性法规的实施提供操作性指引,因此这种形态的地方政府规章强调要有上位法的"依据"。换句话说就是,法律、行政法规和地方性法规的规定就是这种执行性地方政府规章的边界,地方政府规章不得逾越。而一旦越权,无论是"质"的方面还是"量"的方面,即为无效。可见,一个合法有效的执行性地方政府规章既不能超越法律、行政法规和地方性法规创设新的规则,也不能在上位法之外创设新的行政职权。就此而言,执行性地方政府规章与"裁量基准"并无不同,因而这类地方政府规章不属于职权法定原则中的法的范围,不能成为权力清单的法律依据。自主性地方政府规章或者先行性地方政府规章则不同,它们都是在没有上位法规定的情况下展开的,都是地方立法主体自主制定的,因而实践中它们又被称为"创制性立法"。这里最典型的例子就是《行政许可法》第 15 条第 1 款中的规定,"……尚未制定法律、行政法规和地方性法规的……因行政管理的需要,确需立即实施行政许可的,省、自治区、直辖市人民政府规章可以设定临时性的行政许可……"由于创制性地方政府规章是就地方事务作出的"开创性"规定,因此只要不与上位法相

---

① 参见崔卓兰等:《地方立法实证研究》,知识产权出版社 2007 年版,第 8—11 页。必须指出的是,论者就先行性立法的讨论是基于 2000 年的《立法法》文本而展开的。2000 年的《立法法》仅在第 64 条第 2 款就地方性法规的先行性立法作出了规定,而第 73 条地方政府规章条款只有两个,并未涉及先行制定地方政府规章的情况,但 2015 年修改后的《立法法》增设了地方政府规章的先行立法权。

② 有论者指出,《立法法》第 73 条(修改后为第 82 条)第 2 款有关地方政府规章的两项规定,不属于"自主"立法,不可以创设新的法律权利或义务(权力)。该观点虽是建立在 2000 年《立法法》文本基础上的,但有关地方政府规章"不可以创设新的法律权利或义务(权力)"的见解,一定程度上已经在修改后的《立法法》第 82 条第 6 款中得到了体现。参见应松年、袁曙宏主编:《走向法治政府——依法行政理论研究和实证调查》,法律出版社 2001 年版,第 243—244 页。

抵触，就与法律、法规一样，可以创设部分行政职权，可以进入权力清单法律依据。

根据《立法法》的规定，一项创制性地方政府规章要进入权力清单成为行政机关的职权依据，除了要遵循"不抵触"原则外，还要从以下两个方面作进一步分析：

第一，是否遵循了单行的行政行为立法所确立的规则。例如，我国"行政三法"中的《行政处罚法》就规定，规章可以设定一定数额的罚款、警告和通报批评等行政处罚，《行政许可法》规定省级人民政府规章可以设定临时的行政许可，规章无权染指行政强制的设定。因此，如果地方政府规章逾越了单行法的这些强制性规定，如地方政府规章设定行政强制措施或者行政强制执行，设区的市的人民政府规章设定行政许可，或者地方政府规章设定了除警告、罚款和通报批评以外的行政处罚，就会因与单行法相抵触而不具有法律效力。

实践中，地方政府规章在创制行政许可、行政处罚时往往假借执行性立法的名义来进行。最高人民法院2012年发布的第5号指导案例就提供了这样一个典型。该案中，苏州市盐务局以鲁潍（福建）盐业进出口有限公司苏州分公司在事先没有取得行政主管机关颁发的工业盐运输许可证的情况下就将从其他省份购入工业盐运回苏州的行为涉嫌违法，并据此作出了没收这些违法购买的工业盐并给予罚款的行政处罚。行政相对人对此不服并提起了行政诉讼。在行政诉讼中，原被告双方对案件事实没有争议，争议的焦点就在于法律规范的选择适用：国务院《盐业管理条例》明确规定，运输食用盐的单位必须办理准运证，非盐业公司批发食用盐是违法行为应当予以处罚；但是作为地方政府规章的《江苏省〈盐业管理条例〉实施办法》则规定，从事工业盐运输的单位需要先办理准予运输的许可证，并且非盐业公司批发工业盐也是违法行为应当予以处罚。表面上看，《江苏省〈盐业管理条例〉实施办法》是为执行国务院《盐业管理条例》而制定的，但《盐业管理条例》并未涉及工业盐准运证或非盐业公司批发工业盐的处罚等事项。更具迷惑性的是，《江苏省〈盐业管理条例〉实施办法》在国务院行政法规之外所创设的行政处罚、行政许可等又符合这两部行为法对行政许可、行政处罚设定权配置的具体规定。实际上，如前文分析所展示的那样，《行政许可法》《行政处罚法》等单行法在赋权地方政府规章创设行政许可或行政处罚时是有前提和条件的，这个前提和条件就是"尚未制定法律、法规"。① 也就是说,如果针对相关事务已经制定了法律或法规,那么地方政府规章再设定行政许可或行政处罚,不仅违反《立法法》的上述规定,也与有关单行法相抵触。遗憾的是,该内容往往被地方立法机关所忽视,执法机关在适用法律过程中也视而不见。正因为如此,最高人民法院借第 5 号指导案例的发布通过裁判要点对此进行明确提示:在已经制定上位法且没有设定行政许可、行政处罚的情况下,下位法不能设定行政许可、行政处罚,否则人民法院在审理行政案件过程中不予适用。实际上,最高人民法院早在 1993 年作出的《最高人民法院关于人民法院审理行政案件对缺乏法律和法规依据的规章的规定应如何参照问题的答复》中就表达了类似的观点,而在相隔近二十年后以发布指导案例方式再次强调这点,说明该问题在实践中并没有得到解决。

第二,是否在"有效期"范围内,这主要是针对先行性地方政府规章。根据《立法法》第 82 条第 5 款的规定,②具有先行立法性质的地方政府规章有效期为两年。也就是说,这种类型的地方政府规章,一旦超过两年,要么被相应的地方性法规所取代,要么被视同不"需要继续实施"而丧失效力。从实践来看,这种"有效期"限制更多地可能只是一种"倡导性"规定,因为无论是从该规定的文本还是立法实践来看,"应当提请本级人民代表大会或者其常务委员会制定地方性法规"必然是一个持续的过程,而在这个过程中,该款虽没有明示"需要继续实施规章所规定的行政措施的"可以继续实施,但是同样也没有作出否定性的规定。而从我国法治建设的实际状况及行政管理的惯性来看,地方政府规章实施满两年就"戛然而止"的情形是断不会出现的。

由于地方政府规章可以进行先行性立法是修改后的《立法法》这个"一般法"增设的,因而该规定还涉及同《行政强制法》《行政许可法》相关条款衔接的问题,即如何处理这里的一般法与特别法、先法与后法的关系。

根据《行政强制法》的规定,地方政府规章不享有行政强制的设定权,但地方性法规可以设定查封、扣押等行政强制措施,这样地方政府规章是否可

---

① 如《行政处罚法》第 14 条第 2 款规定,"尚未制定法律、法规的,地方政府规章对违反行政管理秩序的行为,可以设定警告、通报批评或者一定数额罚款的行政处罚……"《行政许可法》第 15 条第 1 款规定,"……尚未制定法律、行政法规和地方性法规的,因行政管理的需要,确需立即实施行政许可的,省、自治区、直辖市人民政府规章可以设定临时性的行政许可……"

② 该条款内容为:"……规章实施满两年需要继续实施规章所规定的行政措施的,应当提请本级人民代表大会或者其常务委员会制定地方性法规。"

以"借道"先行性立法而涉足设定行政强制措施的领地呢？我们认为答案应该是肯定的。因为《立法法》不仅是宪法性法律，是"一般法"，对我国立法权的配置具有"普适性"，而且2015年修正案所增设的一项内容无疑是为了回应我国立法实践的迫切需要而作的规定，具有"后法"的性质，对于先前颁行的各单行法中设定权的配置无疑具有约束力。据此，地方政府规章可以遵循先行性立法的规则，创制查封、扣押等行政强制措施。基于相同的法理，包括自治州人民政府规章以及设区的市政府规章在内的地方政府规章也有权涉足行政许可的设定，只要这种规章是具有先行性质的立法。实际上，从《行政许可法》的相关规定来看，省级人民政府的地方政府规章设定的行政许可是"临时性的"，这一规定"恰好"与修改后的《立法法》对先行性立法作出时间限制相吻合，从而可以在一定程度上印证上文的分析。鉴于《行政许可法》第15条对省级人民政府规章设定的行政许可"临时"的时长并无明确规定，延续前述的分析思路，可以从《立法法》修正案的上述内容找到解决问题的答案。因为按照《行政许可法》第15条的规定，地方政府规章设定的行政许可不仅是"临时性"的，而且必须是"因行政管理的需要，确需立即实施行政许可"的情形。这与《立法法》第82条对于先行性立法的规定高度一致。这就是说，地方政府规章设定行政许可的规范是先行性立法，要受《立法法》规定的两年时效的限制，即"实施满两年需要继续实施规章所规定的行政措施的，应当提请本级人民代表大会或者其常务委员会制定地方性法规"。

（三）创制性地方政府规章：基于地方事务的分析

作为我国法律体系的有机组成部分，地方政府规章是形式和内容的完整统一。就内容来说，专注于地方事务，并具有地方特色，是地方政府规章的生命力所在，也是《立法法》赋予地方政府规章享有部门规章执行性立法权的同时，又赋予其一定的创制性立法权原因之所在。事实上，《立法法》对地方政府规章这种"眷顾"也是我国宪法的基本要求。根据《宪法》第107条第1款规定，[1]地方人民政府负责辖区内相关地方事务的行政管理，并在法定职责权限范围内发布"决定和命令"。而客观上，由于各个地方的经济、文化、地理等差

---

[1] 该条款内容为："县级以上地方各级人民政府依照法律规定的权限，管理本行政区域内的经济、教育、科学、文化、卫生、体育事业、城乡建设事业和财政、民政、公安、民族事务、司法行政、计划生育等行政工作，发布决定和命令，任免、培训、考核和奖惩行政工作人员。"

异,需要因地制宜,因而不给地方政府规章稍微宽泛的权力是不够的。[①] 因此,就内容而言,作为权力清单权源依据的地方政府规章应当是针对"本行政区域的具体行政管理事项"作出的具有地方特色的规范。必须要指出的是,创制性地方政府规章对地方特色的关注并不是要追求"标新立异""与众不同",或者具有开创性或独一无二等。因为地方事务存在差异性的同时仍不失共性,并且治理相关事务的机理也是相通的。比如在历史文化保护方面,科学保护与合理利用应当是各地方共同遵守的基本原则,但是这一原则在具体落实时可以因各地方历史传统、文化特质的差异而有区别,但是绝不能为了追求"地方特色"而在立法的过程中无视历史文化及其保护方面的共同性要求,更不能以牺牲历史文化保护而追求所谓的"地方特色"。对此,有学者作了颇有见地的阐述,地方政府规章作为地方立法的一种具体形态,"应该充分体现本地经济水平、地理资源、历史传统、法制环境、人文背景、民情风俗等状况,适合本地实际,解决应由地方自己解决的问题以及国家立法不可能解决的问题。也就是说,地方立法体现的是对国家法律、行政法规的拾遗补缺,重点解决地方经济、社会发展中无法可依的问题并把改革和发展的决策同地方立法结合起来,使地方经济、社会发展有法可依"[②]。

值得注意的是,《立法法》第 82 条第 6 款还对地方政府规章的内容提出了禁止性的新要求。根据该款规定,在缺乏上位法作依据的情况下,地方政府规章"不得设定减损公民、法人和其他组织权利或者增加其义务的规范"。这就是说,地方政府规章可以创设的行政职权的性质和范围是有限制的,既不能对相对人权利"做减法",也不能对相对人义务"做加法",否则便与该款规定相抵触而不具有法律效力。这一规定实际上对地方政府规章提出了非常高的要求,尤其是地方政府规章对地方事务进行创制性立法时更是如此。从我国权力清单制度的实践来看,当进行权源依据选择时,要严格落实该款规定,正确识别地方政府规章,至少还需要澄清以下三个方面的问题:

第一,何为"减损公民、法人和其他组织权利或者增加其义务"?例如,针对公民、法人或者其他组织的违法行为设定的行政处罚是否为"减损"权利?而"增加其义务"除积极的作为义务外,是否也包括不作为的消极义务?显

---

① 参见刘莘:《行政立法研究》,法律出版社 2003 年版,第 73—74 页。
② 王斐弘:《地方立法特色论》,载《人大研究》2005 年第 5 期。

然，上述问题并未引起理论与实务界的重视。我们认为，从《立法法》通过增设该款来限制规章制定权限的立法本意来看，[①]行政处罚等侵益行政似应归为减损权利的范畴，而不作为义务则要排除在"增加其义务"的范围之外。因为行政处罚仍然是我国行政管理活动的一个重点，对行政处罚设定权的严格控制在过去、现在和将来都是法治建设的一个重要内容，而不作为义务可以看作宪法所规定的公民守法义务的具体要求，地方政府规章对其作出规定既可以看作宪法这一要求的具体落实，也可以视为具有上位法依据。这样的认知也逐步得到了实定法层面的支持。例如，2021年年初修改通过的《行政处罚法》第2条增加了行政处罚定义条款，从而为实践中判断法律、行政法规设定的行政措施是否为"其他行政处罚"提供了可以适用的基本标准。从该条规定的具体内容来看，行政处罚在内容上表现为对公民、法人或者其他组织"减损权益"或者"增加义务"。也就是说，"减损权益"或者"增加义务"的行政措施未必都是行政处罚，但是行政处罚一定表现为"减损权益"或者"增加义务"，因而都要受制于《立法法》第80条和第82条具体规范的约束。

  需要指出的是，在《立法法》前述规定中，使用的是"减损权利"而非"减损权益"，而在法律规范层面上"权益"是"权利"和"利益"的合称，其外延显然要比"权利"大了许多，这样一来是否意味着规章设定"减损权利"的行政处罚时要受《立法法》相关规范的限制，而设定"减损利益"的行政处罚则不存在这种限制呢？从法律解释的角度看，这样的理解是说得通的，但是从行政处罚的机理来看，这样的差别并不存在。我们很难把罚款说成是对相对人利益的减损，而不是对相对人权利的减损。站在相对人的角度，罚款的缴纳，既是财产权利的减损，也是相关财产利益的丧失。如果这样的理解能够成立，那么就会出现修改后的《行政处罚法》规定的规章设定通报批评、一定数额罚款和警告时，都需要有上位法依据。那么在有上位法作依据时，为什么还需要规章创设新行政处罚？是上位法只规定了违法行为而未设定行政处罚，还是设定的行政处罚过于粗疏，需要细化落实？如果是前者，是否又会带来与"尚未制定"上位法的矛盾和冲突？如果是后者，则不是"设定"而是"规定"。显然，这样的问题在《立法法》修改后并未引起足够的关注。但是随着法治建设实践

[①] 时任全国人大常委会副委员长李建国在十二届全国人大第三次会议上所作的《关于〈中华人民共和国立法法修正案（草案）〉的说明》中指出，增设该款的目的是"按照党的十八届四中全会决定要求，为进一步明确规章的制定权限范围，推进依法行政"。

的深入和公民权利意识的提高,特别是修改后的《行政处罚法》对行政处罚的"定义",理论界应当给以必要的回应,以保证法律的正确实施。

第二,"没有法律、行政法规、地方性法规的依据"中的这些上位法,在性质上除了行为法或者行为法规范以外,是否包括那些组织法性质的法律或者组织法性质的法律规范?换句话说就是,对于地方政府规章而言,该禁止性规定除适用于执行性立法外,对自主性、先行性等创制性立法是否适用?显然,无论是在地方立法还是在权力清单制度实践中,该规定并没有引起相关方面的重视。例如,作为一个地方政府规章,《南京市公共自行车管理办法》(以下简称《自行车管理办法》)在制定过程中对于是否设定行政处罚就产生了一些分歧。一种意见认为,依据修改后的《立法法》第82条第6款的规定,在没有上位法作依据的情况下,地方政府规章设定行政处罚便违反了"不得设定减损公民、法人和其他组织权利或者增加其义务的规范"的禁止性规定,因此在"法律责任"一章中不能新设行政处罚;另一种意见认为,根据当时的《行政处罚法》第13条的规定,地方政府规章可以"创设"警告、罚款这两种行政处罚,因此《行政处罚法》实际上已经为地方政府规章设定一定数额的罚款提供了依据,所以《自行车管理办法》可以设定警告、罚款等行政处罚,只要罚款不超出相应的限度。从解释论的角度看,这两种观点皆不无道理,但亦存在明显不足。依据前一种观点,地方政府规章只有在执行性立法时才可以在上位法的框架和范围内作出诸如设定行政处罚等规定,而在那些创制性立法活动中则不能设定这种法律责任。如果这样的分析能够成立,那么地方政府规章保留的价值何在,又是否会沦为"没有牙齿"的法律?若是按照后一种观点,创制性地方政府规章可以以组织法①作为上位法依据而进行"减损公民、法人和其他组织权利或者增加其义务"的立法活动的话,那么在第2款已经对地方政府规章的立法权限作出规定的情况下再作该款规定就是多余的,没有任何实际意义。② 常识告诉我们,《立法法》作为一部宪法性法律,其修改条文的增删不可能如此缺乏逻辑。

---

① 这里的组织法是广义的,即《行政处罚法》《行政许可法》《行政强制法》等单行的行政行为法中有关行政处罚、行政许可和行政强制设定权的配置性规定,实质上是具有组织法性质的条款,同样应归为组织法的范畴。

② 南京市《自行车管理办法》最后采纳了后一种观点,但争议并不会因此结束。如《自行车管理办法》第27条规定,"公共自行车运营单位未按照本办法规定履行职责或者未按运营服务规范提供服务的,由市、区交通运输行政主管部门责令限期改正;逾期未改正的,处二千元以上五千元以下罚款"。

第三,该款规定是否具有溯及力?法不溯及既往是现代法治的基本原则之一,因此该问题的答案应该是非常明确的。然而若是结合该条的其他内容来看,疑问并不能消除。例如,该条第3款在明确规定设区的市、自治州的人民政府制定地方政府规章"限于城乡建设与管理、环境保护、历史文化保护等方面的事项"的同时,还规定"已经制定的地方政府规章,涉及上述事项范围以外的,继续有效",即对地方立法事项的规定明确否定具有溯及力。而按照法不溯及既往的原则,只有在例外的情况下即具有溯及力时才需要作出明示规定。可见,按照该条第3款的逻辑,第6款只是作出禁止性规定而没有否定其溯及力的情况下,是否意味着该禁止性规定具有溯及力?从权力清单制度的实践来看,即使该规定不具有溯及力,对权力清单权源依据的选择仍然产生深刻的影响:随着修改后的《立法法》实施,地方政府规章中那些创设减损权利、增加义务的规范因与《立法法》的明确规定相抵触,就应当不再具有法律效力。由此而来,对那些已经公布的权力清单,势必要按此规则进行一个重新的梳理,以剔除地方政府规章中与《立法法》的该规定相抵触的那些权力源依据。遗憾的是,从权力清单制度的实践来看,《立法法》修改后并未出现普遍调整权力清单的现象。而这种状况并不意味着地方政府规章不涉及或者较少涉及"减损权利"或者"增加义务"的规范,只能说明这一问题未能引起理论与实务界的高度重视。严格来看,这种状况是对我国法制统一原则的"侵蚀",而权力清单制度在一定程度上还造成了这种"侵蚀"的普遍化,甚至是合法化。

(四)江苏样本的实证分析

在省级层面,浙江、江苏和安徽是最早公开发布省级政府组成部门权力清单的。2014年11月,江苏省行政审批改革办公室通过江苏机构编制网向全社会公开发布省政府组成部门的权力清单。从构成看,江苏省政府部门权力清单的要素有项目编码、项目名称、所属部门、权力类别、行使层级、设定依据等六个要素;从职权数量看,江苏省政府各部门共有行政权力事项5647项(不含地震局21项、气象局78项及保密事项),其中省属权力1375项、属地管理权力4272项,省属权力中,常用权力947项,三年以上未行使的权力428项;省监察厅、省国资委、省法制办、省台办、省监狱管理局、省农资局没有具体行政权力事项。就江苏省样本来看,地方政府规章在进入权力清单法律依据的过程中需要重点关注以下三个问题：

第一，区别对待执行性地方政府规章进入权力清单法律依据的情形。前已述及，执行性规章不能独立作为权力清单的法律依据，但是其以"执行性规定"的身份与上位法"联袂"出现在权力清单法律依据中不仅是可行的，而且也是一个普遍存在。从江苏省样本来看，执行性地方政府规章进入权力清单的法律依据往往与行政职权的内容和主体有关，应区别对待。

就行政职权的内容来看，江苏样本所引用的地方政府规章大都有上位法作依据，且对行政职权的细化也在上位法的限度内，但也有例外情形。例如，《江苏省节约能源条例》第 50 条规定，"违反本条例第十六条第二款规定，被监督检查单位拒绝、阻碍节能监督检查的，由节能主管部门责令限期改正；违反《中华人民共和国治安管理处罚法》的，由公安机关依法处理。"这里针对被检查单位拒绝、阻碍检查行为并未设定行政处罚，但此后颁行的《江苏省节能监测办法》却明确了两项行政处罚。其第 18 条规定，"被监测单位无正当理由拒绝、阻碍节能监测的，由节能主管部门责令改正，并予以警告；拒不改正的，可以处 5000 元以下罚款；违反治安管理规定的，由公安机关依法处理。"第 19 条规定，"被监测单位经监测不合格，在规定的整改期限内无正当理由拒不整改的，由节能主管部门给予警告；情节严重的，可以处 5000 元以下罚款。"显然，在地方性法规已经明确规定对"被检查单位拒绝、阻碍检查行为"只责令限期改正或依据《治安管理处罚法》处理的情况下，《江苏省节能监测办法》再针对这种违法行为设定行政处罚，明显不具有合法性。

法律规范在设定行政职权的同时应规定行政职权的行使主体，这是职权法定原则的内在要求。例如，《行政许可法》第 18 条就规定，"设定行政许可，应当规定行政许可的实施机关、条件、程序和期限。"然而在我国现行有效的法律规范中，仍然存在个别法律规范在设定行政职权时未对其行使主体作出明确规定，这时包括地方政府规章在内的下位法对法律、法规设定的行政职权，依据行政组织法所确立的原则对该职权的行使主体予以明确不仅是必要的，而且也是合乎行政组织法原理的。因此，在明确行政职权行使主体方面，执行性的地方政府规章进入权力清单法律依据，并未超出地方政府规章的立法权限。

实践中，还存在地方政府规章依据上位法的委托而设立具体执法主体的情形。例如，《劳动保障监察条例》第 4 条第 1 款规定，"县级、设区的市级人民政府劳动保障行政部门可以委托符合监察执法条件的组织实施劳动保障监察。"由于劳动保障监察工作具有一定的专业性,现实生活中又缺乏"符合监察执法条件的组织",因此地方政府规章出于承接上位法的需要委托行政职权,设立行政职权的行使主体,就是在上位法范围内作出的一种执行性规定。《江苏省劳动监察规定》就是基于这样的立场在第 7 条规定,"劳动行政部门设立的劳动监察机构,具体负责劳动监察工作。"事实上,受托行使行政职权的组织并不改变行政职权的主体归属,因而地方政府规章以这样的方式进入权力清单的法律依据也是正当的。

第二,及时清理进入权力清单法律依据的创制性地方政府规章。创制性地方政府规章进入权力清单成为行政机关的职权依据是一个普遍现象,但是从法治政府建设的角度看,对于进入权力清单职权依据的创制性地方政府规章,应当依据其颁布施行的时间并区分其设定的行政职权性质等及时进行评估、清理。

对于授益性的行政职权,因为《立法法》并未对地方政府规章作出禁止性规定,因此只要不存在与上位法相抵触的情况,其在权力清单中的地位通常是稳固的,但是其操作性仍有待加强。例如,《江苏省科学技术奖励办法》专门就科学技术的奖励作出规定,内容涉及职能部门、奖项的种类、数量、标准及评奖的程序等,但是从操作层面看,仍然存在评审程序启动的时机不明、不同奖项的奖励方式及标准缺失等问题。

在侵益行政方面,江苏样本中大量存在的是地方政府规章设定行政处罚的情形,对于这种类型的地方政府规章应当从两个方面进行审查和清理。一是从地方事务的角度。例如,《江苏省农村抗震防灾工作暂行规定》第 19 条就针对"擅自变更抗震防灾规划、设计或者设防标准""施工中擅自取消抗震构造措施""地震时因设计和施工质量而造成不应有的重大损失和人员伤亡"等情形,设定了降低资质等级、警告或者最高达 30000 元罚款的行政处罚。该地方政府规章颁行于 1997 年,由于地震的发生是一个小概率事件,因而该规范实际上一直处于休眠状态,但是作为权力清单的职权依据,该规范所涉及的抗震防灾工作是否为地方事务、立法中是否要区分城市和农村进行分别规定等,都是需要再行讨论的。二是从《立法法》禁止性规定的角度。在江苏样本中,地方政府规章设定罚款等行政处罚大量存在,例如,《江苏省地质灾害防治管理办法》第 23 条规定,"违反本办法,侵占、损毁防治地质灾害的各类设施、设备和物资的或者擅自发布或扩散地质灾害趋势和预报的,由县级以上人民政府地质矿产主管部门责令其改正,并可处以1000元以下的罚款。"第24条规定,"违反本办法,应当进行而未进行地质环境影响论证和地质勘查评价或者应当采取防止地质灾害发生的措施而未采取的,由县级以上人民政府地质矿产主管部门责令其改正,并可处以10000元以下的罚款。"从《立法法》第82条第6款的规定出发,这些行政职权的合法性不是没有疑问的。

第三,重视权力清单动态调整机制建设,尤其是要把地方政府规章的清理、核查作为该机制建设的一个重要内容。权力清单的职权依据是国家颁行的法律规范,而国家法律规范本身也是处在不断变动过程中的。因此,权力清单要如实地反映国家法律规范的变动情况就必须建立行之有效的动态调整机制。对此,江苏省在发布权力清单时特别强调了这一点:"随着法律法规的修订和调整,行政权力清单也将动态调整。我们将制定行政权力清单动态调整办法,严格规定行政权力调整的条件和程序,规范行政权力的新增、减少和变更。"在江苏省权力清单公布后的近一年半时间里,不仅《立法法》已经作出了修改,而且一些单行的法律规范也处在变动之中,但是该省权力清单的内容并未有任何变化。也许该省的《权力清单动态调整办法》尚未形成,也许该办法虽已形成但未付诸实施,但是不管是哪种情形,都已经造成了权力清单法律依据的不准确、不完整,甚至还可能因此而导致违法行政的现象发生,从而与推行权力清单制度的目标南辕北辙。值得注意的是,地方政府规章位于国家法律体系的末端,并且地方政府规章因其地方性而较少为人们关注和重视,这就造成了很多地方政府规章"长生不老"的现象。例如,前述《江苏省农村抗震防灾工作暂行规定》《江苏省地质灾害防治管理办法》都是在《立法法》之前颁布施行的,而近20年来我国经济社会结构已经发生了根本性的变革,这些地方政府规章能否进入权力清单法律依据需要在"清权""减权"等环节进行富有实效的评估。其实,在江苏省公布的权力清单中有248项行政权力为三年以上未行使的"非常用"权力,对照《立法法》的相关规定,这些"非常用"权力中凡是由地方政府规章设定的,若在"清权""减权"阶段未能过滤的,都可以借助后续动态调整机制将其从清单中予以剔除。可见,对地方政府规章的核查和清理不仅是权力清单动态调整机制的重要内容,而且是有明确法律依据的。

值得注意的是,规章以下的规范性文件在江苏样本中也普遍存在。例如,《省委办公厅 省政府办公厅印发〈关于进一步改进调查研究 广泛听取群众意见的办法〉等制度的通知》(苏办发〔2013〕23号)批准保留省住房与城乡建设厅进行"省优质工程'扬子杯'评选""全省建筑企业先进单位、先进个人评选""'三星级康居乡村'验收及授牌"等。规范性文件进入权力清单可能存在以下两个疑问：一是规章以下的规范性文件不能设定行政职权，以其作为权力清单的法律依据背离职权法定原则的要求；二是从简政放权、深化行政体制改革的角度看，政府部门进行这种评选、授权等可能并不符合职能科学的要求。因此，如果在制作权力清单的源头阶段忽略了对规范性文件的把关，那么事后就应当通过动态调整机制及时删除权力清单中的这些内容。对此，前文已经有具体论述，这里就不再展开。

第五章

权力清单制度的
实践展开

从人的时代背景来看,推行权力清单制度是我国社会主义建设进入新时代以来开展简政放权、深化行政审批制度改革的一个重大举措,也是近些年来我国众多行政改革的一个典型。就改革的动因和追求的目标来看,在行政许可法治化建设取得一定成效的基础上启动的相对集中行政许可权改革,以及地方在行政审批改革过程中开展的种种探索,都与权力清单制度高度一致,即都是以政府"瘦身"和明确公权力边界为外观,实质上是要打破部门行政职权的界限,通过功能整合和结构重构,进一步释放社会和市场创造力,推动形成市场机制在资源配置中发挥决定性作用的同时,促进整体性政府变革,实现国家治理和社会治理整合的整体性治理转型。[①] 基于此,本章以权力清单制度的实践展开为统领,在对实践中的相对集中行政许可权进行调查研究、系统探索的同时,选择简政放权改革实践最有代表性的两个地方改革,即浙江省的"最多跑一次"和江苏省的"不见面审批"改革为样本,分析研究这场改革的经验得失,进而为深化行政体制机制改革积累典型素材。值得注意的是,新时代的这场行政改革也在极大地激发基层政府的创造力和想象力。面对社会治理和化解社会纠纷矛盾的现实压力,基层政府也在积极探索,主动作为,例如北京市的"街乡吹哨、部门报到"改革,引发了全国各地开展行政执法力量和管理队伍向基层一线倾斜的改革。2019年9月以来,江苏省南京市秦淮区开展的赋权、赋能、强基层、强队伍的"两赋两强"改革极具特色,不仅取得了实实在在的法律效果和社会效果,而且也引起了省委省政府的高度重视,并在全省进行推广。本课题研究也将利用我们近距离接触改革实践的独特"区位优势",对这一实践样本进行观察和分析,以归纳这项改革的经验特色,放大"两赋两强"改革的影响力,推动基层综合执法体制改革往纵深推进。

[①] 如有学者就指出,改革开放以来,我国行政改革围绕着机构精简和职能转变不断深化,大部制改革、综合执法体制改革、简政放权等不同时期不同类型的改革,虽然目标不同、侧重点有别,但是改革已然揭示出部门打破界限,实现功能整合、结构重构和行政系统一体化的整体政府发展趋势。参见王敬波:《面向整体政府的改革与行政主体理论的重塑》,载《中国社会科学》2020年第7期。

一、相对集中行政许可权改革探索与挑战

从改革的依据看,《行政许可法》第 25 条是相对集中行政许可权的改革最直接的法律依据。[①] 由于该条仅寥寥数字,缺乏对相对集中行政许可权改革的完整的顶层设计,因而在实践中行政许可权如何集中、许可权是绝对集中还是相对集中,在立法上都没有明确规定。因此,可以说相对集中行政许可权并非一个法律概念,某种程度上是对相对集中行政处罚权改革路径依赖的产物,是相对集中行政处罚权改革的一个延续。这种延续在一定程度上还极大地抑制了相对集中行政许可权改革实践中地方进行再探索的主动性和积极性,并最终演化成了对相对集中行政处罚权的简单"拷贝"。实际上,行政许可的机理与行政处罚存在明显差异,实践中的行政许可权作用是一个持续的过程,存在多个环节,因而相对集中行政许可权远比相对集中行政处罚权复杂许多,改革探索也应当更加丰富多彩。从实践层面来看,各地在进行相对集中行政许可权的探索过程中,相关实施方案似乎已经注意到了这种差别,但由于理论上对于相对集中行政许可权的复杂性认识并不充分,对相对集中行政许可权的内涵和外延的把握亦不十分清晰,存在因循相对集中行政处罚权的思路,甚至简单机械套用相对集中行政处罚权做法的情形,从而影响了相对集中行政许可权改革探索的实践效果,甚至与立法最初规定相对集中行政许可权这项制度的初衷相去甚远。2015 年 3 月,中央机构编制委员会办公室、国务院法制办公室联合发布了《相对集中行政许可权试点工作方案》(以下简称《试点工作方案》),正式在全国范围内开启了开展相对集中行政许可权的改革探索。首批试点地区包括天津、河北、江苏、浙江、广东、四川、贵州等省市,但从五年来的实践来看,相对集中行政许可权事实上已经走过了"试点探索"阶段,在不少地方已经全面铺开。以江苏省为例,相对集中行政许可权改革试点之初就突破了《试点工作方案》确定的每个试点省份三家试点单位的限制,选择了地级南通市、县级大丰市、盱眙县、苏州工业园区进行试点,到 2017 年 2 月,这项改革已经拓展至 20 个省级以上开发区,标志着相对集中行政许可权改革在地方上全面覆盖了开发区、县(市、区)、经济发达

[①] 该条款内容为:"经国务院批准,省、自治区、直辖市人民政府根据精简、统一、效能的原则,可以决定一个行政机关行使有关行政机关的行政许可权。"

镇、设区市等四个层级。实际上,试点并未到此为止,牵头该项改革的中共江苏省委编制委员会办公室强调,各开发区正在编制试点方案,成熟一个,批准一个,实施一个。到了2018年8月,在这项改革的推动下,江苏全省5个设区市、17个县(市、区)、27个开发区行政审批局正式运行。针对各地开展的改革探索,在理论上对相对集中行政许可权进行一个全面梳理,澄清一些片面甚至是错误的认识,对于该项工作的顺利推进具有十分重要的理论价值与实践意义。

(一)相对集中行政许可权可能的解释

作为我国简政放权、深化行政审批制度改革实践的探索,在相对集中行政处罚权改革取得成功后,再次启动相对集中行政许可权改革,其根本目的就是要全面落实以人民为中心的发展理念,借助相对集中行政许可权改革,不断提高行政许可的效率,以达到便民高效的目的,这一点《试点工作方案》给出了清晰的表述:"以清理减少行政审批事项、优化审批流程、公开审批标准、规范审批行为和加强监督管理为重点,探索推进相对集中行政许可权,创新行政审批方式,提高行政审批效率,便利企业和群众办事,进一步激发市场和社会活力。"从相对集中行政许可权的法律依据来看,《行政许可法》第25条虽然不是简单复制《行政处罚法》第16条的相关规定,但是他们的核心内容是完全相同的,即省级人民政府必须在国务院授权的情况下才可以决定"一个行政机关行使有关行政机关的行政许可权"。显然,该规定充分注意到了作为行政职权具体形态的行政许可权的"法定性",同时也为实践中探索相对集中行政许可权的实现形式预留了充分空间。

需要指出的是,相对集中行政许可权改革实践对行政许可权与行政处罚权这两种行政职权的内涵,尤其是其效力形态的差别未能给予足够的关注。事实上,作为授益行政的典型,行政许可的效力具有时空上的"延展性"和"持续性",并且其效力还会随着作出行政许可决定的基础性事实的变化而变化,这与行政处罚以"凝固"的基础性事实为依据且效力具有"单一性"是不同的。①因此行政许可权的内涵远比行政处罚权的内涵丰富,外延可能更加复杂。而相对集中行政许可权的推进必须以正确认识和把握"行政许可权"内涵为前提。

---

① 相关论述参见王太高:《论行政许可中止》,载《法学》2014年第4期。

1. 行政许可权的内涵

通说认为,行政许可的功能有三项,即预防风险、提供社会公信、合理配置资源,因而行政许可证的颁发必须以申请人"符合法定条件、标准"为前提。并且,被许可人只有在许可证有效期内持续"符合法定条件、标准"时,行政许可制度所蕴藏的这些功能才能真正发挥。可见,在行政许可实践中,不仅有可能出现类似于行政处罚中因事实认定或法律适用错误而撤销、变更行政许可的可能,①而且还会发生因被许可人自身情况的变化而不符合或不完全符合法定条件、标准的情形,甚至还会单纯地因为时间的推移而导致行政许可失效。因此,行政许可制度所蕴含的功能发挥,不仅需要行政机关在作出行政许可决定时要严格把关,而且更有赖于行政机关在作出行政许可决定后对被许可人进行持续有效的监督管理。正是清楚地看到了这一点,我国行政许可立法的一个重要动因就是要矫正长期以来行政机关"只许可、不监督"或"重许可、轻监管"的弊端。② 反映在立法上,就是在《行政许可法》文本中专门设立"监督检查"一章。可见,行政许可权与以行政处罚权为代表的传统行政职权并不相同,它实际上是一个"权力束",不仅表现为行政机关是否准予行政许可的决定权(其内涵与行政处罚权相当),③而且还包括行政许可变更权、延续权、撤回权、中止权、注销权等多项内容。④ 由于这些类型的行政许可权均是在行政机关作出行政许可决定后才存在,为了表述方便,同时也是为了凸显后续监管对于行政许可制度的特殊意义,本章以下将行政许可决定权以

---

① 例如,《行政许可法》第 69 条就规定,对不具备申请资格或者不符合法定条件的申请人准予行政许可的,或者被许可人以欺骗、贿赂等不正当手段取得行政许可的,可以或者应当撤销行政许可。

② 参见 2002 年 8 月 23 日国务院法制办公室主任杨景宇在第九届全国人民代表大会常务委员会第二十九次会议上所作的《关于〈中华人民共和国行政许可法(草案)〉的说明》。

③ 严格意义上讲,行政机关变更、延续、撤回、中止、注销行政许可等也必须以书面决定的方式作出,但是为了行文的方便,本章中的"行政许可决定权"仅限于行政机关依据《行政许可法》第 34、38、57 条的规定,对行政许可申请人作出的准予或不准予行政许可的决定权。

④ 2009 年最高人民法院颁发的《最高人民法院关于审理行政许可案件若干问题的规定》从指导司法实践的角度亦指出了行政许可权内涵的丰富性。该司法解释第 1 条规定,"公民、法人或者其他组织认为行政机关作出的行政许可决定以及相应的不作为,或者行政机关就行政许可的变更、延续、撤回、注销等事项作出的有关具体行政行为及其相应的不作为侵犯其合法权益,提起行政诉讼的,人民法院应当依法受理。"参与该项司法解释起草的最高人民法院法官明确指出,该条中"等事项"应作"等外"来理解,进而列出 16 种不同的行政许可行为。这就是说,行政许可权的"内涵"是非常丰富的。参见杨临萍:《行政许可司法解释理解与适用》,中国法制出版社 2010 年版,第 5、49—51 页。

外的其他行政许可权统称为行政许可"后续监管权"。①

2. 相对集中行政许可权的实现方式

从词义上讲,"集中"就是"把分散的人、事物、力量等聚集起来"或者"把意见、经验等归纳起来";"相对"和"绝对"对应,指"依靠一定条件而存在,随着一定条件而变化的"。② 据此,对于某一具体的行政职权而言,"相对集中"就应该是有条件、有选择地将其集中起来,而不是不加区别地一味集中或者不加区分地绝对集中。例如,"相对集中行政处罚权"就是将公共管理过程中部分而不是全部行政处罚权集中起来,交给某个部门来行使。在我国行政实践中,就是将与城市管理有关的行政处罚权,如规划、环境卫生、市容等领域的行政处罚权集中起来交由城市管理局来行使。再有就是文化行政管理领域如版权、文物、音像市场等领域的行政处罚权进行相对集中行使。

由于行政许可权较之于行政处罚权的内涵更为丰富,因而相对集中行政许可权就有以下两个层面的内容需要明确:一是"相对集中"意味着公共管理过程中一部分而不是全部行政许可权集中起来行使,这一点与相对集中行政处罚权完全相同。倘若将行政管理过程全部行政许可权均集中起来行使,那就是绝对集中而非相对集中。二是由于行政许可权的内涵非常丰富,对于被集中的那些领域的行政许可权来说,还需要明确是仅限于行政许可决定权的集中,还是行政许可决定权以及全部或部分行政许可后续监管权一并集中?如果是前者,那就意味着相对集中行政许可权后将存在行政许可决定权的集中行使与行政许可后续监管权的分散行使并存、行政许可决定权的行使主体与行政许可后续监管权的行使主体相分离的状况,这就需要妥善处理好集中行使行政许可决定权的主体与分散行使行政许可后续监管权的主体之间的关系,尤其是如何在行政许可决定主体和后续监管主体间充分有效率地传递和分享与行政许可相关的信息,将是相对集中行政许可权实践取得成功的关键;如果是后者,将意味着集中行使行政许可权的主体不仅要行使被集中的行政许可决定权,而且还要集中行使全部行政许可后续监管权,这虽然免除了行政许可决定主体和后续监管主体间与行政许可相关的信息传递的麻烦

---

① 从行政许可决定权行使的"流程"来看,具体表现为行政许可申请的受理权、审查权、决定权和行政许可决定的送达权等权能。但是若将这些权能看成"行政许可权"的全部,不免过于简单化了。

② 参见中国社会科学院语言研究所词典编辑室编:《现代汉语词典》,商务印书馆 2005 年版,第 640、1483 页。

或失真的可能,但是庞大而复杂的后续监管任务也会对该主体形成巨大的挑战。并且在后一种情形中,如果是部分行政许可后续监管权被集中,还需要对行政许可后续监管权进行区分和归类,并且要同时面临与行政许可相关的信息在不同主体间的传递以及监管主体后续监管能力等挑战,情况将会更加复杂。

可见,相对集中行政许可权同相对集中行政处罚权既有相似之处,也存在着明显不同。对相对集中行政许可权的不同理解将直接决定着相对集中行政许可权改革实践的模式选择和未来发展方向。

(二)相对集中行政许可权的实践探索

当下我国行政审批制度改革可以追溯到1996年下半年,行政许可立法工作也同步启动。在此过程中,相对集中行政许可权实际上就一直处在探索过程中,并逐步发展前行。按照通行的说法,各地的这个实践探索大体上可以区分为物理集中、机构集中和部门集中等三个阶段。①

1. 物理集中

所谓物理集中就是将行使行政许可职权的各个部门集中到一个空间场所上进行"集体办公"。20世纪90年代末,伴随着行政审批制度改革,全国各地无论是为了在地方间的横向竞争中胜出而优化投资环境,还是为了提高行政审批效率,以方便等目的,逐步建立起了"政务服务中心""行政服务中心"或"行政审批服务中心"(以下统一称"行政服务中心")等综合性、一站式的办公场所,规定凡具有行政许可职权的部门都要在行政服务中心设立窗口,统一受理和送达行政许可决定;行政许可申请人可以在该集中场所完成与各个行政许可部门的接触,从而避免了申请人在不同部门之间来回奔波之苦。实践中的这一做法最终得到了《行政许可法》的肯认,该法第26条第2款规定,行政许可依法由地方人民政府两个以上部门分别实施的,本级人民政府可以"组织有关部门联合办理、集中办理"。这里的"集中办理"就是行政许可实践中的"物理集中"。在《行政许可法》的推动下,截至2006年9月,全国综合性

---

① 由于物理集中和机构集中都以程序简化为着眼点,并且通常都是以行政审批(服务)中心为载体来实现,有学者也将我国相对集中行政许可权改革进程区分为"以行政服务中心为标志的'联审联办'的程序性一体化到行政审批局的机构现代化两个阶段"。参见王敬波:《面向整体政府的改革与行政主体理论的重塑》,载《中国社会科学》2020年第7期。

的行政服务中心已经有 2100 多家。① 然而行政服务中心作为一个"便民、利民,为群众办事的场所",在给相对人接触行政机关带来极大便利的同时,对其在多大程度上能够提高行政许可的效率还存在不同的认识。实践中,由于行政许可事项的复杂性,多数政府职能部门进驻行政服务中心的窗口并非核心科室,这些派驻的机构实际上只享有一些程序性权力,例如面对相对人的许可申请进行受理,在行政许可决定作出后予以送达等权限,其担当的角色类似于"传达室"或"收发室",政务中心并不享有行政许可实施过程中的实质性权力,这种状况极为普遍,既在地区间形成差异,也没有因行政服务中心法律地位的改革而有多少不同。② 正因为如此,有学者评价指出,"行政服务中心仅仅是政府部门的集合,只具有'符号化'的意义,无法对行政审批过程进行有效的管理和控制,无助于提高行政审批效率,甚至在一定程度上还人为增加了审批环节而备受诟病,从原来改革的产物演变为进一步改革的对象。"③

对照前述对相对集中行政许可权内涵的分析,行政许可权物理集中与之存在明显不同:物理集中是享有行政许可实施权的行政机关在办公场所方面的集中,与行政许可职权集中交由一个机关行使无涉;从建立行政服务中心的出发点来看,物理集中强调"凡具有行政许可职能的部门都要在该中心设立窗口",是绝对集中而非相对集中。

2. 机构集中

针对行政许可权物理集中存在的"前店后场式"的问题,各地在相对集中行政许可权实践中又进行了新的探索,这一探索的内容可概括为"两集中、两到位",即俗称的"机构集中"阶段。

---

① 参见干以胜:《中国政府的政务公开工作取得明显成效》,http://www.gov.cn/zhibo19/content_398939.htm,2015 年 7 月 1 日访问。

② 有学者将我国实践中的行政服务中心区分为虚体型模式、协调型模式、实体型模式和综合型模式等四种,这说明不同地方行政服务中心的法律地位是有差别的,但行政服务中心法律地位的这种差别并未根本改变行政服务中心与进驻中心部门的关系。参见赵永伟、唐璨:《行政服务中心理论与实践》,企业管理出版社 2006 年版,第 105—119 页。

③ 王胜君、丁云龙:《行政服务中心的缺陷、扩张及其演化——一个行政流程再造视角的经验研究》,载《公共管理学报》2010 年第 4 期。需要说明的是,尽管理论界对这种以行政服务中心为载体的相对集中行政许可权的实践存在不同看法,但这种"物理集中"的实践一直在继续。例如,2015 年 2 月 28 日下午,江苏省政务中心"开门迎客",省政府 53 个部门 386 项行政许可事项进驻办理。

所谓"两集中",即把同一行政部门内部分散在各处室的行政许可权,集中到一个内设机构来行使;把各部门相对集中行使行政许可权的机构,成建制地纳入行政服务中心窗口,集中对社会开展服务。"两到位"即行政机关所有行政审批项目必须在本部门的行政服务"窗口"到位,相应行政许可事项的审批权、办事权(含授权)必须在行政服务"窗口"到位。其核心是各部门要对设在行政服务中心的窗口工作人员进行"充分授权",行政许可办理由"后台"转移到"窗口",让"收发室"真正具有决定权。例如,2007年6月,海南省就明确提出,推进"两集中、两到位"时要坚决避免把窗口办成政务服务事项的"中转站"和"收发室"。在此基础上,2008年海南省机构编制委员会办公室、省政务中心、省法制办、省监察厅等四部门又发布了《关于全面推行行政审批权相对集中改革工作的实施意见》,提出"凡是有审批项目进入省政务大厅的省政府直属单位,都要设立行政审批办公室……各部门要将本部门所承担的行政审批职能和相关项目收费职能全部移交行政审批办公室"。2007年年底至2008年年初,宁夏回族自治区及四川、天津、吉林、安徽等省市亦先后正式启动相对集中行政许可权改革,以行政服务中心为平台,通过"两集中、两到位",逐步实现行政许可权的相对集中行使。

与集中办公那种机械式集中不同,"两集中、两到位"是一种有机的集中,即不仅给相对人带来了物理空间上的便利,而且进驻行政服务中心的机构不仅拥有面向行政许可相对人的受理权、送达权等程序性权力,而且对审批事项享有实体性的权力,包括对审批事项进行直接审查批准的权力,对那些服务中心前台不能直接办理需要转给原职能业务处室处理的复杂事项,在各职能处室间进行分配的分办权,以及对整个办事过程和结果负责的全程监督权力,即督办权。[①] 由于这种模式对行政许可权的行使产生了实质性影响,因而对推动行政许可权的科学配置和行政许可实践产生了非常积极的影响。但同时,我们也应该清醒地认识到,"机构集中"只是改变了分散在各部门的行政许可权运作的"轨迹",而并未改变行政许可权的归属主体,这一点与"物理集中"并无二致,亦即无论是"物理集中"还是"机构集中",其所实现的只是"行政许可"集中而不是"行政许可权"集中,是全部行政许可事项的集中即

---

① 参见黄小勇等:《推进相对集中行政许可权改革的思考》,载《国家行政学院学报》2011年第3期。

"绝对集中"而非部分许可事项的"相对集中",因而与"相对集中行政许可权"仍然存在本质上的差别。

3. 部门集中

部门集中是指按照《行政许可法》第 25 条的规定,将一级政府的行政许可权力尽可能地集中在一个机关,其他行政机关不再行使相关的行政许可权。这是与相对集中行政许可权本意最接近的一种探索。成都市武侯区在全国范围内率先进行了这一尝试。

2009 年 4 月,成都市武侯区人民政府印发了《武侯区行政审批新机制运行管理暂行办法》(以下简称《武侯区办法》)。根据《武侯区办法》的规定,武侯区在保留全部现有政府职能部门的前提下,新成立一个职能部门即"行政审批局",原先政府职能部门依法享有的行政审批职权全部转移到新成立的这个行政审批局,由其统一行使,原先的政府职能部门的行政审批权不再继续行使,完成行政审批权的实体集中和统一行使。在程序方面,行政审批局在全面梳理各类行政审批权行使程序的基础上,对办理流程进行优化简化,通过减少办理环节提高行政审批效率。在批后监督管理方面,行政审批局只负责审批而不涉足批后监管,后续监管仍然由职能部门按照各自的职责负责,对审批事项办结进行监管。在这个过程中,行政审批局与后续监管部门建立起顺畅的信息交流沟通机制,一方面行政审批局作出审批决定后要及时向相关职能部门通报,另一方面相关职能部门在开展后续监管过程中获得的相关监管信息也要及时通报区行政审批局,行政审批局要将此信息作为年检或变更等各种审批的重要参考依据。2014 年 5 月 20 日,天津市以国家级新区滨海新区为依托,成立了天津市滨海新区行政审批局,将区发展改革委、经济信息委等 18 个部门的 216 项审批职责,全部划转到行政审批局直接行使,启用行政审批专用章,实现"一颗印章管到底"。

成都市武侯区、天津市滨海新区探索的核心内容是将行政许可权(只限于行政许可决定权而不包括行政许可后续监管权)集中起来交给一个部门来行使,是《行政许可法》第 25 条的体现和落实,因而与物理集中、机构集中存在本质的区别。但同时我们也应该注意到,这些探索实际上在很多方面已经超出了《行政许可法》第 25 条的规定。例如,在程序上,未经国务院批准和省级人民政府决定,就启动了相对集中行政许可权的探索。又如,在实体上,通过成立新的行政审批局统一行使行政许可权,而不是选择某一既存的行政机关来行使其他部门的行政许可权;将相对集中行政许可权拓展至对行政许可流程的压缩和简化,最大限度实现便民的目的;行政许可权集中的同时,还要加强事中、事后监管,建立健全内外部监督机制等。至于行政许可权的集中只限于许可决定权,而后续监管权仍由原来的职能部门行使的做法,与该条款并不抵触。

(三) 推进相对集中行政许可权改革需要解决的问题

在各地自发探索的基础上,中央编制委员会办公室、国务院法制办于2015年3月发布的《试点工作方案》,提出在天津市及河北等7个省、自治区的部分地区正式开展相对集中行政许可权改革的试点。根据《试点工作方案》,试点内容主要由五个方面构成:(1)开展行政许可权相对集中的方式,既可以是一个机关行使另一个机关的行政许可权,也可以是将政府各部门的行政许可权统一交由一个部门或者新设的一个部门来行使;(2)行政许可权相对集中的具体内容,包括是全部集中还是部分集中,在部分集中中,哪些"审批权"可以集中、集中到什么程度,"集中审批"如何开展审批等,各地可根据实际进行探索;(3)相对集中行政许可权后,集中行使"审批权"的部门与其他职能部门的协调配合机制;(4)优化审批流程、规范审批行为,实现审批行为程序化、标准化、科学化;(5)健全审批、管理、监督运行机制,加强事中事后监管,建立健全内外部监督制约机制等。

《试点工作方案》的内容大体上反映了《行政许可法》第25条的规定,并注意到了其与相对集中行政处罚权的差别:第一,集中的方式不同。相对集中行政处罚权的做法是设立一个"集中行使行政处罚权的行政机关""作为本级政府的一个行政机关","试点城市集中行使行政处罚权的行政机关应当作为本级政府的一个行政机关,不得作为政府一个部门内设机构或者下设机构"[①];而相对集中行政许可权是"政府各部门的行政许可权交由一个部门行使,或者将一个部门的行政许可权交由另一个部门",并未涉及"增设"新的行政机关,这在很大程度上与《行政许可法》第25条的规定保持了一致。第二,改革的内容不同。相对集中行政许可权改革不仅关注行政许可权的"合并",

---

① 参见《国务院办公厅关于继续做好相对集中行政处罚权试点工作的通知》(国办发〔2000〕63号)。

而且还注重行政许可实施程序的优化和简化,这"超出"了相对集中行政处罚权仅仅局限于行政职权在行政主体间优化配置的范围。其原因在于,行政许可程序的功能是"双向"的,除具有"控权"功能外,还对便民原则的落实产生负面影响,因而这种突破是符合《行政许可法》基本精神的。第三,改革的目的不同。相对集中行政处罚权的目的虽然也包含"理顺行政管理体制""切实促进政府职能转变"等内容,但最直接的动因是要解决行政管理中长期存在的多头执法、职权交叉重复、执法扰民和行政执法机构膨胀等问题;①而相对集中行政许可权的目的在于政府职能转变这一机构改革的最终目的,即从重视事前管理转向加强事中事后监管,并通过"清理减少行政审批事项、优化审批流程、公开审批标准、规范审批行为和加强监督管理"来"提高行政审批效率","进一步激发市场和社会的活力"。同时,我们也应该注意到,《试点工作方案》以及其后各试点地区陆续出台的相对集中行政许可权的试点方案,都显现出了推进该项工作过程中所存在的一些问题,必须认真对待并妥善加以解决。

第一,相对集中行政许可权还是相对集中行政审批权?从方案名称来看,中央编办、国务院法制办发布的《试点工作方案》取名为"相对集中行政许可权试点工作方案",而在各地区的实践中并非如此。例如,江苏省南通市、盱眙县和苏州工业园区的方案以"行政审批权"或"行政审批制度"命名,只有大丰市在名称中使用了"相对集中行政许可权"。② 从方案内容来看,《试点工作方案》除第一项外,另外四项内容中均存在"相对集中行政许可权"与"审批权""审批部门"或"审批行为"并存的情形。在江苏省的四个地区试点方案中,除大丰市方案存在行政许可、行政审批交叉使用的情况外,其他三个地方方案中"行政许可"的概念均无处可觅。一般说来,行政审批的外延比行政许可要大,即行政审批不仅包括行政许可,还包括其他不是行政许可的行政审批。至少在《行政许可法》颁布之初,人们的认识是这样的。例如,《行政许可法》第3条第2款规定,"有关行政机关对其他机关或者对其直接管理的事业

---

① 参见《国务院关于进一步推进相对集中行政处罚权工作的决定》(国发〔2002〕17号)。
② 经国务院批准,江苏省试点地区为南通市(地级市)、大丰市(县级市)、盱眙县和苏州工业园区。本书所引这四个地区的试点方案均为专家论证稿,即《南通市相对集中行政审批权试点方案》《大丰市相对集中行政许可权改革试点方案》《盱眙县深化行政审批制度改革试点方案》和《苏州工业园区行政审批制度综合改革试点方案》。为简便起见,本书均以地名指称相应地区的试点方案。

单位的人事、财务、外事等事项的审批,不适用本法"。该规定实际上明确排除了不适用《行政许可法》的其他审批事项。而在《行政许可法》生效伊始,2004年8月国务院办公厅发布了《国务院办公厅关于保留部分非行政许可审批项目的通知》,"非行政许可审批项目"概念表明,行政审批与行政许可为种属关系。因此自中共十八大以来国务院推动的行政审批制度改革当然包含有关行政许可制度的改革,但反过来将"相对集中行政许可权"改革拓展至"行政审批权"明显不合逻辑。因为即便"非行政许可审批"概念已经退出历史舞台,但这只是该"审批类别"的消失,[①]并未因此消除行政许可与行政审批的差别。可见,冠以"相对集中行政许可权"的改革试点方案实际上已经大大超出了"行政许可权"的范围,这一点无论是《试点工作方案》还是相关地区的试点方案都是如此。或许正是不愿拘泥于"相对集中行政许可权"的改革局限,盱眙县、苏州工业园区的试点方案在名称中还摒弃了"相对集中"的表述,使用"深化行政审批制度改革试点方案"或"行政审批制度综合改革试点方案"等名称,甚至方案中还回避是否以中央编办、国务院法制办的《试点工作方案》为其"制定依据"。尽管从我国行政管理体制改革的出发点和最终目标来看,盱眙、苏州工业园区的这种探索不无积极意义,但是将其视为"相对集中行政许可权"改革,确实离题太远。

第二,行政许可权是相对集中还是绝对集中?由于行政管理事务的复杂性,即使是实行大部门制的西方发达国家,政府部门间的职责分工仍然是必要的,因此我国相对集中行政处罚权的实践也只是将与城市管理有关的行政处罚权进行集中,而与城市管理无关的行政处罚权,如食品药品、土地管理和安全生产等领域的行政处罚并不集中。行政处罚尚且如此,更为复杂的行政许可权更不应该也不可能绝对集中行使。就此而言,《行政许可法》第25条与《行政处罚法》第16条的规定是一致的。事实上,中央编办、国务院法制办的《试点工作方案》也强调,在探索集中行使行政许可权过程中要把握好相对集中的"度",即"重点研究哪些行政审批权可以集中、集中到什么程度"。但相关地区的试点方案显然并不满足于行政许可权的"相对集中",其做法或目标是要实现行政许可权的绝对集中。例如,盱眙县规定,"将县政府所属各部门

---

① 《国务院关于取消非行政许可审批事项的决定》(国发〔2015〕27号)明确提出,"今后不再保留'非行政许可审批'这一审批类别"。

的行政审批职责及从事行政审批工作的人员编制划转至行政审批局";苏州工业园区提出,"将管委会各部门现有的行政审批职能及人员编制划转至行政审批局,把分散在各部门的审批事项向行政审批局集中",并要"积极探索将海关、国税、地税等垂直管理部门的审批业务也相对集中纳入行政审批局管理"。而南通市、大丰市的做法虽没有一步到位,但其最终目标同样没有放弃"绝对集中"。例如南通市规定,"首先在市场准入、投资建设等重点领域和关键环节开展相对集中行政审批权改革,然后逐步扩大到其他领域"。行政许可权的"绝对集中"不仅与"相对集中"的改革初衷相背离,而且在行政活动专业性、技术性日益增强的当下,"绝对集中"的做法未必可行。正如有学者指出的那样,"这种将所有审批权集于一个机关的做法并不能真正奏效。原来以专业性、不同的功能而区分的审批机关的相对分离并非没有科学性,要以一个机关囊括所有的许可事项很可能会是一种教条主义或理想化的表现。"① 如前所述,相对集中行政许可权改革是面向整体政府理念的一项改革措施,其目的是要通过将分散在政府各部门的审批权力整合到一起,一方面可以进一步归并、优化行政审批权的设置,另一方面又能克服行政审批权由政府各部门分散行使可能带来的行业准入过程的碎片化、低效化,使得传统碎片政府朝着以为公众提供整合性公共服务为核心的整体政府方向发展。② 即使如此,整体政府、整体性治理"并不意味着大块头的政府,它并不完全摧毁职能边界",而是"从全局、跨部门的目标出发","着眼于把一些职能相近或者雷同的机构重新整合成新的组织"③。

事实上,在简政放权改革实践中,包括相对集中行政许可权在内都存在思路和方案"一刀切"的简单化思维。例如,从市场化改革、放松管制、激发市场活力的角度来看,行政审批数量自然是越少越好。但同时,我们也应该注意到,行政审批的类型是多样的,承载的功能也有明显差别。因此,以一种思路、一个标准来处理这些多重性质、多种功能的行政许可,显然是太过简单了。例如,从我国《行政许可法》第12条的规定看,行政许可分为普通许可、特许、认可、核准和登记等五种,这五种许可类型之间存在明显差异:普通许可、

---

① 方洁:《相对集中行政许可权理论与实践的困境与破解——以行政服务中心"一站式服务"为视角》,载《政治与法律》2008年第9期。
② 骆梅英:《行政审批制度改革:从碎片政府到整体政府》,载《中国行政管理》2013年第5期。
③ 王敬波:《面向整体政府的改革与行政主体理论的重塑》,载《中国社会科学》2020年第7期。

认可、核准等外延是开放的,因而数量控制不仅是必需的而且也是有益的;而登记类许可本身仅有企业或者其他组织的设立等,因此若是对此也进行数量控制则明显不具有可行性。再从所承载的功能来看,行政许可可以分为资源配置类许可、市场准入类许可和危害防止类许可等,它们分别担负着高效配置有限资源、提供社会公信和预防风险等不同的功能。对于不同功能行政许可的改革,应当具有明确的针对性,而不加区分,一律将改革的重心放在数量上做减法的做法虽然不乏现实意义,但未必真正科学,甚至会适得其反。例如,无论是自然资源还是公共资源,因其有限性决定了必须以竞争性的方式进行配置,才能最大限度地发挥价值,因而将其交给市场机制或许才是正确选择,《行政许可法》第53条明确该类许可要"通过招标、拍卖等公平竞争的方式作出"就是明证;而危害防止类许可涵盖安全生产、产品质量、食品安全、生态保护等领域,这些领域不仅直接关乎人民财产安全,而且危害一旦发生,便具有不可恢复性、持续危害性等特点,因此只有通过强化事前审批,才能防患于未然。若是一味地减少这类行政审批的数量,难免会造成难以弥补的损害。实际上,行政审批制度改革不仅要着眼于数量控制这种"外科手术式"的举措,还要触及审批条件的设定是否科学、如何必要等内在要素。对于一项具体的行政审批而言,恰当的审批条件设置才能既保证审批功能的尽情释放,又不致误伤相关市场主体。而不必要的或者过高的审批条件都会增加市场准入的难度,侵蚀市场的活力,影响公平市场竞争环境的培育。可见,行政审批制度改革不仅要在许可数量上实现大幅度减少,更重要的是还要对那些必须保留的行政审批事项的条件进行全面、科学的评价,以保证行政审批精准发力。这样的逻辑在相对集中行政许可权改革实践中同样应当遵守。

第三,设立行政审批局行使相对集中的行政审批权是否符合《行政许可法》及《试点工作方案》的本意?从各地的改革情况来看,无论是成都市武侯区、天津市滨海新区,还是江苏省试点地区的方案,都无例外地新设行政审批局作为政府组成部门,统一行使被集中的行政许可权或审批权。例如,南通市、大丰市整合组建或设立市行政审批局,其为市政府工作部门,与市政务中心或市行政服务中心合署办公;盱眙设立县行政审批局,"列入县政府工作部门序列",同时设立县政务中心、县公共资源交易管理中心、县公共信息中心和县社会信用管理中心等四个县属事业单位;苏州工业园区设立行政审批局,集中行使管委会各部门的行政审批职能。姑且不论这种新设机构的做法与行政体制改革的目标是否一致,单是这种"无例外"地整齐划一的做法就明显有悖于"试点""探索"的精神,并与《行政许可法》及《试点工作方案》提出的"可以是政府各部门的行政许可权交由一个部门行使,也可以是一个部门行使另一个部门的行政许可权"要求不符。

第四,将相对集中行政许可权定位为"行政许可实施权"的集中与《行政许可法》立法精神是否冲突?如前所述,行政许可权是一个"权力束",即行政机关在享有行政许可实施权的同时,还享有行政许可后续监管权,亦即对于某个行政许可实施机关而言,"行政许可实施权"和"后续监管权"应当集于一身。《行政许可法》第25条及中央编办、国务院法制办的《试点工作方案》只是笼统地提出"一个部门行使另一个部门"的行政许可权,即并未言明该行政许可权的外延是仅限于行政许可实施权还是同时包含行政许可后续监管权。然而各地相对集中行政许可权的试点方案中几乎无例外地都明确,只是行政许可实施权集中,而后续监管权仍然保留在原职能部门。例如,南通市规定,行政审批局"对审批内容、过程和结果负责,行政管理部门对审批后的监管负责";盱眙县规定,"县审批局对审批事项的审批行为及后果承担相应的法律责任",相关部门在行政审批职能划转后要"同步制定本部门事中事后监管制度,依据相关法律法规进一步加强监管职责"。大丰市、苏州工业园区的试点方案也体现了这种思路和精神。应该说,各地将行政许可后续监管权排除在"相对集中"的范围之外有其合理性,并且在行政许可权"绝对集中"的情况下,若将后续监管权也集中起来行使客观上并无可能,因而各地的方案无疑是一种务实的做法,但由此是否也暗示着"相对集中行政许可决定权和后续监管权"思路的可行性:通过控制被集中的行政许可权数量,即将相近、相似或相关的行政许可权进行集中,然后由该部门行使完整的行政许可权,既对审批内容和结果负责,也对审批后的监管负责,以消除对行政许可过程的人为切割。至少这种多形式的探索要比当下这种整齐划一的做法更符合"探索""试点"的本意。

(四)相对集中行政许可权改革的启示

我国行政审批制度改革,特别是相对集中行政许可改革的演进和持续深化,既体现了我国持续深化改革,推动政府职能转变"久久为功"的韧劲,也展示了行政审批制度改革的复杂性和艰巨性。通过上文的分析,我们可以形成以下几点结论:

首先,行政处罚的"侵益性"意味着相对集中行政处罚权改革的目的是基于相对人利益的考量,解决多头执法、执法扰民等行政权运作的下游问题;而行政许可关涉政府与市场、国家与社会的关系,因此相对集中行政许可改革的动因除行政执法体制层面的原因外,更重要的是要解决行政许可设定的必要性、合理性等行政权运作的中游乃至上游问题,这与推行权力清单制度的改革动因和目的是高度一致的。就此而言,《试点工作方案》没有照搬相对集中行政处罚权改革现成的经验是值得肯定的,而相对集中行政许可权试点地区超越《试点工作方案》的探索也是积极的。

其次,相对集中行政许可权的探索既要遵循"相对集中"的思路,又要关注行政许可权内涵的丰富性,两者不可偏废。因此,在相对集中行政许可权探索过程中,将全部行政许可权交由一个部门行使,不仅背离相对集中行政许可改革的初衷,客观上也难具操作性、可行性;同样,将相对集中行政许可权仅仅局限于行政许可实施权的集中显然也是片面的。

最后,相对集中行政许可权改革既是一种探索,就应当允许"试错"。因此,各地的探索应力戒重复雷同,应当积极主动地探求相对集中行政许可的多种实现方式。至少在行政许可决定权集中行使与后续监管权分散行使模式之外,还应当有其他模式的尝试。

二、简政放权的地方样本和经验

党的十八大以来,以"放管服"改革为核心的简政放权在如火如荼地进行,各地在立足本地实际的情况下,积极探索,形成了许多具有鲜明特色的机制创新。浙江、江苏两省作为全国经济社会发展水平最高和最具竞争力的地方,在这场改革中以不同的方式为着一个共同目标在奔跑、竞争,"最多跑一次""不见面审批"就是浙江省和江苏省在回应国务院"放管服"改革和社会实践需求中探索出的创新成果,不仅产生了广泛的社会影响,而且得到各界的高度肯定,中共中央办公厅向全国宣传介绍、国务院办公厅通报表扬、中央

"深改组"听取专题汇报并要求向全国推广。① 而缘起于 2015 年年底的江苏省"不见面审批"改革,经过三年的摸索取得了良好的效果,李克强总理在江苏考察时称赞"不见面审批"是"放管服"改革的一大突破,已经成为江苏省行政审批改革的一张亮丽名片。②

(一)浙江省"最多跑一次"改革

2016 年 12 月,中共浙江省委经济工作会议如期召开。在这次会议上,首次公开提出"最多跑一次"的概念,并明确推进"最多跑一次"改革的基本理念和目标,就是要通过"最多跑一次"来实现简政放权,深化政府自身改革。2017 年 1 月,在浙江省"两会"上,"最多跑一次"出现在了政府工作报告中,强调要"加快推进""最多跑一次"改革。"两会"结束后不久,浙江省人民政府就印发了《加快推进"最多跑一次"改革实施方案》,这一顶层设计包括这项改革的总体要求、职责分工、实施步骤、配套措施、保障措施等。作为"最多跑一次"改革的第一份纲领性文件,该方案的出现标志着"最多跑一次"改革进入全面部署阶段。之后浙江一系列改革创新工作依次有序展开,在公共数据共享、"一窗受理、集成服务"改革工作、企业投资项目审批、商事制度审批等方面取得重大突破。

正是"最多跑一次"改革在浙江取得的重大成就和在全国范围产生的巨大影响,这项改革被写入了国务院 2018 年政府工作报告。报告在总结全国相关改革经验的基础上,面向未来的政府改革发展,强调指出,政府要充分运用现代信息技术,强化服务意识,广泛开展"互联网+政务服务"模式,尽可能多地使用互联网来办理政务服务事项,能够网上办理的事项在网上办理。即使是那些当事人必须要到现场才能办理的事项,政府部门也要从方便人民群众办事出发,努力做到办事"只进一扇门",实现政务服务"最多跑一次"。在这次会议以后,"最多跑一次"改革在全国的影响力进一步增大,浙江的具体探索和改革经验也在全国广泛推广。在此过程中,浙江省也在继续强化"最多

---

① 例如,早在 2017 年 5 月,中共中央办公厅信息专刊就印发了浙江省"最多跑一次"改革经验。2017 年 9 月,国务院办公厅通报表扬浙江省"最多跑一次"改革。次年 1 月,中央"深改组"专门听取浙江省专题汇报并建议在全国范围推广。参见郁建兴等:《"最多跑一次"改革:浙江经验 中国方案》,中国人民大学出版社 2019 年版,第 28 页。

② 参见《李克强:"不见面审批"已成为江苏的一张亮丽名片》,http://www.gov.cn/guowuyuan/2018-11/30/content_5344904.htm,2020 年 6 月 22 日访问。

跑一次"改革的规范化建设,不断完善"最多跑一次"改革的制度框架。其标志就是挂牌成立省"最多跑一次"改革办公室,对"最多跑一次"改革进行地方立法。① 在地方立法的推动下,"最多跑一次"的理念、方法、作风在省域治理各方面全过程得到综合运用,浙江省"最多跑一次"改革进入了全新阶段。

所谓"最多跑一次",是一种非常口语化的表达,指基于优化营商环境、提升政府效能的考虑,政府主动运用新兴的信息技术等,通过整合政务资源、优化办理流程、融合线上线下办事服务等方式,让公民、法人或者其他组织在申请材料齐全、符合法定受理条件时,到政府办理"一件事情"时,政府部门从受理相对人的申请到最后作出办理决定,形成办理结果,送达相关法律文书的全过程实现一次上门或零上门。② 根据"最多跑一次"改革的地方立法及实践展开,浙江这项改革的主要内容包括以下五个方面:

一是公布"最多跑一次"事项办理标准和清单目录。高起点谋划"最多跑一次"改革,通过标准化助推规范化是该项改革的一大特色。早在2017年5月,浙江省就对外发布《政务办事"最多跑一次"工作规范》,除总则外,分别对"一窗受理、集成服务""政务服务网电子文件归档数据规范""服务大厅现场管理""专用标志图形、管理和使用""双随机、一公开监管"等事项作出规定。在"最多跑一次"的地方立法中,明确提出要按照统一标准公布全省"一件事及其办事清单"。2019年7月10日,浙江省"最多跑一次"改革办公室公布浙江省"最多跑一次"例外事项目录和"一件事"目录。

二是依托各级行政服务中心,全面实行"一窗受理、集成服务",即建立"前台综合受理、后台分类审批、综合窗口出件"的政务服务新模式。具体为,首先统一各级行政服务中心内部设置,以政务事项为标准改造原先按照部门设置服务窗口的做法,将行政服务中心的服务窗口整合为投资项目审批、社会事务、商事登记、不动产交易登记、公安服务、公积金服务、医保社保等综合

---

① 2018年10月24日上午,浙江省委全面深化改革委员会办公室(省最多跑一次改革办公室)挂牌,这是新一轮机构改革中浙江新组建部门中第一家挂牌的省级地方特色机构。在统筹党政编制资源,推进政府职能转变的本轮机构改革背景下,浙江省设立这样一个新的机构意义非常重大。2018年11月30日,《浙江省保障"最多跑一次"改革规定》(以下简称《规定》)由省人大常委会审议通过,自2019年1月1日起正式实施。这是全国"放管服"改革领域首部综合性地方性法规,全文共计八章49条。

② 参见郁建兴、黄飚:《超越政府中心主义治理逻辑如何可能——基于"最多跑一次"改革的经验》,载《政治学研究》2019年第4期。

窗口，窗口分类受理后，再根据事务性质转交后台，由各业务部门按法定职责分工分别审批，最后再由一个综合窗口统一出件。对办事群众来说，只需进"一扇门"即行政服务中心，到"一个窗"即综合窗口，提交"一份材料"，就能够把"一件事"办成。这样的改革，省去办事群众在多部门奔跑、重复递交材料等繁杂程序，极大地方便了群众办事，也不影响行政机关履行法定职责。

三是推行"互联网＋政务服务"。"以往，政务服务网是传统政府行政体系的增加项……现在，政务服务网成为了政府行政的'大脑'"①。互联网＋政务服务是政府对信息时代技术冲击的回应，也是"最多跑一次"改革的重要技术依托。2017年浙江省政府在推动"放管服"改革之初就制定了《浙江省深化"互联网＋政务服务"工作方案》，明确了"互联网＋政务服务"工作的主要目标和任务，明确持续推进政务服务网上办理，尤其是强调基层政务网建设，不断赋予"互联网＋政务服务"适用事项范围，增加了更多的想象空间。在这一过程中，不仅着眼于政府内部统一的政务服务平台的建设以及政府信息资源的部门共享和开放，加强政务数据资源交换系统的建设，更关注这种形式的政务服务给群众带来的体验，构建网上网下融合的政务服务体系，积极拓展网上便民服务功能，就是为了真正实现以"数据跑路"代替"群众跑腿"。

四是推进重点领域改革。"最多跑一次"改革是对习近平总书记"多推有利于增强人民群众获得感的改革"思想的践行，在投资审批、市场准入、民生服务等与人民生活密切相关的审批高频领域加快改革步伐。如在商事登记领域，《规定》就明确要求，根据上位法的规定，办事过程中现场核查如果涉及多个行政部门，地方政府必须确定一个牵头部门，会同其他部门联合进行现场核查，坚决杜绝多头扰民，减负相对人，提高行政效率。② 在民生服务领域，"最多跑一次"改革加快推进移动办事，使公安、民政、教育等重点领域都能在移动办事平台上进行，使网上办事的便捷度进一步提高，通过为企业运营和居民生活优化办事流程，缩短办事时限，改革实实在在地促进了实践中审批痛点、堵点的突破。

五是强化事中事后监管。事中事后监管作为独立的一章出现在《规定》

---

① 郁建兴、高翔：《浙江省"最多跑一次"改革的基本经验与未来》，载《浙江社会科学》2018年第4期。

② 其第18条第2款规定，"法律、法规规定需要多个部门进行现场核查的，设区的市、县（市、区）人民政府确定的部门应当会同其他部门联合进行。"

中,体现了省政府以监管护航改革的决心。事中事后监管的措施主要包括实行"双随机、一公开"的监管方式,明确建立"双随机、一公开"监管事项清单。①与该制度配合实施的是跨部门联合抽查制度,抽查的事项名称、执法依据等都要向社会公开,以保障抽查的公平公正。努力实现"智慧监管、审慎监管……构建'事前管标准、事中管达标、事后管信用'的现代监管新体系,在实现'服务零距离'的同时努力做到'监管不扰民'"②。

"最多跑一次"改革最显性的成效就是提升了行政流程的效率,降低了人民、企业的办事成本;而在更深层次的意义上,浙江省"最多跑一次"改革不仅仅意味着效率的提升,它牵引着浙江省经济社会体制全面深化改革,是观念层面的变化和提升。它有效地推动各级政府部门牢固树立以人民为中心的发展理念,自觉以满足人民需求为出发点,主动削减不必要的行政权力,严格公权力行使的条件和程序,真正方便了企业和群众办事。因此,该项改革是一次简政放权的大胆实践,并且取得了显著的成效。具体而言,改革的实践意义体现在以下方面:

第一,提升政府行政效率。"最多跑一次"改革中大力推行"一窗受理、集成服务"的模式,改造了传统烦琐的办事流程,使群众办事只进一扇门;而投资审批、市场准入、民生服务等重点领域改革使许多涉及企业和人民日常生活的高频审批领域的审批时间大大缩短。各部门的数据互通和共享也打破了部门间的分割,这些都提高了政府各部门的行政效率。2020年浙江省政府工作报告指出,41件个人和企业全生命周期事项实现"一件事"全流程办理。政务服务事项掌上可办比例达80.5%,跑零次可办比例达97.4%,"一证通办"民生事项比例达91.4%。实现开办企业一天办理结束,企业投资项目在通常情况下实现"最多90天"办结竣工验收前的各项审批。

第二,规范行政权力运行。提高行政效率只是"最多跑一次"改革的表象,推动社会经济体制改革、实现政府职能转变,尤其是在观念上重塑政府与市场关系的新理念,再创体制机制优势,才是这项改革更深层次的追求。标

---

① 其第32条第1款规定,"县级以上人民政府应当推行随机抽取检查对象、随机选派监督检查人员、抽查情况及查处结果及时向社会公开的方式实施事中事后监管。省人民政府有关部门应当编制本行业、领域'双随机、一公开'监管事项清单。"

② 何显明、张鸣:《重塑政府改革的逻辑:以"最多跑一次"改革为中心的讨论》,载《治理研究》2018年第1期。

准化推动规范化是"最多跑一次"改革中的重要一环,自"最多跑一次"改革开始,省政府就十分重视各项改革工作的制度化、规范化,在浙江省《政务办事"最多跑一次"工作规范》中就提到建立全省统一的编码规则、电子证照库及电子档案库,并对网上办理政务事项的流程作了系统的规定。通过办事程序标准化,"最多跑一次"改革减少了行政审批中的不规范现象。并且"与以往基于办事人员的行政审批和政务服务相比,依托互联网建立新的政务系统标准化程度更高,最大限度地增进了权力行使的规范化程度,减少了办事人员的随意性,降低了个人将公共的行政权力服务于私人利益的可能性"①。同时,"最多跑一次"改革通过减少不必要的审批权力缩小了权力寻租的空间,如在企业投资方面,对区域评估事项实行多评合一、联合评估,优化了整个工作流程,减少了审批中的关卡,也自然就降低了"吃拿卡要"的可能性。在监管方面,加强事中事后监管也为权力的合法运行构建了一道屏障,而且"最多跑一次"的办理事项都要向社会公开,在网上办理的事项可以实时查询,群众的意见处理结果是各部门工作评价的重要指标,这些外部监督措施也保障着权力不脱轨,能够稳健地运行。

第三,改善企业营商环境。商事登记和企业投资领域的变革是"最多跑一次"改革中极为重要的一个特色和亮点,根据《规定》,电子化登记、证照分离、多证合一、证照联办等均是改革的内容和具体要求。② 多证合一、证照分离的施行缓解了办证难的问题,降低了企业的设立成本,使企业在获得许可后能够快速地投入到实际的经营中去,为企业解绑;证照联办制度则从流程优化方面进一步简化了设立企业的办事流程,减少了审批时间;政务平台的完善也使商事登记一路畅通。为了解决企业电子登记的困难,浙江省在全国范围内率先探索建立了电子政务实名用户身份认证体系,通过地方立法最早开始建设电子证照、电子印章、电子档案等技术体系,在制度层面上化解电子材料法律效力障碍。③ 这些举措也获得了显著的实际效果,根据全国工商联发布的《2020年万家民营企业评价营商环境报告》,综合"要素环境、创新环境、

---

① 郁建兴、高翔:《浙江省"最多跑一次"改革的基本经验与未来》,载《浙江社会科学》2018年第4期。

② 其第16条第1款规定,"商事登记实行多证合一、一照一码、证照分离、证照联办制度,推行全程电子化登记"。

③ 参见马宝成:《深化"最多跑一次"改革:从系统性迈向重构性》,载《治理研究》2018年第3期。

政务环境、法治环境、市场环境"等五个方面的指标,浙江省力压全国各省份,在营商环境总分中拔得头筹,尤其是在要素保障和市场准入等方面都得到了民营企业的广泛好评。

第四,增强了群众获得感。一切为了人民、一切依靠人民,让人民共享改革发展的成果,是我们党执政的初心和使命。"最多跑一次"改革集中体现了以人民为中心的发展理念,坚定贯彻便民原则,这一改革探索的直接目标就是要让人民群众有更多的获得感。"最多跑一次"改革坚定地站在人民的立场上,选择与人民群众关系最紧密的领域为起点,从人民群众日常生产生活关系中的基本事项做起,把人民群众反映最强烈、最难办、最渴望解决的事情作为突破口,努力做到群众到政府办事"最多跑一次是原则,跑多次是例外",以办事群众的体验作为评价改革成效的标准。2017年2月浙江省人民政府发布的《加快推进"最多跑一次"改革实施方案》就明确提出,"以切实增强群众和企业获得感为衡量标准,检验和评价改革的成效"。同时,群众在办事之后可以方便地通过网上、现场、信件等渠道表达自己的意见,这些意见也是考察各部门"最多跑一次"工作成效的重要指标,由此群众真正在改革中有了话语权。人民群众切实地参与到改革进程中来,才能真正体会到改革的成效。

第五,重塑了政府、市场和社会的关系。"政府中心主义"的治理逻辑曾经在很长一段时间内困扰着公共管理改革的实践,这种逻辑"使政府的一些治理行为,成为围绕自我定义'效率'即绩效考核的自娱自乐,付出了巨大的行政成本"①。从"最多跑一次"改革的出发点来看,它就不是一场仅限于行政效率的改革,它是"放管服"改革大背景下的一场地方实践,"放管服"要求简政放权、放管结合、优化服务,实际上就是政府角色的一次重新定位,对政府治理的模式提出了更高的要求。"最多跑一次"改革在实践这三个方面没有简单地闭门造车,而是以社会的实际需求为导向,倒逼整个行政流程的改革,重塑了政府、市场和社会的关系。"这种重塑不是简单在理论意义上去探讨,而是在具体的政策实践中,在一个个的审批事项中,去厘清为什么这些事项和这些环节需要政府的审批,哪些环节是不必要的……哪些事项是市场与社

---

① 郁建兴、黄飚:《超越"政府中心主义"治理逻辑如何可能——基于"最多跑一次"改革的经验》,载《政治学研究》2019年第2期。

会可以自主的"①。从"四张清单一张网"到商事登记制度改革,从"一窗受理、集成服务"到统一政务服务平台建设,"最多跑一次"改革的每一步都力求保证简政放权是抓住要害的放权,提供的服务是令办事群众和企业满意的服务,这不仅强化了政府的服务色彩,破除了"政府中心主义",也提高了市场主体的自主性,使公共服务的管理者和所有参与者之间形成的是一种较为平等的、共同参与到治理中的良性关系。

(二)江苏省"不见面审批"改革

为了深化"放管服"改革,回应国家推行"互联网＋"政务模式的号召,2016年11月发布的《中共江苏省委、江苏省人民政府关于深化行政审批制度改革加快简政放权激发市场活力的意见》提出为深化"放管服"改革,要加强政务服务网的建设,"凡是能实现网上办理的事项,不得要求必须到现场办理","不见面审批"的雏形逐渐显现。2017年江苏省正式提出了"不见面审批"的概念,2017年4月,省会南京市栖霞区按照"不见面审批"工作要求颁发全国范围内首个营业执照。资料显示,这份"不见面审批"从当事人提出申请,经过审批部门审核,最后完成执照的整个过程只有20分钟。6月5日省政府办公厅印发了《关于全省推行不见面审批(服务)改革实施方案》等四个"不见面审批"改革实施方案的相关文件,形成了"不见面审批"的顶层设计。根据这些文件的要求,依托既有的江苏政务服务网,在全省范围内建立起"不见面审批(服务)"体系,加快推进"网上办、集中批、联合审、区域评、代办制、不见面"。2018年9月,江苏省又出台了《"不见面审批"标准化指引》(以下简称《指引》),对"不见面审批"的概念进行规范和权威解读,规定了"不见面审批"的基本原则和事项范围,同时对"不见面审批"的审批大厅、审批过程、管理机制等予以规范,并提出具体的工作指引。此外,还出台了《进一步推进"互联网＋政务服务"深化"不见面审批(服务)"改革工作方案》,明确提出"不见面审批"的"路线图"和"时间表",即各部门梳理编制本部门的"不见面审批"清单和"不见面审批"办事指南,"到2018年年底,省级政务服务事项网上可办率不低于90%,市县级政务服务事项网上可办率不低于80%……到

---

① 汪锦军:《"最多跑一次"改革与地方治理现代化的新发展》,载《中共浙江省委党校学报》2017年第6期。

2019年年底,力争在全省范围内实现政务服务事项全部具备'不见面审批'能力"。2020年5月15日,省十三届人大常委会第十六次会议表决通过了《江苏省促进政务服务便利化条例》,这是全国首部关于政务服务方面的省级地方立法,条例以立法形式巩固改革成果,使"不见面审批"制度有法可依。① 这标志着"不见面审批"改革已经迈上了一个新台阶。

"不见面审批"中的"审批"一词并非狭义上的行政审批,根据《指引》的规定,在江苏省政府标准化权力清单所涉及的行政许可、行政奖励、行政确认、行政征收、行政给付、其他行政等六类行政职权中都包含行政机关审查批准的因素,因而都被归入"不见面审批"范围。权力清单中,即使没有直接归入"不见面审批"范围的权力事项,前述指引强调,本着方便人民群众办事,为相对人提供高效优质服务的目标,只要在技术上能够做到"不见面"的,就应采取"不见面审批"的模式办理。这就是说,"不见面审批"不仅仅是一项工作要求和具体做法,还是一项具有普遍性的改革措施,更是一种服务理念,要求公权力机关在履行职责的过程中,始终坚持高效、便民的服务理念。可见,"不见面审批"并不针对某一类特定的行政行为,所有行政行为只要符合条件,皆可适用。这一点,从《指引》对"不见面审批"的界定中也可以看得很清楚。

根据《指引》的规定,"不见面审批"是指从受理相对人申请开始,到作出审批决定,向申请人送达办理结果文书的整个政务办理过程,审批机关及审批机关工作人员与申请人"不见面"的审批模式,"不见面审批"的核心内容是"网上办、集中批、联合审、区域评、代办制、不见面"。所谓"网上办"区别于传统面对面办理模式,强调相对人尽可能地通过网络提交行政审批申请材料,行政机关也通过网络完成审批并通过网端推送审批结果,或者经由邮政寄递送达审批文书;"集中批"是指审批事项和环节集中进行,对那些需要现场办理的审批事项尽可能地集中开展,最大限度减少相对人必须到行政机关办理审批事项的次数,同时还可以将相关审批流程予以简化和优化,提升审批效率,方便人民群众;"联合审"是指在房屋建筑、市政基础设施施工、消防设计等领域实施施工图多图联审以提高审图质量和效率;"区域评"由试点经验推广而来,是指对地质灾害评估、地震安全性评价、区域雷电灾害、文物保护等

---

① 参见石小磊:《全国首部!〈江苏省促进政务服务便利化实施条例〉7月1日起实施》,http://news.yangtse.com/content/925201.html,2020年6月22日访问。

评估事项实行区域评估统一组织实施，形成整体性、区域评估成果，实现成果区域内建设项目共享共用，变建设项目评估评审的"单体评价"为"整体评价"，从而缩短项目审批时间、减轻企业投资成本；"代办制"是指基于政府部门熟悉政务服务流程，通过建立政府部门的代办队伍，免费帮助相对人代为办理与审批服务相关的事项。"集中批""联合审""区域评"都是通过整合再造审批流程，提高审批效率以保障"不见面"实现的重要制度设计。由此可见"不见面审批"制度并不是一个笼统的概念，而是一系列具体改革措施组合而成的系统工程，"不见面"是其最终效果的展现。

"不见面审批"是提高审批效率、方便企业群众办事、提升政府治理能力的重大改革举措，改革措施实行以来，在许多方面都取得了显著成效，为人民的生活带来了切切实实的便利，成效显著。具体为：

第一，提高了政务服务效率，密切了干群关系。方便人民群众办事，落实便民原则是"不见面审批"改革的一项基本原则，审批便民化也是改革的重要初衷。《指引》中明确提出，"'不见面审批'是'以人民为中心'思想的体现"。"不见面审批"改革要求与群众生活密切相关的办理量较大的事项都要尽量实现上网办理，积极推行"网上办""马上办""就近办"，这使群众和企业办事不再受时间和空间的限制，申请不再受到行政机关的工作日、工作时间的制约，也不再需要申请人自己跑腿，只要通过电脑或手机就可以随时随地上网申报，变"群众跑"为"数据跑"，满足了对政务办理的时效要求。即使是必须现场办理的事项也要求"最多跑一次""只进一扇门"，切实地减轻了人民群众办证的负担，提升了群众对政务工作的满意度。许多地区在改革中还创新发展出了一系列基层便民服务措施，如赣榆区完善了村级便民大厅，让人民群众在"家门口"尽享高效便捷的政务服务；创新了为民服务模式，对服务事项进行分类，同一类型事项由同一村干部认领代办，变"群众跑"为"干部跑"、"多次办"为"一次办"。从人民群众积极参与该项改革和极高满意度能够看出，[①]"不见面审批"改革真正使人民有了获得感。就此而言，"不见面审批"改革充分展示了推行权力清单制度的初衷，即摆正权力与权利的关系，恢复并确立公民权利的本源地位。

---

① 《江苏省 2019 年政府信息公开工作年度报告》中以数据的形式可视化地展现了"不见面审批"给群众带来的便利：2019 年全年江苏政务服务网新增访问量 2.89 亿次，APP 下载量新增 252.5 万次，用户新增 897 万。"江苏 12345 在线"全年服务群众 1848.1 万人次，满意率 94.5%。

第二，优化营商环境，激发创新创造的活力。营商环境由影响企业活动的法律、政策等诸多要素构成，一个地区营商环境的优劣直接影响着区域内的企业经营活动，进而对该地区经济社会发展水平、人们的就业和收入、地区财政税收等产生重要影响，因此要通过建立营商环境这个"高地"，替代过去政策优惠的"洼地"。正是在此种意义上，江苏省率先提出了"法治是最好的营商环境"的命题。正是基于这样的认识，江苏省在"不见面审批"改革开展的伊始，就提出了与企业有关的"3550"目标。① 围绕着这一目标，在审批事项上，江苏省分别于2017年和2018年出台了两批企业投资项目不再审批事项清单，下放和取消了一批行政许可事项，为减少多头审批、层层审批创造了条件。在审批措施上，以"不见面审批"为基础，江苏省采用集中审批、多评合一、多图联审的方式，极大地提升了审批效率，缩短了审批时间，节约了企业的设立成本。《江苏省2019年政府信息公开工作年度报告》在总结改革成果时提到，江苏省企业开办平均用时2.12天，真正落实了审批更简的要求。在后续监管方面，江苏省把强化事中事后监管作为重中之重，全面落实精心部署，以"双随机、一公开"为基本手段、以重点事项监管为补充、以信用监管为基础的新型监管机制，减轻了企业应对各种烦琐检查的负担，同时又实现了监管效果，从而营造了自主经营、公平竞争的良好环境。为"大众创业、万众创新"营造优良的政务服务环境，更大程度地激发了市场活力和社会创造力。从这个角度看，"不见面审批"改革就是要重新定位政府与市场的关系，这正是推行权力清单制度的根本动因。

第三，更新观念，促进治理体系和治理能力转型升级。"不见面审批"改革不仅优化了营商环境，为社会公众办事创业带来了极大便捷，同时也改变了人们的观念，有助于推动政府治理模式的科学化、现代化。围绕着"不见面审批"模式开展的一系列改革创新措施对于解决一直困扰行政审批的效率问题、腐败问题等都具有显著的效果，而通过改革中各部门的协同联动，政府内部资源得到整合和加强，原来碎片化的政府管理方式开始向整体性治理的模

---

① 即努力实现企业3个工作日内注册开业、5个工作日内获得不动产权证、50个工作日内取得工业生产建设项目施工许可证。

式转变。① 具体表现为：

一是有利于加快转变政府职能，建设服务型政府。"优化政府服务，提高办事效率"是"放管服"改革中"服"的重要内容。而"放管服"改革的落实主要通过行政审批制度改革体现出来。② 在我国当下，围绕行政审批制度而展开的一系列改革已经远远超出自身的意义，具有更加广泛、标志性的意义和价值，那就是作为转变政府职能，重新定位政府与市场的关系，推动社会进步的一个突破口。在这样一个大的时代背景下进行的这种审批模式改革，"不见面审批"的实践无处不体现着转变政府职能的成果。首先是政务服务目标更加关注企业和民众的具体需求，针对社会上长期以来广泛存在的一些痼疾，如审批手续繁杂、审批过程冗长、审批材料重复提交等问题，最大限度地减少审批事项和审批环节，就成了检验这场改革是否敢于碰硬较真的"试金石"。正因为如此，江苏省推行"不见面审批"改革就有针对性地围绕这些问题而展开。例如，在政务服务方面，主动提出并践行"根据企业和群众办件频率、办事习惯，不断优化调整窗口设置"。在服务效率方面，2017年就将"3550"等设定为高效服务目标，如前文所述，互联网政务的推行又使各部门间信息可以共享，减少了沟通障碍和数据流转时间，也使公众能够不受时间和空间的限制去办理业务，从两个维度促使从"群众跑"到"数据跑"的转变。与此同时，"不见面审批"也要求政府部门着眼于服务质量的提高，江苏省多个政府文件都提出，按照电商模式打造政务超市，在有条件的地方探索实行"5+X"工作日模式，政务服务24小时不打烊，采取预约、轮休等办法，为人民群众提供错时、延时服务和节假日受理、办理通道。③ 所有这些服务目标的转变、服务效能和服务质量的全方位提升实际体现了政府部门对自身的定位逐渐转向服务的角色，也加速了政府从"管理"到"治理"的转变，虽然只有一字之差，体现的却是政府职能和行政理念的改变。

二是加强部门间的协调合作，带来权力的良性互动。曾经行政审批中繁

---

① 整体性治理是一种强调政府的整合型运作，运用信息技术实现线上治理，提供网络式服务，注重结果导向，终极目的是解决人民生活需求的新型治理模式。参见陈丽君、童雪明：《整体性治理视域中的"最多跑一次"改革：成效、挑战及对策》，载《治理研究》2018年第3期。

② 参见王丛虎、门钰璐：《放管服视角下的行政审批制度改革》，载《理论探索》2019年第1期。

③ 参见《樊金龙同志在全省深化行政审批制度改革推进审批服务便民化视频会议上的讲话》（江苏政办通报第24号）、《黄莉新同志在全省深入推进不见面审批（服务）改革电视电话会议上的讲话》（江苏政办通报第269号）。

琐的程序常常需要群众和企业"多头跑""多次跑",不同部门的推诿扯皮和碎片化治理是行政审批中的顽疾。"不见面审批"从总体的制度设计上就打算从顽疾入手——"不见面审批"改革不是某个部门的单项改革,而是各部门协同联动、共同推动的一项改革。《指引》明确将共享原则作为"不见面审批"的基本原则之一。要求实现政府部门内部、部门之间审批数据的大融合。由于江苏省对审批效率提出了较高的要求,倒逼涉及审批服务的各政府职能部门进行审批流程的再造,实现行政审批从串联到并联,同步进行勘验、审图与评估。而改革中为提高审批效率的具体措施"联合审""集中批""区域评"等意味着政府各职能部门要有打破条块分割、职能区隔的勇气,放弃部门利益的情怀,加强部门间协调和合作,同时也避免各部门分头进行专项审批流程操作而导致的相互推诿扯皮、互为前置条件等现象,从而有效破解了部门职能分割导致的各种问题,实现了部门之间权力的良性互动,有助于政府朝着整体治理模式的目标前进。

三是推动行政活动标准化、规范化,减少权力寻租的空间。传统的行政审批制度中,政府的权力大、干预内容多,审批事项繁杂,烦琐的手续为工作人员在其中上下其手制造了机会。省政协主席黄莉新在"不见面"电话会议中提到,"有些部门直接掌管着很多企业和项目的生杀大权,容易滋生腐败问题"。"不见面审批"改革通过减少审批事项的前置工作,通过相对集中行政许可权改革、多评合一、多图联审、区域评估等简化审批环节,通过信用承诺减少审批材料,压缩了行政机关"吃拿卡要"的空间。另一方面,"不见面审批"通过标准化、规范化、透明化来避免权力寻租。在《关于全省推行不见面审批(服务)改革实施方案》(以下简称《方案》)中提到"不见面审批(服务)"事项的清单公布、申请材料、基本流程、实现方式、办理时限、缴纳费用等方面实现省、市、县三级标准统一。同时,审批事项力求网上全程办理、全程留痕、全程监督,申请人可以查看流程的进度,而部门协作所带来的信息的互通共享也一定程度上加强了部门间的监督,从而有效防止了暗箱操作。不仅实现了权力对行政相对人的透明,也实现了部门间的透明化,使得权力运行过程更加公开公正,加快了廉洁政府的建设。

第四,促进行政资源配置方式从粗放式向集约式转换。行政资源是指在特定的时间和一定行政空间范围内,行政系统职责功能发挥必须具备的一切物质性因素、精神性因素与制度性因素的总和。它包括政府的财力资源、制度资源、人力资源、信息资源、公物财产等。① 行政资源的配置方式优劣体现着政府治理能力的高低。"不见面审批"改革措施对行政资源配置方式的优化体现在多个方面。首先,审批时间的缩短和审批流程的简化降低了一项审批的工作量,互联网给申请方式带来的变革对申请和办理的人力要求也大幅降低。以连云港市赣榆区的改革实践为例,赣榆区在"不见面审批"的改革实践中率先设立了行政审批局,行政审批局的设立使审批科室从46个精简到3个,审批人员从91名减少到56名,基本实现了"一个部门管审批",在审批人员和科室减少的情况下仍然实现了审批办结事项的增长,在节约有限行政资源的同时仍然保证了服务的质量。其次,"不见面审批"以互联网一体化平台为依托,加快各级政府部门的数据共享交换和信息对接,标准化和规范化的推进减少了数据共享的障碍,同一项信息资源因此可以重复使用。《省政府关于加快江苏政务服务网建设的实施意见》还提到,"加强对政务服务数据信息的分析运用……强化对政务服务数据的深度开发与社会化运用……为深化'放管服'改革提供决策依据"。在智能系统的支持下,信息的利用率得到提高,利用价值也被充分挖掘,提高了行政资源的利用效益。最后,行政资源的可调配性影响着行政资源配置的成本,"不见面审批"在线上和线下都重视通过审批流程的优化改造使有限的行政资源集中到高频审批事项中,线上"一网通办",线下"只进一扇门",充分发挥相对集中行政许可权的优势。"集中审批""多评合一"等措施也体现了政府对行政资源控制力的增强。

由此可见,"不见面审批"改革通过节约有限的行政资源、提高资源的利用效益和加强资源可调配性,三者有机统一,把有限的行政资源配置到更多实践中有需要的地方,实现了行政资源配置的精准化和集约化,提高了行政效率,使政府越来越能满足现代化治理的要求。这样的改革效果,正是推进权力清单制度的目标所在。

(三)"最多跑一次""不见面审批"改革面临的挑战

"最多跑一次""不见面审批"改革针对的是政府提供的、面向社会公众的公共服务,是一次服务提供体系的重构,核心则是简政放权。所谓简政放权,就是精简政府职能,简化政府不必要的事务,把政府原本已经掌握的权力外

---

① 参见毕铁居、赵丽江:《行政资源配置:资源优化与依赖选择》,载《长江论坛》2016年第5期。

放出去。

　　简政放权首先要做到"简政",简化不必要的事务首先要对政务流程进行再造。从程序方面要求,首先是公开,权限公开、条件公开、流程公开。公开才能明确显示是否简政,才能接受公众监督。① 浙江省的"最多跑一次"改革通过先后梳理和公布浙江省、市、县三级人民群众到政府部门办事"最多跑一次"事项以及"最多跑一次"例外事项目录和"一件事"目录,"最多跑一次"改革实现简政方面的政府信息公开。江苏省的"不见面审批"也是通过目录清单的方式予以明确,并通过"不见面审批"率的考核进行激励和推动。有学者指出,简政也可以视为"减证",即清除实践中一些烦琐的、不必要的证件数量,无论"最多跑一次"还是"不见面审批"改革,"其要义就是对原来很繁杂的行政管理的一种拨乱反正,回归它原来应有的本意:是服务而不是为难,让老百姓觉得是负担的东西变成依靠"②。

　　实践中,放权也可以呈现出三个维度:一是纵向间的放权,即上级将权力下放给下级;二是横向间的放权,即政府部门之间的权力转移;三是政府向系统外即社会放权,这种放权的本质是"物归原主",即政府将本不该拥有的权力交还给社会。③ 上级给下级放权、部门间放权都是政府内部行政权力的调整,"最多跑一次"和"不见面审批"改革全面启动之后,无论是浙江省还是江苏省都在原有权责清单的基础上,进一步加强了向基层市、县放权的力度和深度,相对集中行政许可权的尝试对部门之间的放权和配合也提出了更高的要求。第三个层面的放权具有正本清源的本质,即在厘清政府与市场、社会的边界的基础上,给市场和社会松绑,最大限度地发挥市场和社会潜力。在"最多跑一次"和"不见面审批"两项改革中我们也看到了浙江省和江苏省对于放权意义的深入挖掘——继续削减行政许可事项,"市场机制能有效调节的经济活动不再保留审批和许可"④,努力给市场主体减负。正如有学者评述的那样,"最多跑一次""不见面审批"等改革的目的就是要管住政府这只"看得见的手",不断减少政府核准投资项目领域和数量,减少政府直接干预微观经济活动的情形,除非关系国家安全利益、战略性新兴产业和资源开发,或者

---

① 参见应松年:《简政放权的法治之路》,载《行政管理改革》2016年第1期。
② 李金珊:《做好"最多跑一次"的关键是简政放权》,载《杭州(周刊)》2017年第11期。
③ 同上。
④ 《深化"放管服"改革转变政府职能重点任务分工方案》(苏政办发〔2018〕76号)。

涉及全国重大生产力布局和重大公共利益,企业进行项目投资时不再核准审批,并通过精减收费项目,倒逼各级政府各有关部门减权放权。①

无论是浙江推进"最多跑一次"改革,还是江苏省的"不见面审批"改革都有着扎实的实践基础。例如,早在 1999 年的时候,行政审批制度改革就率先在浙江省展开,到了新千年以后,浙江省分别在 2002 至 2003 年进行第二轮、第三轮行政审批制度改革。作为全国唯一试点,浙江省在 2013 年启动了以"权力清单"为基础的"四张清单一张网"建设。② 而江苏省作为首批相对集中行政许可权试点省份,早就对标世界银行公布的营商环境相关指标,进行超前谋划,在前期就开始进行上述以政府部门为主体的行政审批制度改革,推动"3550"改革目标的实现,即"开办企业 3 个工作日内完成、不动产权证 5 个工作日内完成、工业建设项目施工许可证 50 个工作日内完成"。尽管这些改革取得了较大成效,但正如有学者指出的那样,实践中仍然存在重精简数量轻落实执行、重流程改造轻磨合协调、重事前审批轻监管服务等问题,始终难以实质性地降低人民、企业获得政务服务的成本。③ 为继续推进与深化行政审批制度改革,浙江省"最多跑一次"和江苏省"不见面审批"改革应运而生。与以往改革相比,无论"最多跑一次"还是"不见面审批"改革,都是以人民为中心的发展思想的探索与实践,即"按照群众和企业到政府办事'最多跑一次'的理念和目标",或者出于"让数据多跑路、群众少跑腿"的考虑,"从与群众和企业生产生活关系最为紧密的领域和事项做起","倒逼各地各部门简政放权、放管结合、优化服务",具有显著的需求导向、问题导向、效果导向等特点。④ 这也是整个"放管服"大改革所追求的目标。从历史的角度看,浙江省"最多跑一次"和江苏省"不见面审批"改革实际上是在总结一个时期以来当地进行简政放权、深化行政审批制度改革实践经验的基础上,对改革方案的系统化和综合提升,并在这个提升的过程中有效实现了清权和减权、限权和治权同优化行政服务能力、提升行政服务水平的有机统一。借助于这些改革,不仅在政府内部通过流程的改造和行政权力的优化分配使所有部门参与

---

① 参见钟伟军:《从"一站式"服务到"最多跑一次"——改革开放以来的地方行政审批改革》,载《电子科技大学学报(社会科学版)》2018 年第 5 期。

② 参见《浙江:简政放权 办事最多跑一次》,载《人民日报》2017 年 8 月 18 日。

③ 参见郁建兴、高翔:《浙江省"最多跑一次"改革的基本经验与未来》,载《浙江社会科学》2018 年第 4 期。

④ 参见李金珊:《做好"最多跑一次"的关键是简政放权》,载《杭州(周刊)》2017 年第 11 期。

到改革中来,加快了机构改革的步伐,更在外部"把'无为而治'与'有为而治'有机结合起来,最大限度地激发了市场和社会的活力与动力"①,推动了政府、社会、市场的良性关系逐步建立。"最多跑一次""不见面审批"改革在取得阶段性成效的同时,也存在一些需要引起重视的问题,不仅表现为执行中措施的落实不到位,在制度设计上也有继续完善的空间,这些问题需要地方政府继续转变观念、创新体制机制去解决。

以人民为中心的理念还需强化。"最多跑一次""不见面审批"改革从简政放权、便民利企出发,创造出了许多带有亮点的新制度,但由于部分同志观念认识上的偏差,还存在改革措施在实践过程中落实不到位的情况,使得制度的功效未能完全发挥出来。例如,"最多跑一次""不见面审批"改革是以人民为中心的发展思想的集中体现,但部分地区和部门未能充分理解这一理念。在"最多跑一次""不见面审批"改革中,仍然存在着形式主义的作风顽疾。这种状况甚至是简政放权、深化行政审批制度改革过程中普遍存在的现象。2013年李克强同志担任国务院总理以来,改革行政审批制度、激发市场活力等方面的措施力度空前,但企业和群众感到并不"解渴",企业和群众的获得感与官方宣传的行政审批制度改革成效存在较大落差。造成这种状况的原因是多方面的,但是行政审批制度改革重形式轻内容不能不说是原因之一。正如2014年8月27日《国务院关于深化行政审批制度改革加快政府职能转变工作情况的报告》中指出的那样,一些部门取消下放的审批事项往往是"含金量"不高、"不痛不痒"、细枝末节的项目,对于"束缚企业生产经营、影响人民群众就业创业创新的事项取消下放不够",对涉及本部门核心权力和切身利益的项目则抓着不放,甚至还以"红头文件扩权、扩围、扩利"。推行"不见面审批"改革以来,江苏省在每年的政府文件中都提到了当年的"不见面审批"目标,其中"不见面率"是较为重要的一项,然而有些部门和地区因此片面地把指标当成唯一要求,为了追求高"不见面率",强制使用线上办理模式;为追求"不见面审批"事项数量,少报、瞒报、漏报业务项;对审批事项进行虚假标注,开具可上网办理的"空头支票"。在工作推进时以数量取胜为第一要务,却忽视了对改革质量的把握。为此,江苏省于2018年专门出台了针对这一现象的《关于重申在"不见面审批"改革中严禁片面追求"不见面率"将上

---

① 《"最多跑一次"改革的实践创新和理论价值》,载《浙江日报》2018年3月12日。

门办事企业群众拒之门外等要求的通知》,强调了改革的指导思想和要求,并申明对违反要求的行为进行严惩。同时,有些政府部门仍未走出"政府中心主义"的思维局限,在改革中重点关注的是上级领导的指令和要求,以完成任务为最终目标。当政府部门以自身为出发点去思考群众可能需要什么时,所得的结果未必贴合群众真正的需求,成效自然也会打个折扣。

政务平台的建设不能满足实践需求。互联网政务平台是"最多跑一次""不见面审批"的重要平台,其设计初衷是为了通过各部门信息的互通共享实现"数据多跑路,百姓少跑路",便利企业群众办事。这就对资源、信息的整合提出了新要求,然而实践过程中信息系统整合差距较大,信息共享难,成为基层普遍反映的"堵点"。①"信息孤岛"问题突出,导致地方性改革中没有真正实现数据"替老百姓跑"。在国务院办公厅 2017 年对全国互联网政务服务平台的检查中发现,全国还有不少互联网政务服务平台同部门办事系统不联网、不互通,不能做到一号登录、统一身份认证,系统里的办事数据无法共享,难以重复使用,导致企业群众需要在不同的平台和多个系统间重复注册、反复登录,才能进行网上办事。这样的现象甚至使得线上办事比线下办事更加烦琐复杂,高效便捷的优势未得到发挥。除信息共享难以外,有些部门自身政务平台的建设也不尽如人意。例如,2020 年江苏省政府办公厅组织开展了第一季度全省政府网站抽查,抽查合格率虽达到 95.9%,但仍有一些政府网站未能达标,这些不合格的网站主要问题在于办事栏目不更新、服务不实用、与群众的互动回应差,有些甚至超过五天都不给答复,大大降低了企业和群众网上办事的体验。

在简政放权改革中,为了实现扁平化管理,许多进行改革的地区将行政审批权力下放到市县级政府。但在权力下放过程中,存在着差异化下放的现象。例如,在江苏省市场监管局与泰州市政府签署合作协议中,省市场监管局将药品零售连锁总部经营许可、特种设备安装改造修理单位许可、"三品一械"广告审查行政许可、免予办理强制性产品认证证明行政确认事项等都委托下放至泰州市市场监管局办理。这种差异化下放行政审批权力的行为,虽然存在着考虑不同地区经济社会条件的合理性,但实际上也使各地的行政审

---

① 参见《黄莉新同志在全省深入推进不见面审批(服务)改革电视电话会议上的讲话》(江苏政办通报第 269 号)。

批制度改革更加缺乏一个统一的标准。① 另外根据江苏省《方案》，各地除满足省级"不见面审批"清单事项的要求外，可以编制本地区的"不见面审批"清单，在江苏省人民政府网站上可以查询到全部十三个市的"不见面审批"清单，由于各地发展水平和对"不见面审批"事项的理解不一致，列明的地区"不见面审批"清单还存在着较大的差异。在各地行政审批权力事项差异大，地方"不见面审批"清单编制不统一的情况下，不同地区的"不见面审批"改革措施执行效果难免会有差异，还可能造成跨地区的"不见面审批"政务办理困难。

改革措施面临着法治困境。运行机制主要由政策主导，没有形成法治化的改革模式是我国行政审批制度改革中存在的一大问题。② "最多跑一次""不见面审批"改革同样是主要通过政府发布规范性文件来要求各级部门执行的。改革中许多措施也面临着法治的困境。如在《方案》中提到，为了实现减证便民的改革目标，各设区市对本地区自行设定的证明事项，除设区市地方性法规设定的应当取消外，即使对设区市地方性法规设定的证明事项，也要根据实际情况，尽可能予以取消。这就导致了改革与立法和修法不同步的问题，使相关法律实际上被束之高阁，出现了尴尬的"空档期"。同样在简政放权过程中，许多行政审批事项都是由法律进行规定的，行政机关直接取消这类事项有越权之嫌，如在江苏省公布的《取消、承接企业投资项目省级部门不再审批目录事项（第二批）》中，"蚕品种审定"项目以《中华人民共和国畜牧法》为依据，但江苏省直接取消了这一审批事项，令人不得不质疑这一做法的合法性。在《指引》中对"法治原则"的阐述中提到"法定程序要求必须见面的审批事项，通过现代化信息手段可以合法实现的，也应做到'不见面审批'办理"。但如何在这种情况下实现合法的"不见面审批"，文件并未提出可行的措施。同时，缺乏法律法规的依托，以分配重点任务的模式推进改革缺乏长效机制。在"不见面审批"改革过程中，江苏省政府出台了多项推动改革的分工文件，建立了"放管服"改革的协调小组。③ 但重点任务总有时间限制，往往具有临时性且缺乏稳定性。制度在没有法律法规保障的情况下，随着政府部

---

① 参见孙彩红：《地方行政审批制度改革的困境与推进路径》，载《政治学研究》2017年第6期。
② 参见马怀德：《行政审批制度改革的成效、问题与建议》，载《国家行政学院学报》2016年第3期。
③ 相关文件参照《深化简政放权放管结合优化服务改革重点任务分工方案》（苏政办发〔2017〕131号）、《深化"放管服"改革转变政府职能重点任务分工方案》（苏政办发〔2018〕76号）、《省政府办公厅关于成立省政府推进政府职能转变和"放管服"改革协调小组的通知》（苏政传发〔2019〕68号）。

门的人事更迭是否能得到持续的落实也令人担忧。上述问题不仅是困扰江苏省"不见面审批"改革的难题,对于尝试改革的其他省份同样也是一个大问题。

相对人程序权利空间被压缩。行政程序性权利的内容主要可以分为发起权、知情权、参与权、防御权等四个部分。① "最多跑一次""不见面审批"改革通过完善政务信息公开较好地保障了当事人的知情权,在防御权上,通过"不见面审批"模式作出的行政行为可以和传统的行政行为一样无障碍地申请救济。但改革中提出的许多审批时长的硬性指标在减少审批时间的同时,是否也压缩了行政相对人程序参与权的生存空间值得思考。在江苏政务服务网公布的"不见面审批"清单事项办理流程图中,大部分流程图都着重于申请所需材料和办理的结果,未标明过程中行政相对人的陈述、申辩权。同时,互联网政务模式大大改变了传统的政务服务方式,通过网络平台作出行政行为对传统的行使程序权利的方式必然带来挑战,如行政相对人如何在"不见面"的情况下清楚地陈述意见,要求听证?通过程序的设计创造出符合网络特质的保障程序权利的方式,是互联网政务深入推行必须解决的前提问题,"不见面审批"程序设计过程中应当对行政程序的正当性进行充分考量。

存在行政许可被"污名化"的倾向,这种倾向在一定程度上也使得"最多跑一次"特别是"不见面审批"改革呈现绝对化的趋势。实际上包括行政许可在内的行政审批制度,是市场经济条件下政府干预社会经济生活最直接、最有效的一种方式,西方资本主义国家如此,我国社会主义市场经济条件下也不例外。然而,由于新中国成立以后我国长期推行计划经济体制,这不仅造就了无所不在的大量行政审批制度,甚至还形成了单纯依赖行政审批管理经济社会生活的普遍心理。因此,我国行政审批制度法治化建设任务就不仅要通过立法规范行政审批权的设定,大幅度地消减行政审批事项,更重要的是还要破除通过行政审批管理经济社会生活的路径依赖。正因为如此,《行政许可法》第13条才明确规定,行政许可的设定必须坚持必要性原则,凡市场主体能够自主决定的、市场竞争机制能够有效调节的、行业组织或者中介组织能够自律管理的以及行政机关采取事后监督等能够解决的,可以不设行政许可。从我国行政审批制度改革实践来看,通过立法设定行政审批的冲动得到

---

① 参见肖金明、李卫华:《行政程序性权利研究》,载《政法论丛》2007年第6期。

了很大程度的抑制,行政审批设定的必要性原则得到了较好的体现和遵守。需要注意的是,必要性原则还有另一层面的意思,即在必要的情况下,通过行政审批来实施管制、实现管制的目的仍然是正当的。遗憾的是,在我国行政审批改革实践中,由于认识上的片面和偏差,行政审批在一定程度上已经被"污名化",在必要的情况下,我们的立法甚至也不敢理直气壮地设定行政许可。例如从 2016 年 7 月 1 日实施的《江苏省食品小作坊和食品摊贩管理条例》,无论从第 10 条第 1 款①有关登记条件的设定,还是第 11 条有关登记程序的规定来看,这里的"登记管理"就是一个典型的行政许可,对于这一点在该条例起草和论证过程中大家的认识完全一致。② 但是,由于担心地方立法新设行政许可与简政放权、激发市场活力的行政审批制度改革的大方向不一致,于是地方立法就换上了"登记管理"这个名头。这种做法无疑缓和了地方立法的"视觉冲击",但也会极大消减法律权威,甚至对社会公众形成负面示范和反向激励,不仅无助于行政审批法治化建设,而且也会戕害全社会对法律的信仰、贻害我国社会主义法治建设。

改革永远在路上,"最多跑一次""不见面审批"改革的继续完善应当对症下药,有的放矢地解决现有的制度落实和设计上的问题。

首先,应当牢固树立"以人民为中心"的改革思想。针对改革中存在的形式主义、功利主义、政府中心主义等问题,行政机关需要牢固树立"以人民为中心"的改革理念,勿忘改革初衷。落实这一理念需要切实可行的工作机制予以支撑。在深化、巩固"最多跑一次""不见面审批"改革成效的过程中,各级政府需要认识到,改革实践成果的巩固,不能只靠政府的单方面努力,而是只有在政府和人民群众的互动中才能实现。③ 因此突破政府中心主义,践行"以人民为中心"的理念,需要政府以合作治理的模式推进改革。随着社会的发展和社会治理体系及其过程的开放性持续增长,改革必然会走向合作治理

---

① 该条款内容为:"食品小作坊实行登记管理。食品小作坊从事食品生产加工活动,应当依法取得营业执照,并向所在地县级食品药品监督管理部门申请食品小作坊登记证。申请登记证应当具备下列要求:(一)具有与生产加工的食品品种、规模相适应的固定场所和设备、设施;(二)具有合理的设备布局和工艺流程;(三)具有食品安全管理人员和保证食品安全的管理制度。"

② 笔者作为专家代表先后三次参加该条例的专家论证会,并在论证的过程中表达了类似观点,得到与会专家的认同。有关部门同志亦对此种立法表达方式作了类似解释。

③ 参见郁建兴、高翔:《浙江省"最多跑一次"改革的基本经验与未来》,载《浙江社会科学》2018年第 4 期。

的方向。在合作治理模式中，公民不仅仅是简单地参与到治理过程中，虽然政府在治理过程中依然发挥着引导的作用，但是，民众能够在治理活动中发挥其应有的作用，对于关涉到公共利益的每一项公共事务，都能够平等地发表意见和积极地采取合作行动。①

在"最多跑一次""不见面审批"的改革过程中，合作治理的模式至少要求各级政府建立畅通人民群众意见表达的渠道，包括体验反馈和服务投诉，这样才能充分了解实践中的"痛点""堵点"和人民群众的需求偏好，更为精准地提供办事服务清单、优化办事服务方法。此外在制度设计中也应该吸收民众的意见，使措施一投入实际运行就更贴合民众的需要，符合实践的要求。如此，开放的治理不仅化解政府思维的僵化，还提高了改革的民主性，使改革处在一个始终与整个社会互动的过程之中，能够吸纳一切积极有益的因素。

其次，深入推进政务服务平台建设。互联网政务在实践中遭遇的最大阻碍就是"信息孤岛"问题，而各级政府显然也意识到了这一问题，在省政府发布的规范性文件中多次提到"信息孤岛"的存在和加强数据共享的重要性。如何打破条块分割、部门壁垒，关键在于协调。数据要实现在各个部门之间跨系统的流通，系统的对接十分重要。实现了畅通的对接，数据能够在各个系统自由地流通，也就实现了数据的共享。因此必须建立全省统一的政务服务标准。例如，江苏省在《省政府关于加快推进一体化在线政务服务平台建设的实施意见》（以下简称《意见》）中提出要"依照国家政务服务平台标准规范体系，不断完善全省一体化在线政务服务平台数据、应用、运营、安全、管理等标准规范"。在有了完善的标准规范后，所需的就是将标准化落到实处。此外，由于目前政务系统实行的是层级化管理，全省一体化在线政务服务平台实际上由三个层级组成，包括省、市、县三级政务服务平台，省级政务服务平台既要对接国家政务服务平台，又要联通省级部门和市、县级政务服务平台，因此省级政务服务平台可谓数据的中枢，破除"信息孤岛"必须要加强省级政务服务平台的建设，将其效应辐射到市、县级平台。

除此之外，要提高各部门政务平台的服务质量，必须加强评估和监督。《意见》中提到应"加强随机抽查"，并且"常态化监测评估网上政务服务能力。建设政务服务网上评估系统，健全评估指标，围绕事项、办件、业务、用户、安

---

① 参见张康之：《合作治理是社会变革治理的归宿》，载《社会科学研究》2012年第3期。

全等信息数据,对各地各部门政务服务平台使用效能开展实时评估"。将对政务平台的建设实效交给使用的群众、企业评价,不仅能反映各层级、各部门政务平台建设的真实水平,减少内部监督的盲区,也提高了人民群众在改革中的参与度,是优化互联网政务服务的有力措施。

再次,加强地区统筹协调。地区之间的差异是客观的,这部分来源于各地经济社会发展水平的不平衡,因此差异不可能完全消除,只能尽量缩小。事实上不同的审批事项在实践中应用的频率很不一样,教育、医疗、住房等都是与群众日常生活息息相关的问题,涉及的政务服务办理量也较大,为了缩小地区差异,解决跨区域办理政务服务的困难,首先应当将实践中群众最关切的高频审批事项全部实现标准化、规范化。政务服务的标准化是"不见面审批"改革施行以来不断努力完善的一个方面,在这一措施上继续努力的方向就是加强实践调研,摸清审批的现实需求,将高频审批事项全部纳入省级"不见面审批"清单。《方案》还提出了政务服务事项动态管理的目标,以使"全省政务服务事项数据同源、同步更新"。这一措施能够增强"不见面审批"清单的灵活性和时效性,使各地在同一事项上保持标准同步,对实现同一事项在全省范围内的无差别受理具有重要促进作用。因此在"不见面审批"清单上继续下功夫,提高清单的统一程度和灵活程度,对于统筹协调各地的改革具有重要意义。

最后,要以法治思维深化改革。中共中央提出,重大改革要于法有据,这是改革正当性的前提,也是改革持续发力的基础。然而,从现实改革实践来看,政策主导型而非法治主导型改革仍然是一个较普遍的现象,甚至在人们的观念中还更多青睐政策主导型改革,这与中央的政策方针并不吻合,也不利于法治国家、法治政府和法治社会建设。[①]"最多跑一次""不见面审批"改革的法治化至少要求在地方层面,涉及地方性法规、地方政府规章设定的行政审批事项的调整或取消,必须遵循地方性法规、地方政府规章关于修订、废止程序的规定,通过修订、废止相应地方立法的方式实现,而不是为了加快改革进程任由改革与现行法律体系脱节。正确的态度应当是,地方改革如果涉及由法律设定的行政审批事项,则应当由全国人大常委会予以修订或废止;

---

① 有学者就指出,重大改革应当逐渐实现政策主导型改革向法治主导型改革的转变,发挥法治对改革的引领和保障作用。参见马怀德:《行政审批制度改革的成效、问题与建议》,载《国家行政学院学报》2016年第3期。

如果涉及行政法规设定的行政审批事项，则由国务院修改或废止行政法规。从江苏省目前情况来看，江苏政务服务网列明的"不见面审批"清单基本信息中都标出了权力来源和行政审批的设立依据，虽然部分"不见面审批"项目设立依据的正当性仍然存疑，[①]但大部分行政许可都有规章以上位阶的法律规范作为设立依据。特别是前文提到的江苏省第十三届人民代表大会常务委员会第十六次会议于 2020 年 5 月 15 日审议通过的《江苏省促进政务服务便利化条例》，这是"不见面审批"纳入法治轨道的重要一步，也是江苏省巩固"不见面审批"成果的重要举措。在后续的改革进程中，需要继续坚定法治思维，用法治方式推进"不见面审批"等多项改革。正如有些学者所言，遵循法律程序虽然会牺牲部分改革的效率，但是增加了改革的合法性与权威性，并从根本上解决了审批事项的法律依据问题，从长远看才是真正有效的改革。[②]

综上所述，"最多跑一次""不见面审批"改革是地方在"放管服"改革中的一项重要创新，它不仅为群众和企业带来了切实的便利，激发了市场创造的活力，也体现了政府向服务政府、有限政府、整体政府的转变，与推行权力清单制度改革在出发点和最终的目标上高度一致。然而在改革取得成果的同时，也存在着制度落实和设计上的一些瑕疵，形式主义、"信息孤岛"和改革落实的地区差异还阻滞着改革的步伐，对合法性和正当性的质疑还困扰着改革的深化。唯有对症下药，才能精准地解决现有的问题，推动改革向好发展，只有秉持"抓铁有痕、踏石留印"的精神，不断推进改革，才能使人民群众切实感受到"不见面审批"制度带来的成效。

三、"两赋两强"街道集成式改革

党的十九届四中全会通过的《中共中央关于坚持和完善中国特色社会主义制度，推进国家治理体系和治理能力现代化若干重大问题的决定》（以下简称《十九届四中全会决定》）第九部分指出，"坚持和完善共建共治共享的社会治理制度，保持社会稳定、维护国家安全"，"建设人人有责、人人尽责、人人享有的社会治理共同体"是推进社会治理现代化的目标和方向，而"加强和创新

---

① 有些审批项目的"设定依据"一栏为空，如项目"司法鉴定机构设立分支机构登记"的设定依据显示"暂无"。

② 参见王克稳：《我国行政审批制度的改革及其法律规制》，载《法学研究》2014 年第 2 期。

社会治理,完善党委领导、政府负责、民主协商、社会协同、公众参与、法治保障、科技支撑的社会治理体系",是构建基层社会治理新格局、加快推进市域社会治理现代化的基本路径。上述论断和安排是在党的十九大报告提出"加强社区治理体系建设,推动社会治理重心向基层下移"之后的又一个重大拓展。此后召开的全国市域社会治理现代化工作会议再次提出,市域社会治理具有"承上启下的枢纽作用""以城带乡的引擎作用"和"以点带面的示范作用"。可见,推进市域社会治理现代化,实现国家治理体系和治理能力现代化,一个重要的方面就是要将治理重心下移,通过多元主体参与互动,不断提高社会治理的质效。基于这样的思路,江苏省在近些年来广泛开展经济发达镇综合执法改革试点,取得了较为丰富的经验。在此基础上,围绕如何解决行政执法中"看得见的管不着、管得着的看不见"的顽症进行了广泛探索,而南京市秦淮区立足城市区域管理半径相对较小、执法人员沉得下去等优势和特点,推行的以赋权、赋能、强基层、强队伍的"两赋两强"街道集成式改革在这方面"异军突起",产生了良好的改革效果,值得关注和研究。

(一)"两赋两强"街道集成式改革的探索

坚持以人民为中心的发展理念,恪守一切为了人民、依靠人民、造福人民、服务人民,努力让人民共享改革和发展的利益,是人民政府不同于专制政府的显著特征和根本职责。党的十九大报告中重申了构建人民满意的服务型政府的目标,这将成为我们建设服务型政府的最高原则和行动指南。在此基础上,《十九届四中全会决定》又提出,"创新行政方式,提高行政效能,建设人民满意的服务型政府"。服务型政府必然是一个有限政府、有为政府。因此,以服务政府理念为指导,南京市秦淮区在做好简政放权、深化行政审批制度改革、深入推进权力清单制度等"必修课"的同时,坚持以问题为导向,紧扣"放管服"改革,积极改革求变,努力将社会治理重心向基层转移、权力下放、资源下沉,秉持"党建引领、中心下移、多元共治、便民高效"的改革目标,探索形成了赋权、赋能、强基层、强队伍的"两赋两强"集成式改革模式。具体措施主要有:①

---

① 有关"两赋两强"街道集成式改革探索的内容,参见林涛:《加强城市基层治理,探索推行"两赋两强"街道集成改革新模式》,载《学习时报》2019 年 11 月 22 日。

第一,加强党的集中统一领导。街道集成式改革的核心就是要充分发挥各级党委的集中统一领导和党员干部的战斗堡垒作用。根据"两赋两强"街道集成式改革方案,首要的任务就是要建立健全街道层级的"大工委"机制,强化党的集中统一领导,提高党组织的动员力和战斗力,通过建立健全首接负责制,实现街道范围各单位的党组织在组织活动、资源共享方面的活力与街道共建共联。同时优化街道党组织架构,建立"5部1局2中心"组织格局。① 在此基础上,由社区书记(主任)牵头,协调城管执法人员、街道工作人员和小区物业人员作为成员,推动成立"零距离家园理事会"的社区组织,协调解决基层社会矛盾。②

第二,公共管理权力下沉基层一线。为化解基层权责不匹配问题,秦淮区明确区级机关领导担任社区"第一书记",推动管理干部下沉基层,同时将涉及决策、参与、建议、考核、督办、支配等六个方面的事权、财权下放到社区。③ 以此为基础,将街道调配辖区内资源和考核区级职能部门的权力融入12345热线系统的处理程序中,设立一般事件、较大事件和重大事件类型,分别对应部门分管领导报到、部门主要领导报到和挂包街道的区委常委及分管副区长"双报到"方式进行处理。建立每季度一次的通报制度,及时将问题解决的过程、结果以及居民满意度反馈到社区,同时发挥街道纪检工作部门的监督执纪作用,建立了问责追责制度。每半年组织一次街道对干部的作风测评,以此作为绩效考核、晋升评优的重要依据。

第三,夯实基层网格化体系。围绕"强基层"的目标构想,秦淮区根据区域内的特点分别建立了308个专属网格和1026个综合网格,同时配齐配强各网格的专职网格员,保证每个网格至少拥有一名专职网格员。在此基础上,

---

① "5部1局2中心"具体为:党政综合部、民生保障部、城市管理部、发展服务部、平安建设部、综合行政执法局以及社会治理综合指挥中心、便民服务中心。

② 例如,2019年秦淮区秦虹街道在象房村净水泵站的建设过程中,通过"零距离家园理事会"这一平台,在秦淮区委的领导下,组成了由居民代表、单位代表和"两代表一委员"共同参与的理事会,与附近居民面对面沟通协商,解决了居民担心污水处理造成负面影响的难题。参见《扇骨里社区建立零距离家园理事会共商共治平台》,http://www.njdaily.cn/2020/0520/1842652.shtml,2021年2月19日访问。

③ 这六个方面的权力为:一是对辖区建设和公共服务设施布局等方面规划的参与权;二是对辖区内事关群众利益的重大决策、重大事项的事先知情和意见建议权;三是职能部门综合执法指挥调度权;四是职能部门派出机构工作情况考核评价和人事任免建议权;五是多部门协同解决的综合性事项统筹协调和考核督办权;六是下沉人员、资金的统筹管理和自主支配权。

将街道原先分散的平台和系统进行整合,建立统一的"指挥中心",通过定位网格员、实时地理位置等功能,及时收集网格员上报的各类信息,实现第一时间发现问题、解决问题。同时,对社区工作者实行"三岗十八级"薪酬管理,强化绩效考核、提升薪酬待遇、明确职业发展进路、激发工作热情。

(二)"两赋两强"街道集成式改革的价值

简政放权的重点是推动政府职能的转变,实质是进一步厘清政府与市场关系,通过改革行政审批制度推动政府治理的法治化改革与创新。秦淮区"两赋两强"街道集成式改革的核心内容就是将行政权向一线倾斜,实现城市管理重心的下沉。就其改革内容和实际效果来看,其与推行权力清单制度改革一脉相承:不仅在理念上集中体现了简政放权、建设有限政府的核心要义,而且也在下放行政权力和下移管理重心方面与权力清单制度改革实践同步。

首先,"两赋两强"街道集成式改革是在深入开展权力清单制度实践的推动下,城市基层政府主动开展市域治理现代化探索,积极投身推进国家治理体系和治理能力现代化的一个努力。党的十八届三中全会通过的《全面深化改革的决定》指出,全面深化改革的总目标就是实现国家治理体系和治理能力现代化。国家治理体系现代化不仅要求强化系统内的法治体系、民主治理体系、党和国家监督体系、生态环境治理体系等与党的领导体系、群团工作体系等自身建设,而且还要重视体系内部各要素的和谐衔接,尤其是要夯实基层治理这个国家治理体系大厦的基石。只有基层社会治理这个"树根"稳固,才能支撑起整个国家治理的"根深叶茂"。为此,《全面深化改革的决定》提出,"对吸纳人口多、经济实力强的镇,可赋予同人口和经济管理规模相适应的管理权"[①]。秦淮区"两赋两强"街道集成式改革的核心内容就是从城市基层治理实际出发,瞄准城市基层治理的痛点和难点,通过赋能基层、赋权一线,压缩城市管理层级和行政链条,努力建立起满足城市实际需求的扁平化现代市域社会治理体制,实现城市基层治理的高效化,全面提升城市治理的

---

① 2016年,中共中央办公厅、国务院办公厅印发《关于深入推进经济发达镇行政管理体制改革的指导意见》提出,"省(自治区、直辖市)政府可以将基层管理迫切需要且能够有效承接的一些县级管理权限包括行政审批、行政处罚及相关行政强制和监督检查权等赋予经济发达镇"。2018年,《中共中央关于深化党和国家机构改革的决定》明确提出,推动治理重心下移,尽可能把资源、服务、管理放到基层,使基层有人有权有物,保证基层事情基层办、基层权力给基层、基层事情有人办。

效能,进而夯实国家治理体系的基础和基石。中央政法委秘书长陈一新同志指出,"市域层面具有较为完备的社会治理体系,具有解决社会治理中重大矛盾问题的资源能力,是将风险隐患化解在萌芽、解决在基层的最直接、最有效力的治理层级,是推进基层治理现代化的前线指挥部"①。市域是防范化解矛盾风险、防止矛盾风险跨界传导的关键层级。要完善群防群治的社会治安防控制度,推动跨区域合作和跨部门联动,从源头、传导、转化的关键节点防范社会治理风险,防止矛盾风险向上传导、向外溢出。正是在这样的大背景下,南京市秦淮区人民政府根据当地实际情况,推出了"两赋两强"街道集成式改革。以自治解难题、以法治稳人心、以德治聚民生的"三治"融合治理模式,能够有效聚集社会力量的协同机制、推动法治成为坚实后盾、激发居民参与基层治理的积极性。"两赋两强"改革的有效实施,是自治、法治、德治融合的成功实践。秦淮区通过完善民生工作站机制、完善街道便民服务中心、"全要素"网格管理等方式,畅通、规范了群众需求表达、利益协调和权益保障的通道,不断完善矛盾纠纷多元化解机制,努力将矛盾化解在基层。同时,又通过网上"7×24 小时全时办"的便民服务举措,创新互联网时代群众工作机制,丰富发展了"枫桥经验"。

其次,"两赋两强"街道集成式改革同权力清单制度改革动因高度一致,都体现了行政权的授予必须坚持必要性原则,强调政府的有限、有为,可以说是放大权力清单制度改革能效的一个探索。中华人民共和国成立以来,我们国家经历了无限政府到有限政府、管理型政府到服务型政府的转变。有限政府理论要求明确政府的权力是有限的,而并不是无所不能的。政府必须在法律的框架之内运行,受到法律的约束,通过调和人民的个人权利与政府的公权力之间的紧张关系,在个人利益最大化和政府权力之间寻求一个平衡点。政府治理社会的权力来源于人民,政府应当在法律规定的有限权力范畴下合法有效地行使公权力。同时,政府的治理行为应当在一定范围内保持公开和透明,从而保证人民在社会治理中的知情权和参与权,明确权力的边界,依法限定政府的职能范围。否则,如果政府长期在社会治理过程中扮演大包大揽的角色,挤占了原本应当由社会组织和人民自我管理的空间,反而会增加社会治理的成本和风险,将社会矛盾聚集到政府;同时,也会在客观上强化人民

---

① 陈一新:《新时代市域社会治理理念体系能力现代化》,载《社会治理》2018 年第 8 期。

对政府的依赖心理,抑制人民自我管理能力的培养和提升,无形中带来政府治理边界的扩张。而推行权力清单制度中的清权、减权、制权和晒权的核心就是要处理好政府、市场和社会之间的关系,在充分发挥市场机制的作用、激发社会活力的前提下,实现对行政权力的科学配置。对此,十九届三中全会通过的《中共中央关于深化党和国家机构改革的决定》给予了清晰的阐述,"要坚决破除制约使市场在资源配置中起决定性作用、更好发挥政府作用的体制机制弊端,围绕推动高质量发展,建设现代化经济体系……调整优化政府机构职能"。显然,一个有限的政府还必须是有为的政府,才能补强市场短板,有效治愈市场失灵,促进经济社会和谐稳定健康发展。秦淮区"两赋两强"街道集成式改革,就是从城市治理的现状出发,瞄准我国经济社会发展的难点问题,通过管理重心向基层倾斜,一方面重塑经济发展治理模式,改变计划经济时代遗留的政府主导经济发展的社会治理模式,充分发挥市场在资源配置中的基础性功能,凡是市场能够解决的问题,就不需要政府来主导解决。另一方面,充分有效发挥政府在经济社会发展中的作用,努力维护市场主体之间的公平竞争环境,调节市场主体内部之间的动态平衡。在秦淮区赋予基层的六项职权中,虚实结合,充分保障行政权力的有效行使。例如,规划参与权、事先知情和意见建议权、考核评价和人事任免建议权等,虽然相对较虚,但是却能有效保障民心民意民情的上达,为上级部门科学决策及其决策执行奠定了坚实基础;而综合执法指挥调度权、综合事项的统筹协调和考核督办权、人员资金的管理和支配权,则是将基层行政权力做实做强,有力保障了基层管理的实效,很大程度上避免了过去很多行政权力悬浮的尴尬。

最后,"两赋两强"街道集成式改革是秦淮区积极探索基层社区治理体制改革的一个尝试,是"共建""共治"的一种探索,有助于推动共建共治共享社会治理格局的形成。这一点,与权力清单制度改革殊途同归。党的十八大报告提出,要"在城乡社区治理中实行群众自我管理、自我服务、自我教育、自我监督,是人民依法直接行使民主权利的重要方式"。这是积极探索社区治理体制改革的一项重要方针,对于推动社区治理的重心和资源下沉,加强城市社区治理中的服务功能,发挥基层社会治理在整个国家治理体系中的重要作用,具有重要的意义。2015年颁布实施的《关于加强城乡社区协商的意见》和《关于进一步开展社区减负工作的通知》,将社区协商机制纳入法制化轨道,推行"社区工作准入制",启动了一系列减负增效具体改革措施。2017年中共中央、国务院颁布《中共中央、国务院关于加强和完善城乡社区治理的意见》,这是新时期推进全国社区建设的纲领性文件和行动指南。其核心内容就是通过推动国家管理权力的重心下移、管理重心下沉到基层,有效发挥社区的组织政治功能、管理服务功能,提升教育监督水平、纠纷化解能力和文化引领能力。秦淮区在"两赋两强"街道集成式改革实践中,不断地将改革的触角向最基层的社区延伸,于2020年启动"双做双增"社区治理集成式改革,即从着眼于做强社区、做实网格、增加服务资源、增强治理能力等方面提出社区改革需要完成的16项重点任务。① 可以说,秦淮区的这项改革实践集中展示了合作治理理念下对社会治理逻辑的再造。在"公中有私,私中有公"的行政法合作模式转换下,公共权力逐渐向社会转移。政府治理中,社会组织和人民承担了越来越重要的治理角色。"民主政府的生存取决于被统治者的支持。"② 政府可以重点致力于城市安全、风险防范、社会保障等事务,而在微观制度的适用中,社会组织和人民可以发挥重要功能。这些制度都内嵌于其所处的权力结构和社会框架下,宏观性的公私合作性治理对微观制度的效果往往会起到决定性作用。③ 政府治理的事务绝不仅仅是政府的事,而是政府和人民共同的事,政府和人民的合作模式通常会带来质量更优的规则。行政机关不单可以发挥人民和制度能力建设者的作用,而且可以发挥政府各个职能机关上下级之间以及平行机关之间的合作关系。尽管行政机关是政府治理的最终决定者,可以设定合作的边界,但是政府治理的成功往往取决于其他参与者的成功。这就需要热心公共事务、具有法律素养的人民支持、配合政府的履职行为。

---

① 做强社区方面的任务为强化社区党委领导核心、赋予社区六项权能、建强社区骨干队伍、推进社区减负明责;做实网格方面的任务为构建区级机关、街道力量常态化下沉机制、加强社区治理平台建设、完善网格事项流转运行机制、规范"网格+"融合运行机制;增加服务资源方面的任务为分类推进物业管理服务、优化社区公共服务供给、加快智慧社区建设、深化"零距离家园理事会"制度;增强治理能力方面的任务为打造"向人民汇报"工作品牌、推行"社区吹哨、街道报道"机制、深化社区"第一书记"责任制、健全社区矛盾纠纷多元化解机制。

② 〔美〕乔治·弗雷德克森:《公共行政的精神》,张成福等译,中国人民大学出版社2003年版,第33页。

③ 按照弗里曼教授的分析,合作治理具有五大特征,分别是:以解决问题为导向,利害关系人与受影响者参与决定过程的所有阶段,临时性的解决方案,超越治理中传统公私角色的责任和灵活、投入的行政机关。同上书,第35页。

(三)"两赋两强"街道集成式改革的挑战

"两赋两强"街道集成式改革的直接动因是基层面对市域社会治理现代化的强大挑战而主动进行的探索,究其本质也是一个时期以来特别是党的十八大以来持续进行简政放权、深化行政审批制度改革和综合执法体制改革、推进权力清单制度等行政体制改革驱动下基层的积极求变。正如有学者指出的那样,基层社会治理是"国家治理回应公众需求的基本载体,是国家治理体系和治理能力现代化的直接反映,是社会公众评价国家治理的关键依据"[①]。"两赋两强"街道集成式改革以及后续的"双做双增"社区治理集成式改革,紧紧抓住城市基层社会治理这个关键环节,突出党的领导在基层社会治理中的核心地位,在现行体制下通过下沉行政管理权的方式,推动了行政权力与管理实践的"近距离接触";通过发挥基层社会组织联系广泛的桥梁纽带作用,放大基层社会治理的效应,取得了良好的社会效果和广泛的社会影响。同时,这场改革探索在丰富行政法基本理论研究课题和素材,推动法学理论创新的同时,也给法学研究特别是行政法理论研究提出了新的课题和挑战,需要给予高度关注并加以研究。

首先,赋权基层、赋能一线意味着行政权的转移。从行政法基本理论来看,行政权的这种转移是委托还是授权,不仅遵循的法理有着根本的不同,而且实践中产生的法律关系也不一样,带来的法律后果更是有明显差异。实际上,从我国现行法律体系来看,行政职权的授权与委托的"承接方"都有严格的限定,因而如何准确把握这种行政职权转移的性质具有重要意义。[②]从推行权力清单制度的顶层设计来看,即便是"清权""减权",《推行权力清单制度的指导意见》也强调"按程序办理""提出取消或调整的建议",而不是由地方政府"直接下手"。由此来看,基于职权法定这一基本原则,区级政府推行这种赋权基层的改革实践将面临缺乏合法性依据的问题,如果是授权还将面临推诿责任之疑问,如果是委托则这种"一揽子"的做法同样面临责难。

当然,对于地方政府在面临基层社会治理的难题时主动求变,以改革之

---

① 董伟玮:《国家治理现代化的基层行政基础》,载《理论探讨》2020年第2期。
② 参见叶必丰:《执法权下沉到底的法律回应》,载《法学评论》2021年第3期。

名进行积极探索应当肯定和鼓励,但是涉及行政机关职权的事项毕竟是组织法层面的内容,因此基层在这方面的改革探索理应慎之又慎。从"两赋两强"街道集成式改革实践来看,其推动的路线采用的是相对集中行政处罚权的模式,即依据原《行政处罚法》第16条的规定,报经江苏省人民政府批准后实施的,这在一定程度上缓解了"合法性"疑问。然而问题是,《行政处罚法》确立的相对集中行政处罚权制度解决的是横向行政机关之间的职权交叉、重复执法等问题,是行政职权的平行移动,而"两赋两强"街道集成式改革带来的是行政职权的纵向转移,这与相对集中行政处罚权制度内涵有着根本的区别。虽然我们不能过于拘泥于现行法律规范而束缚行政改革的积极探索,但是这样的改革如果长期不能得到规范层面支撑的话,不仅改革的成效会大打折扣,事实上也很难走远。值得注意的是,2021年修改后的《行政处罚法》第18条在保留原来第16条规定的基础上,增写了在城市管理等七个领域推行综合行政执法、实施相对集中处罚权制度,并在第24条明确了县级人民政府行政处罚权纵向转移至乡镇人民政府和街道办事处的内容,①从而在一定程度上为"两赋两强"街道集成式改革实践提供了依据,但是这种依据或者说支撑作用还是极其有限的。虽然依据该条进行行政职权转移的审批主体从"国务院或者省、自治区、直辖市人民政府"简化为"省、自治区、直辖市",客观上扩大了审批主体的范围,使得这种审批实际上呈放松态势,②但根据该规定而能够转移出去的行政职权仍然限于行政处罚权,其外延总体说来比"两赋两强"街道集成式改革所转移的行政职权范围要小。就此而言,"两赋两强"街道集成

---

① 该条款内容为:"省、自治区、直辖市根据当地实际情况,可以决定将基层管理迫切需要的县级人民政府部门的行政处罚权交由能够有效承接的乡镇人民政府、街道办事处行使,并定期组织评估。决定应当公布。承接行政处罚权的乡镇人民政府、街道办事处应当加强执法能力建设,按照规定范围、依照法定程序实施行政处罚。有关地方人民政府及其部门应当加强组织协调、业务指导、执法监督,建立健全行政处罚协调配合机制,完善评议、考核制度。"

② 从"官方"的解释来看,该项审批并非放松而是收紧。例如,全国人大常委会法工委副主任许安标主编的《〈中华人民共和国行政处罚法〉释义》指出,行政处罚权下放到乡镇街道的决定主体"既可以是省、自治区、直辖市人民政府,也可以是省、自治区、直辖市人大及其常委会,决定的具体形式既可以是由省政府发布规章或者决定、命令等规范性文件,也可以是省、自治区、直辖市人大及其常委会作出决议、决定或者制定地方政府性规章。考虑到行政处罚权的下放涉及乡镇、街道的执法主体地位,涉及上下级行政机关之间、行政机关与其派出机构之间的法律关系,涉及对现行行政处罚权的配置,因此决定的形式应当严肃、谨慎,尽量通过制定地方性法规或者规章下放为宜。"许安标主编:《〈中华人民共和国行政处罚法〉释义》,中国民主法制出版社2021年版,第90页。

式改革若不能在制度层面获得可靠性支撑和解释,则在实践中就难免会遭受质疑,进而减损该项改革的实效。同样的道理,"双做双增"社区治理集成式改革也面临向基层社区自治组织赋权移责的问题,也需要在法理上进行分析和回应。事实上,秦淮区的这项改革曾受到中共江苏省委编制委员会办公室的高度肯定和大力推广,[①]但是从我们所了解和掌握的情况看,这种做法不仅在全省其他地方未有热烈响应,就是在南京市其他区也没有能够全面推开。这其中的原因值得深思。

其次,赋权基层、赋能一线意味着街道要切实担负起行政执法的主体责任。然而,从我国长期以来街道办事处的定位来看,[②]其承接能力不无疑问。在相对集中行政处罚权实践中,一个行政机关行使另外行政机关的行政处罚权,涉及的只是事务管辖的变动,从更加宏观的层面来看,受权机关只是行政处罚权"量"的增加,不涉及"质"的变化,而"两赋两强"街道集成式改革则是一种"质变"。由于我国城市街道办事处最初定位于区级人民政府的派出机关,目的是"加强城市的居民工作,密切政府和居民的联系",因而其组织设置、人员配备等较为单一,并不涉及行政执法。虽然近些年来街道办事处的机构、人员在逐步"膨胀",但是距离承担行政执法职能仍然相去甚远。因此,"两赋两强"街道集成式改革的推行,在事先未对街道办事处的机构、职能进行调整,未对街道办事处人员充实提高的情况下,大量带有专业性、技术性的

---

① 2019年8月13日,江苏省委组织部副部长、编办主任俞军调研秦淮区综合执法改革及街道体制改革工作。为全省面上提供更多可借鉴、可学习、可复制、可推广的做法,使秦淮基层治理形成重要成果,成为一张名片。2019年12月17日,全省推进基层整合审批服务执法力量暨街道集成改革现场会在秦淮区举行,总结推广秦淮区基层治理"两赋两强"改革经验做法,共同推进基层整合审批服务执法力量和街道集成改革。参见《秦淮"两赋两强"集成改革新模式获赞》,载《南京日报》2019年12月18日。

② 第十一届全国人大常委会第九次会议于2009年6月废止《城市街道办事处组织条例》。其第1条规定,"为了加强城市的居民工作,密切政府和居民的联系,市辖区、不设区的市的人民委员会可以按照工作需要设立街道办事处,作为它的派出机关。"第5条第2款规定,"街道办事处共设专职干部三人至七人,内有作街道妇女工作的干部一人。"目前涉及街道办事处的法律仅有两部。其中,《地方各级人民代表大会和地方各级人民政府组织法》第68条规定,区级政府经上级政府批准,可以设立若干街道办事处,作为区级政府的派出机关。2018年修正的《中华人民共和国城市居民委员会组织法》第2条规定,街道办事处与居委会是指导、支持、帮助和协助关系。而对于街道办事处的内设机构、人员编制、工作程序、财务管理等缺少统一的法律规范,其各项职能配置散见于各项法律法规之中。

事务一旦下沉,不仅使得街道办事处不堪重负,而且执法的实效性也令人担忧。① 对此,修改后的《行政处罚法》第 24 条在明确乡镇人民政府、街道办事处执法主体地位的同时,也特别强调执法能力建设,并且强调有关人民政府及其部门绝不能"一转了之",而是要对乡镇人民政府、街道办事处的执法活动持续开展组织协调和指导监督。《行政处罚法》的这一规定可谓切中要害,具有很强的针对性。但是从秦淮区"两赋两强"街道集成式改革的实际来看,受制于人员编制、管理体制及各种利益的关联,街道执法人员的配备和执法能力的状况不容乐观。

再次,赋权基层、赋能一线意味着街道办事处的法律地位面临着挑战。如前所述,作为派出机关虽然具备独立承担法律责任的能力,但是其职权范围不仅极其有限,而且赋权方式也非常特殊。根据《城市街道办事处组织条例》第 4 条的规定,②其职权并非基于法律法规的统一授权,而是来源于所在市或市辖区"交办事项"。显然,市或市辖区"交办事项"不仅更为具体,而且这种交办难免会因为不同地域、不同时间而产生差异。虽然前述条例已经废止,但是此后并未针对城市街道办事处颁行新的组织规范。近年来,随着我国城市化进程的推进,特别是行政区划调整过程中撤县(县级市)设区,城市基层普遍存在乡镇和街道办事处并存的局面。面对上级政府日益增多的"交办事项",甚至是地方立法设定的职责,③街道办事处日益转向为城市基层人民政府。例如,全国一个普遍的现象是,无论是传统的街道办事处还是撤镇(乡)后新组建的街道办事处,普遍都设有党工委、人大工委、工会、共青团、妇联等一系列政治机关、群团组织。而在共建共治共享的社会治理理念下,为

---

① 例如,在赋权基层之后,街道面临的执法任务急剧增加、执法人员水平参差不齐、执法部门权力重叠、执法程序有失规范导致的运动式执法、寻租性执法、选择性执法等现象,引发新的矛盾。

② 该条款内容为:"街道办事处的任务如下:(一)办理市、市辖区的人民委员会有关居民工作的交办事项;(二)指导居民委员会的工作;(三)反映居民的意见和要求。"

③ 例如,2018 年 5 月 24 日上海市第十五届人民代表大会常务委员会第四次会议修改后的《上海市街道办事处条例》第 5 条规定,街道办事处以辖区内的公共服务、公共管理、公共安全为工作重点,履行"统筹落实社区发展的重大决策和社区建设规划,参与辖区公共服务设施建设规划编制,推动辖区健康、有序、可持续发展"等八个方面的职能。2019 年 11 月 27 日北京市第十五届人民代表大会常务委员会第十六次会议通过的《北京市街道办事处条例》第 3 条规定:"街道办事处是区人民政府的派出机关,在本街道党的工作委员会领导下,执行党的路线方针政策,依法履行辖区公共服务、城市管理、社会治理等综合管理职能,统筹协调辖区地区性、社会性、群众性工作。"

了加强基层社会治理,街道办事处的职责呈不断扩大态势。① 面对街道办事处在实践中的这种变化,特别是在赋权基层、赋能一线街道集成式改革推动下,街道办事处日益呈现实体化态势。在地方组织法未有修改变化的情况下,街道办事处如何做到名实相符不无挑战,这也是街道办事处全面履职的一个前提。实际上,由于2009年废止《城市街道办事处组织条例》后,街道办事处建设实际上就处于无法可依的状况,因此我们应当尽快将街道办事处建设纳入到法治化轨道中来,通过立法明确街道办事处的法律地位、职责权限等,使得街道办事处的各项工作有法可依、有章可循。在这里,我们应当明确区分街道办事处和乡镇之间的差别,对街道在乡镇一级行政区划中过快增长的现象予以高度重视,既要在符合条件的前提下鼓励撤镇设街,同时也应防止急躁冒进,盲目"街道化"。由于街道办事处毕竟不同于乡镇一级人民政府,因此应当通过建立街道办事处权责清单制度和职能部门必要事项准入制度,防止过多的行政事务摊派给街道办事处,做到权随责走、人财物随事转。

最后,赋权基层、赋能一线难免带来街道办事处实体化趋势,意味着行政权力向基层的"回归",这在某种意义上可能会诱致对市场优先、自治优先等治理理念的偏离。改革开放以来,我国经历了从"政府管制"到"社会管理"再到"社会治理"的转变,社会治理的重心也在不断改变。党的十八届三中全会报告中,首次用"社会治理"替代了"社会管理",虽然只有一字之差,却是理念的一次飞跃。这意味着我们不再强调以顶层为重心的自上而下的控制,而是要把重心放在基层,强调"自下而上"多方主体共同参与、双向互动的良性作用。因此,如何既保障政府的兜底、担保作用,又能发挥多元主体共建、共治并最终实现共享,防止重现行政权大包大揽的"大政府"局面,对"两赋两强"街道集成式改革不无挑战。《十九届四中全会决定》围绕加强和改革社会治理,提出了五个方面的具体任务,并将"建设人人有责、人人尽责、人人享有的社会治理共同体"确立为社会治理追求的根本目标。② 因此,在赋权基层、赋

---

① 例如,2020年12月30日南京市第十六届人民代表大会常务委员会第二十六次会议通过、2021年3月1日实施的《南京市社会治理促进条例》第32、35、45、46、50、51、56条等均将街道办事处与镇人民政府并列,使其承担与镇人民政府相同的职责。类似的情况在物业管理、电梯安全管理等立法中普遍存在。

② 《中共中央关于坚持和完善中国特色社会主义制度 推进国家治理体系和治理能力现代化若干重大问题的决定》"九、坚持和完善共建共治共享的社会治理制度,保持社会稳定、维护国家安全"中强调,"社会治理是国家治理的重要方面。必须加强和创新社会治理,完善党委领导、政府负责、民主协商、社会协同、公众参与、法治保障、科技支撑的社会治理体系,建设人人有责、人人尽责、人人享有的社会治理共同体,确保人民安居乐业、社会安定有序,建设更高水平的平安中国。"

能一线的实践中,如何既发挥行政权这个"元治理者"的作用,同时又能够畅通多元社会主体参与社会治理途径和实效,需要高度重视和认真对待。① "两赋两强"街道集成式改革一方面通过重新梳理、整合政府权力清单,用"一根针"穿起市域社会治理的"千条线",塑造了以基层为重心的市域社会治理新路径,另一方面,我们也要始终谨记公务组织分散化、公共事务社会化的发展方向,防止出现行政权在社会管理中"一枝独秀"的局面。这一点,在"双做双增"社区治理集成式改革中同样需要注意,避免将社区基层自治组织等同于行政组织或下级行政机关。欣喜的是,改革开放以来,特别是近些年来,无论是街道办事处规范化建设,还是基层社会组织建设、基层社会组织参与社会治理等已经呈现良好的局面和发展势头,并在法治化建设方面有所突破。除了上海、北京等修订或者制定街道办事处条例外,不少城市也对社区社会组织建设和基层社会治理进行立法。② 地方层面的这些积极探索不仅对于推动基层社区社会组织建设、保障社区社会组织独立参与基层社会治理具有积极意义,而且对于促进国家层面的相关制度建设无疑具有非常重要的意义。

---

① 社会治理不应当是政府唱独角戏,更应该强调人民的主体地位和主人翁精神。坚持和完善共建共治共享的社会治理制度,是推进社会治理现代化的重要制度保障。参见陈一新:《坚持和完善共建共治共享的社会治理制度》,载《学习时报》2020年1月20日。

② 例如,2020年8月28日,成都市第十七届人民代表大会常务委员会第二十次会议通过了《成都市社区发展治理促进条例》,就社区治理与发展专门立法。《南京市社会治理促进条例》设"基层社会治理"专章,对基层社会组织发展及参与社会治理作出具体规定,其中第44条明确,"加强基层社会治理体系建设,为基层赋权赋能、减负增效,推动社会治理和服务重心向基层下移。完善'大数据+网格化+铁脚板'治理机制,推动信息、资源和力量联动融合,促进基层社会治理精细化、规范化、现代化建设。"

后记

自20世纪90年代中期我国启动行政许可法治化建设进程开始,有关政府与市场关系的改革就成了我个人学术思考和关注的重点,特别是21世纪以来围绕着行政许可、综合执法体制改革的地方探索,不仅为我们近距离观察和解剖这些改革实践提供了丰富的素材,更重要的是它使我们有众多的机会直接参与这些改革方案的设计、研讨和论证,从而能够全面真实地了解这些改革探索背后的理论逻辑和实践考量,进而为有的放矢地开展理论研究奠定了坚实的基础。例如,早在《行政许可法》颁布施行后不久,全国各地就开始对行政许可权进行精简和清理,公布审批事项清单,这实际上可以看作是权力清单制度的早期探索。而在该项改革实践中,我们注意到不少地方一方面为了能够大幅度地减少审批事项的数量,另一方面出于对审批权的留恋或是对行政审批事项被"挂起"后留下监管真空的担心,于是在改革过程中采取了"同类项合并"或者"俄罗斯套娃"方式,实现行政审批权在数量上的减少,凸显了改革成效。针对这种状况,我们认识到行政许可条件在行政许可制度中的核心地位和关键作用,亦即行政许可的设定实质上就是行政许可条件的设定;除非许可条件相同,否则许可权不能合并;某一行政许可事项被清理,实则表明该行政许可条件为"零";等等。依据这一思路,我们强调行政许可事项的合并、取消、挂起等,都应当从评估行政许可条件存在的必要性、合理性入手。基于这样的认识,我们申请并完成了"行政许可条件研究"的国家社科基金课题。此后的研究中,我们认识到,在简政放权、行政体制改革过程中,推行权力清单制度实质上就是在行政审批制度改革初见成效的基础上逐步建立和发展起来的,即相关改革从行政许可权这个特殊领域逐步拓展至整个行政权的一般领域。而我们对于权力清单制度的关注,既是来源于对简政放权、行政体制改革实践的持续关注和实践参与,也体现了从特殊到一般、从个别关注到整体研究这个认识论发展的一般规律。幸运的是,这一研究获得了2015年度国家社科基金重点项目的资助。

本书是在国家社科基金重点项目结项报告基础上修改、完善而成的。在本课题研究过程中得到了中共江苏省编制委员会办公室的大力支持和帮助,俞军主任、张学才副主任等领导提供了若干机会,使得课题组能够充分了解、广泛参与江苏省有关推行权力清单制度的政策文件和清单的起草、编制、论证和讨论,进一步凝练了课题研究的问题意识,丰富了实证研究素材,开阔了课题研究思路。本课题研究的相关思考和成果曾在课堂上与研究生们进行过广泛的讨论和交流,特别是有关权力清单制度的法理基础,结合我国法治发展及整体政府理论,围绕"从形式法治到实质法治""从规范主义到功能主义""从压制型法、自治型法到回应型法""从碎片政府到整体政府"等论题,与宪法与行政法学专业及环境资源法学专业的硕士研究生进行过专题研讨,同学们的发言和报告为课题研究提供了有益的启发和参考。博士生唐赟收集整理了南京市秦淮区"两赋两强"街道集成式改革的素材,拓展了权力清单制度研究的广度和深度。本课题部分成果,如权力清单制度补充合法性审查的功能、权力清单中的地方政府规章、地方性法规行政处罚设定权的构造与展开、权力清单制度对"政府法治论"的实践、相对集中行政许可权等,曾以论文形式在有关核心期刊公开发表。这不仅让本课题研究成果能够先期接受学术界的检验,而且也在激励我们持续不断地进行本论题的思考和研究。

本课题研究前后持续五年,围绕着该项研究课题组也一直进行资料收集、理论思考和实践观察,然而囿于个人学识和视野的局限,相关研究并不全面,也不够深刻,特别是对于权力清单制度如何推进党和国家机构改革、推行权力清单制度的法律风险、权力清单与责任清单的一体建设等论题,本书并未展开深入研究。由于权力清单制度在实践中也在不断地进行自我修复和完善,各地的探索也时有一些新的尝试,因此如何及时全面地总结权力清单制度的实践经验,在理论上回应权力清单制度鲜活的实践,对于本课题研究来说都是一种挑战。今后我们将继续关注、观察和思考这项伟大的改革实践,为深化我国行政体制改革、推动政府积极转型建言献策。